选题宝

U0669024

国家社科基金
项目申报实务指南

2025版

选题宝学术服务平台◎编著

中南大学出版社
www.csupress.com.cn

·长沙·

图书在版编目（CIP）数据

国家社科基金项目申报实务指南／选题宝学术服务平台
编著．—长沙：中南大学出版社，2022.12(2025.1重印)
ISBN 978-7-5487-5145-8

Ⅰ．①国… Ⅱ．①选… Ⅲ．①社会科学－基金项目－
申请－中国－指南 Ⅳ．①C36-62

中国版本图书馆 CIP 数据核字（2022）第 197649 号

国家社科基金项目申报实务指南
GUOJIA SHEKE JIJIN XIANGMU SHENBAO SHIWU ZHINAN

选题宝学术服务平台　编著

□出 版 人	林绵优
□责任编辑	刘小沛
□封面设计	殷　健
□责任印制	唐　曦
□出版发行	中南大学出版社

　　　　　　社址：长沙市麓山南路　　　　邮编：410083
　　　　　　发行科电话：0731-88876770　　传真：0731-88710482

□印　　装　长沙市宏发印刷有限公司

□开　　本　710 mm×1000 mm 1/16　□印张 15.75　□字数 313 千字
□互联网+图书 二维码内容　字数 14 千字　图片 99 张
□版　　次　2022 年 12 月第 1 版　□印次 2025 年 1 月第 3 次印刷
□书　　号　ISBN 978-7-5487-5145-8
□定　　价　68.00 元

前 言 ◆◆ Foreword

2018 年底，"选题宝"正式上线运营，彼时，正值 2019 年度国家社科基金项目申报公告发布不久，有老师询问"有没有国家社科基金项目申请书可以参考学习的?"我们想只是模仿参考别人的申请书并不能解决根本问题，只有从根本上告诉科研人员如何结合自己的情况确定选题，如何撰写申请书的各个要点，才是长久之计。

6 年多来，"选题宝"通过"科研大数据工具、一对一指导、线上培训课程"等已为 30 多万用户提供了科研数据分析服务，为超过 5000 名科研人员提供了科研指导服务，为数十家研究院所提供了科研提升咨询服务等。在各级各类项目申报指导方面可以说积累了一些浅薄的经验，取得了一些还不错的成绩，现在想把我们在现实中看到的问题、可行的解决方案与总结的经验等一起分享给大家，所以才有了这本书最初的想法。

本书包含了"选题宝"指导团队在实践中总结的大量经验和案例，由飒飒老师主笔，她自嘲是一位在高校从教 10 年的"老牌青椒"，也是"选题宝"视频号中经常出现的身影，她是"选题宝"成立之初即加入的指导老师之一，6 年来，累计指导百余人，学员遍布全国各地。其成功指导的项目类型包括国家社科基金项目(包括年度项目、艺术学专项)、教育部人文社科项目、省级社科项目、省文旅厅项目、省级教改项目等。有多位老师拿到的人生第一个项目就是在飒飒老师的指导下实现的，也有人通过飒飒老师的指导接连拿下多个项目，再也不愁项目申报。在本书中，飒飒老师秉承其"接地气"的指导风格，总结了国家社科基金项目申报中容易出现的常见问题及其应对方法，并配有丰富案例，用通俗易懂、简洁明了的话语告诉大家"什么是不对的，怎么做才是对的"。此外，本书还搭配了"选题宝"对已立项题目的大数据分析，进一步帮助科研人员确定选题，写好申请书。我们的期望是您拿到这本书可以"轻松阅读、马上动手"，最终写出一份满意的申请书。

在累计超 5000 人的指导中，我们见过太多第一次撰写申请书不知所措的老师；见过太多在学术与生活之间努力保持平衡、苦中作乐的老师；见过一些第一次申报失败后的失意与落寞；也见过很多申报成功后的喜悦与欢腾。学术不是生活的全部，项目申报也不是全部的学术，我们希望"选题宝"所做的事和这本书能让您在项目申报路上少走些弯路，让您的学术之路少些崎岖，让您的生活之路多些坦途。

既然这本书是经验总结，难免会有挂一漏万的情况，为此我们先给各位读者说声抱歉，同时恳请您在阅读过程中有疑问或发现错误时，联系我们的工作人员，一定为您做好解答。

近年来，国家社科基金发生一些新的变化，包括取消了具体的课题指南条目、调整了申报学科名称、调整了对女性青年项目申请人的年龄限制等，此外，申请书和活页的撰写要求也有细微变化。本次图书重印为适应 2024 年国家社科基金的最新变化，有以下几处修改完善，特此说明：

(1)更新了 2024 年度国家社科基金立项分析；

(2)全书涉及申请书(活页)撰写提示语部分全部更换为最新版；

(3)全书涉及项目简介、申请要求等部分全部更换为最新版；

(4)各项目申报主要时间节点更新为最新 2024 年度；

(5)选题价值部分增加新案例；

(6)按最新要求修改了"相对于已有研究特别是国家社科基金同类项目的独到学术价值和应用价值"的写作方法；

(7)第五章调整为：研究对象、主要目标和框架思路；

(8)第六章调整为：重点难点、研究计划及其可行性；

(9)第七章预期成果部分增加"预期的学术价值和社会效益"的写作方法；

（10）第八章研究基础部分增加"与本研究的学术递进关系"的写作方法；

（11）第九至第十三章更新了艺术学、教育学、后期资助、外译项目、思政课专项、冷门绝学专项的相关立项分析。

以上内容，未来可能还会有一些变化与调整，但如何确定选题、如何做好论证这部分内容万变不离其宗，我们希望通过这本书，为您提供一种写作的思路参考，更为您充分认识项目申请书打下一个锚点，相信有了这个锚点，将来您在确定选题、申报各级各类项目时会更加游刃有余！

"选题宝"帆帆老师

自 序 ◆◇ Preface

在日趋激烈的竞争中，我们总是需要一个明确的奋斗目标，这样才不会在每日的繁忙中迷失自我、错失良机，而只有知道了自己要去往何处，才能提前规划路线，免得漫无目的，四下徘徊。但是徒有目标和规划还不够，我们还需要勇气和引导。

每一个初入职场的"青椒"，都面临一种困境"想卷卷不动，躺又躺不平"，于是过成了"45度角人生"，迷茫地徘徊于"间歇性努力"和"持续性摆烂"之间。伴随每年全国哲学社会科学工作办公室网站发布该年度国家社会科学基金项目申报公告，新一轮的项目申报就开始了，国家社会科学(简称国家社科)基金项目、国家社科基金艺术学和教育学等单列学科项目、教育部人文社会科学研究项目、各省级哲学社会科学项目、各省以及各学会的教育研究项目、社科联科研课题、软科学课题等申报公告纷至沓来，这些申报公告好似此起彼伏的号角，催促我们速速行动起来。于是许多文科"青椒"陷入了无限的"渡劫"，直接摆烂不申报吧，以后的职场晋升成问题；申报吧，要么不知道自己适合报什么级别，要么不知道该选什么题，要么不知道怎么写申请书，要么担心自己的前期成果不够多……总之，此番"渡劫"在所难免。这时候，我们需要打破迷茫，具有勇于"渡劫"的气概。

近些年，笔者结识了许多文科"青椒"，有的是刚一毕业就信心满满地申报国家级或教育部项目，但是首次申报就中标的情况毕竟少见，此时他们最需要重整旗鼓的勇毅；还有的老师在岗位上默默耕耘多年，积累了许多教学经验，但是对如何开展科研并不熟悉，他们渴望突破，但又不知如何起步，这时候他们需要的是破茧而出、执着向前的勇敢。

当然，有勇无谋也不行，还需要引导。

笔者不才，博士毕业后曾中过和主要参与了几个重要的研究项目，也是有些申报经验在身上的。这些年，笔者最大的爱好是琢磨项目方案的构思和申请书的撰写，也很喜欢把所教的产业营销类课程与项目申请进行类比和关联；还经常会把曾经中过的申请书拿出来反思，再加上有幸接触了一些项目申请书，从而能够不断总结当前普遍存在的问题，每年都能刷新一些认知。如今这本书，是把近十年来不断琢磨的点子、积攒的经验和提炼的教训一股脑倾诉给诸位读者。我愿与君分享，在诸君项目申报的路上提供一些陪伴和引导。

本书以国家社科基金项目申请书的提纲布局为例逐个展开讲解，但许多申请书的撰写要点是相通的，所以也适用于多类重要项目的申请。本书使用的案例是 2013 年度立项的国家社会科学基金艺术学青年项目"文化产业园风险管理体系的实用性研究"和 2020 年度立项的教育部人文社会科学研究青年基金项目"艺术生态学视域下乌克兰利沃夫手工玻璃技艺的活态传承研究"（郭文，天津工业大学）。前者是笔者博士毕业后获批的第一个项目，其中不仅有成功经验，也有许多青涩之处值得共勉；后者是文文老师授权使用的项目申请书，是她历经两年，在翻阅了大量英文、俄文资料基础上撰写并成功获批的，在此感谢她的无私分享，也向她勤奋治学的精神致敬。

本书在"选题宝"学术平台大数据功能的帮助下对近年来立项情况进行了分析，对于最新的资讯，读者还可以通过扫描二维码进行了解。"选题宝"也制作了一系列的网络小视频，讲解书中的一些要点，如若诸君不方便阅读时，还可以扫码观看。

令人欣喜的是，本书自 2022 年 12 月出版以来，经历了两次印刷并已售罄，无论是销量数据还是读者对本书的评价都鼓舞了"选题宝"学术平台和笔者，使我们倍感荣幸。恰逢 2024 年国家社科基金等项目的申请发生了较大的改革，也促使我们开启了本轮的修订重印。借此机会，笔者也想将多年来的实战经验用一句话来表达：撰写申请书，实则是"无招胜有招"，每个人都可以在规则允许的情况下写出自己的风格。

如果我们是申请书"小白"，那么相对便捷的方式是套用一些申请书模板，在套用的过程中会听到许多意见或建议，它们会告诫我们哪些词可以用，哪些话不能说。作为十分听劝的"小白"，我们会不加批判地全部吸纳，但往往写出来的申请书不尽如人意。因此，从本书第一次撰写开始，笔者思考的原则就是：让读者从本质上去理解申请书，以及去理解如何规划一个在学术和应用层面更有实际贡献的优秀课题；引导读者去深刻感悟申请书各环节设计的巧思以及申请书多次改革的意图。只有这样，读者才能抓住精髓，写出一份体现自身研究特色和亮点的申请书。

我们的目标不只是获得立项，攀上人生巅峰，或许在撰写申请书的笔触之间，我们也在编织一个梦想：希望自己的声音被听到，希望自己的学术理想能够实现。

所以，请让我们这本书帮助你实现学术梦想吧！

飒飒老师

目 录 ◆ Contents

第一章

概 述

一、我们为什么一定要申报科研项目

初入职场的"青椒"（青年教师）一般会比较迷茫和困惑，一方面是由于自身的发展需求，另一方面是所在高校科研生态的问题。

前者，职称晋升一直是我们的刚需，"非升即走"等加剧了职称晋升的焦虑，也使这种竞争日趋激烈。在职称晋升的必要条件中，科研项目的比重很大，怎么也绕不过去，而且很多学校并不在意教师是否参与课题或在课题团队中排第几，而只看教师亲自主持了几项课题。所以，每个有职称晋升需求的教师，都必须参与到课题申请的队伍中。

后者，高校科研生态的问题指的是教师所在单位的研究平台较低；所在学校的科研团队较弱；自身专业领域与学校主流方向不符，无法获取合作的空间；"青椒"常常面临单打独斗的局面等。

因此，赢得机会去主持一项级别较高的项目对我们非常重要。其一，主持高级别项目能为我们职称晋升添加含金量较高的必要条件。其二，项目的选题方向能够成为未来 3~5 年我们研究的主要方向，为此可以写出一系列的论文；能围绕课题衍生出一些子课题，申请级别稍低一些的其他项目；能展开一系列的教研探索等，因此一个项目能够增强我们自身的"造血能力"，从多个角度帮助我们冲破眼前的困境。其三，获得经费后，我们可以有一定的资金展开研究工作，还能够招募更多助手参与项目。其四，项目可以吸引更多的合作团队与

1

我们交叉融合。其五，项目可以锻炼研究队伍，在多个不同级别项目的"滋养"下，有可能锻炼出一支能力日渐增强的科研团队。

而助力我们脱离困境的主要是国家社会科学基金系列项目、教育部人文社科项目和各省级哲学社会科学项目等纵向项目。本书将主要依据国家社会科学基金年度项目申请书各板块依次介绍撰写的技巧、方法和注意事项，以此希望更广泛地帮助读者解决现实中撰写各级项目申请书的需求。

二、国家社科基金项目申报要点

国家社会科学基金[①]（The National Social Science Fund of China），简称国家社科基金，于 1986 年经国务院批准设立，由全国哲学社会科学工作办公室负责管理。2018 年 1 月，中央决定成立全国哲学社会科学工作领导小组，下设全国哲学社会科学工作办公室，同时下设 23 个学科评审组（马列·科社、党史·党建、哲学、理论经济、应用经济、管理学、统计学、政治学、社会学、人口学、法学、国际问题研究（2024 年，国际问题研究调整为区域国别学和国际问题研究）、中国历史、世界历史、考古学、民族学、宗教学、中国文学、外国文学、语言学、新闻学与传播学、图书馆·情报与文献学、体育学），以及教育学、艺术学、军事学三个单列学科。三个学科的规划、申报、评审、管理、鉴定结项等工作，分别由全国教育科学规划领导小组办公室（设在教育部教育科学研究院）、全国艺术科学规划领导小组办公室（设在文化和旅游部科技教育司）、全军哲学社会科学规划办公室（设在中国人民解放军军事科学院）办理。教育学、艺术学、军事学三个学科的经费由国家社会科学基金单独切块下达。有关管理办法由三个学科单独制定。总体来说，目前已形成包括**重大项目、年度项目、后期资助项目、中华学术外译项目、高校思想政治理论课研究专项、冷门绝学研究专项**等六个类别的立项资助体系。

近年来，年度项目公告发布的时间是每年的 4 月份，大多在 9 月份公示立项结果。

---

① 2024 年度国家社会科学基金项目申报公告. http://www.nopss.gov.cn/n1/2024/0412/c431027 - 40214809.html

申报资格（来自 2024 年申报公告）：

重点项目和一般项目：具有副高级以上（含）专业技术职称（职务）或具有博士学位。青年项目：男性申请人年龄不超过 35 周岁（1989 年 5 月 19 日后出生），女性申请人年龄不超过 40 周岁（1984 年 5 月 19 日后出生）。西部项目：符合申报书中的（一）或（二）条件，且申请单位位于内蒙古自治区、广西壮族自治区、海南省、重庆市、四川省、贵州省、云南省、西藏自治区、陕西省、甘肃省、青海省、宁夏回族自治区、新疆维吾尔自治区等 13 个省（自治区、直辖市）和新疆生产建设兵团，以及其他参照西部项目执行的部分科研单位。课题组成员须征得本人同意并签字确认，否则视为违规申报。申请人可根据研究实际需要，吸收境外研究人员作为课题组成员。全日制在读研究生不能申请。符合申报要求的在站博士后人员可申请，其中全脱产博士后须从所在博士后工作站申请，在职博士后可以从所在工作单位或博士后工作站申请。

申报学科：

年度项目的申报范围涉及国家社科基金项目 23 个一级学科，重点项目跨学科研究课题要以"靠近优先"原则，选择一个为主学科申报，同时列出 1~2 个相关学科。教育学、艺术学和军事学 3 个单列学科的申报，分别由全国教育科学规划办、全国艺术科学规划办、全军社科规划办另行组织。

课题指南：

2024 年国家社科基金不再发布分学科具体课题指南。申请人可对照国家社科基金近年分学科课题指南的导向、已立项课题和研究成果，对应项目类别的定位和要求，着眼国家需求和学科发展，从学科视角按照选题规范自主拟定题目申报，避免重复研究。鼓励围绕习近平新时代中国特色社会主义思想体系化学理化研究阐释、党的十八大以来的伟大成就伟大变革、中国式现代化进程中的风险与挑战、中华民族现代文明建设、国家治理体系和治理能力现代化、经济高质量发展、新质生产力、数智社会、建设教育强国科技强国人才强国、铸牢中华民族共同体意识、国家安全体系和安全能力现代化、党的自我革命、文化遗产保护传承、世界百年未有之大变局、中国特色大国外交、文明交流互鉴、人类命运共同体构建，以及哲学社会科学各学科领域基础理论和前沿问题、国际学术热点问题等方面开展深入研究。

资助额度：

重点项目35 万元，一般项目、青年项目和西部项目20 万元。

项目周期：

基础理论研究一般为3~5年，应用对策研究一般为2~3年。

国家社科基金年度项目一般实行限额申报。对于申请人的"限项"尤其应**该注意，避免出现问题后影响个人和团队的申报计划或影响个人科研信用。**

◇ 国家社科基金年度项目的申请人同年度只能申报**一个**国家社科基金项目，且不能作为课题组成员参与其他国家社科基金项目的申请。

◇ 课题组成员同年度最多参与**两个**国家社科基金项目申请；在研的国家级项目课题组成员最多参与**一个**国家社科基金项目申请。

◇ 在研国家社科基金项目、国家自然科学基金项目及其他国家级科研项目负责人，**不得**申请新的国家社科基金项目。

◇ 国家自然科学基金项目及其他国家级科研项目的申请人，**同年度不能**申请国家社科基金项目，其课题组成员也不能作为负责人以内容基本相同或相近选题申请国家社科基金项目。

◇ 教育部人文社会科学研究一般项目的申请人，**同年度不能**申请国家社科基金项目。

◇ 不得通过变换责任单位回避前述相关条款规定，不得将内容基本相同或相近的申报材料以不同申请人的名义提出申请。

◇ 凡在内容上与**在研或已结项**的各级各类项目有较大关联的，须在《国家社会科学基金项目申请书》(简称《申请书》)中详细说明所申请项目与已承担项目的联系和区别，否则视为重复申请；不得以内容基本相同或相近的同一成果申请多家基金项目结项。

◇ 凡以**博士学位论文或博士后出站报告**为基础申报国家社科基金项目，须在《申请书》中注明所申请项目与学位论文或出站报告的联系和区别，申请鉴定结项时须提交学位论文或出站报告原件。

◇ 不得使用**与已出版的内容**基本相同的研究成果申请国家社科基金项目。

◇ 立项后凡以国家社科基金项目名义发表阶段性成果或最终成果，**不得**同时标注其他基金项目资助字样。

◇《申请书》和活页要求如实填写材料，保证没有知识产权争议、没有违背科研诚信要求的行为。凡存在弄虚作假、抄袭剽窃等行为的，一经发现查实，**取消5年申报资格**；如获立项即予撤项并通报批评。

◇ 申报单位或个人不得以任何名义**走访、咨询学科评审组专家**或邀请学科评审组专家进行申报辅导。凡行贿评审专家者，一经查实将予通报批评，如获立项即予撤项，5年内不得申报国家社科基金项目。凡在国家社科基金项目申报和评审中发现严重违规违纪行为的，除按规定进行处理外，均列入不良科研信用记录。

◇ 获准立项后，项目负责人在项目执行期间要遵守相关承诺，履行约定义务，按期完成研究任务，结项成果形式原则上须与预期成果一致；获准立项的**《申请书》视为具有约束力的资助合同文本**。

◇ 最终成果实行匿名通讯鉴定，鉴定等级予以公布。除特殊情况外，最终研究成果须先鉴定、后出版，擅自出版者视为自行终止资助协议。

◇ 如计划用少数民族语言文字或者外语撰写成果，须在《申请书》论证中予以说明。

每年度的项目申报材料从全国哲学社会科学工作办公室网站下载，一定要记得每年去下载最新版的申请书和活页填写。纸质版《申请书》经所在单位审查盖章后，报送本省(区、市)社科管理部门或在京委托管理机构。近年，国家社科基金项目开始实行**网络申报**。申请人在线申报的同时**仍需提交纸质版《申请书》一式3份**，并确保线上线下《申请书》内容完全一致。**活页不需提交纸质版。**

项目申报系统逾期自动关闭，不再受理申报，申请人需要预先弄清楚系统开放和关闭时间，不要错过时限！

三、各主要项目申报时间节点

本书整理了国家社科基金主要申报项目的时间节点(表1-1)，便于读者对照提前进行准备。

表1-1　各主要项目申报时间节点(以2024年为例)

项目名称	公告发布时间	集中受理申报/系统开放时间	公示时间
国家社会科学基金重大项目	2024.04.12	2024.06.27—2024.07.12	2024.11.08

续表1-1

项目名称	公告发布时间	集中受理申报/系统开放时间	公示时间
国家社会科学基金年度项目	2024.04.12	2024.04.25—2024.05.19	2024.09.14
国家社科基金艺术学项目	2024.02.07	2024.02.20—2024.03.15	2024.08.20
全国教育科学规划项目	2024.04.30	2024.05.10—2024.05.31	2024.07.30
国家社会科学基金后期资助暨优秀博士论文出版项目	2024.07.01	2024.08.10—2024.08.15	2024.12.17
国家社科基金中华学术外译项目①	2023.12.01	2024.01.05—2024.01.25	2024.06.27
国家社科基金高校思想政治理论课研究专项	2024.09.06	2024.09.23—2024.10.09	2024.12.12
国家社科基金冷门绝学研究专项	2024.07.08	2024.09.01—2024.09.10	2024.12.11

注：普遍认为"公示时间"就是"揭榜时间"，公示之后隔一段时间再公布最终立项名单。

四、主要项目申请书提纲、提示语及活页字数安排

此处将当前最新版本的国家社会科学基金项目(本书将年度项目简称为国家社科基金项目)、国家社科基金艺术学单列学科项目(本书简称艺术学项目)、国家社科基金教育学单列学科项目(本书简称教育学项目)等主要项目申请书的提纲、对应的提示语、评价指标权重、指标说明、活页字数安排介绍如下。

注意，一些申报系统只认"字符数"，不是汉字数。此处按汉字数介绍大致的字数安排。申请书输入系统后，可能需要适当删减。

---

① 截至本书出版，2024年度国家社科基金中华学术外译项目尚未发布申报公告，因此此处以2023年时间节点为例。

注意：以往在国家社科基金项目活页中会明确呈现评价指标权重，虽然2024年活页删去了权重信息，但其依然能对申请书的谋篇布局，尤其在字数分配上起到重要的参考作用。因此本书在后续章节中，还会参考该评价指标权重。

1. 国家社会科学基金项目申请书

国家社会科学基金项目申请书（年度项目）需要申请人填写的板块主要包括：①数据表；②课题设计论证；③研究基础；④经费概算。其中，需要大段填写文字的板块是课题设计论证和研究基础，这也是《申请书》填写的核心板块。

以往的评价指标权重分别是选题3、论证5、研究基础2。其中，选题"主要考察选题的学术价值或应用价值，对国内外研究状况的总体把握程度"；论证的权重占比最大，"主要考察研究内容、基本观点、研究思路、研究方法、创新之处"；研究基础"主要考察课题负责人的研究积累和成果"。

本文建议，活页的字数安排需适当参考以往的评价指标权重，尤其对于新手来说，这样能够帮助我们更好地分清主次关系。因为根据笔者多年的经验，许多申请人会在选题依据里大量罗列背景信息或做长篇文献综述，但是到了最需要论证研究内容的时候，则十分简要，甚至可能只用了300多字。造成这种严重比例失衡的原因固然有许多，但如果我们能适当对文字分配比例做出规划，就更能写就高质量的申请书。

国家社科基金项目要求活页只有7000字，撰写模块与字数分布见表1-2。按照比例看，"选题依据"应占30%，即2100字左右。"研究内容""创新之处"两个板块合起来占50%，即3500字，这其中又因为框架思路是课题论证部分最主要的内容，所以可以占整个课题论证的1/2~2/3，因此为1750~2300字，而"创新之处"板块300~400字即可。"预期成果""研究基础""参考文献"要求略写，所以合起来建议不超过20%，即1400字。

表 1-2　活页撰写模块与字数分布

撰写模块	字数分布	
选题依据	2100 字左右	
研究内容	框架思路	1750~2300 字
	研究对象+主要目标+重难点+研究计划+可行性	800~1450 字
创新之处	300~400 字	
预期成果+研究基础+参考文献	1400 字左右	

活页要求 7000 字的情况下，我们的活页排版大致可以采取以下方式：

正文：字号小四，如果内容太多删减不下，五号字也可以，四号字显得太过松散；字体使用宋体，需要突出的地方可以加粗或变更为楷体；使用表格默认的行间距即可。

文内序号可以采用这种方式：

一、

（一）

1.

（1）

也有申请人采用：

1.

1.1

1.1.1

但普遍认为后者更适合自然科学基金项目申请书，且层次太多之后显得杂乱，本书不太推荐。

国家社会科学基金项目申请书和活页核心板块

课题设计论证

本处参照以下提纲撰写，突出目标导向、问题意识、学科视角，要求逻辑清晰、层次分明、内容翔实、排版规范。

1. [选题依据] 国内外相关研究的学术史梳理及研究动态（略写）；相对于已有研究特别是国家社科基金同类项目的独到学术价值和应用价值。

2. [研究内容] 本课题的研究对象、主要目标、重点难点、研究计划及其可行性等。（框架思路要列出提纲或目录）

3. [创新之处] 在学术观点、研究方法等方面的特色和创新。

4. [预期成果] 成果形式、宣传转化及预期学术价值和社会效益等。（略写）

5. [参考文献] 开展项目研究的主要中外参考文献。（略写）

研究基础

本处参照以下提纲撰写，要求填写内容真实准确。

1. [学术简历] 申请人主要学术简历，在相关研究领域的学术积累和贡献等。

2. [前期成果] 申请人前期相关代表性研究成果及其与本研究的学术递进关系。

3. [承担项目] 申请人承担的各级各类科研项目情况，包括项目名称、资助机构、资助金额、结项情况、研究起止时间等。

4. [与已承担项目或博士论文的关系] 凡以各级各类项目或博士学位论文（博士后出站报告）为基础申报的课题，须阐明已承担项目或学位论文（报告）与本课题的联系和区别。（略写）

论证活页

本处参照以下提纲撰写，突出目标导向、问题意识、学科视角。要求逻辑清晰、层次分明、内容翔实、排版规范。除"研究基础"外，本处与申请书中的表二内容一致，总字数不超过 7000 字。

1. [选题依据] 国内外相关研究的学术史梳理及研究动态（略写）；相对于已有研究特别是国家社科基金同类项目的独到学术价值和应用价值。

2. [研究内容] 本项目的研究对象、主要目标、重点难点、研究计划及其可行性等。（框架思路要列出研究提纲或目录）

3. [创新之处] 在学术观点、研究方法等方面的特色和创新。

4. [预期成果] 成果形式、宣传转化及预期学术价值和社会效益等。（略写）

5. [研究基础] 申请人前期相关代表性研究成果、核心观点等。（略写）

6. [参考文献] 开展本项目研究的主要中外参考文献。（略写）

2.国家社科基金艺术学项目申请书

国家社科基金艺术学项目申请书需要申请人填写的板块主要包括：①基本信息；②课题论证（限4000字）；③完成项目研究的条件和保证（限4000字）；④预期研究成果；⑤经费预算。其中，需要大段填写文字的板块是课题论证、完成项目研究的条件和保证，这也是申请书填写的核心板块。可参照评价指标权重和指标说明同上。

由于评价指标权重一致，所以比例也一样，只是艺术学项目只需写**4000字**的活页，所以算出来之后，各板块文字数分别是："本课题国内外研究现状述评及研究意义"占30%，即**1200字**；"研究的主要内容、基本思路和方法、重点难点、主要观点及创新之处"占50%，即**2000字**，其中"研究的主要内容"可占此处字数的**四成左右**；"项目负责人与所申报课题相关的前期研究成果，主要参考文献"占20%，即**800字**。

国家社科基金艺术学项目申请书和活页核心板块
课题论证
填写参考提示：1. 本项目国内外研究现状述评及研究意义。2. 研究的主要内容、基本思路和方法、重点难点、主要观点及创新之处。3. 项目负责人与所申报项目相关的前期研究成果，主要参考文献(两类限填20项)。
完成项目研究的条件和保证
填写参考提示：负责人和主要成员曾完成的重要研究项目(省、部级以上课题必须注明立项单位、立项号、结项时间、结项号等信息)；本项目前期成果；与本项目相关的研究成果；研究成果的社会评价(引用、转载、获奖及被采纳情况)；完成本项目研究的时间保证、资料设备等科研条件。
论证活页
填写参考提示：1. 本项目国内外研究现状述评及研究意义。2. 研究的主要内容、基本思路和方法、重点难点、主要观点及创新之处。3. 项目负责人与所申报项目相关的前期研究成果，主要参考文献(两类限填20项)。

3. 全国教育科学规划项目申请书

全国教育科学规划项目申请书需要申请人填写的板块主要包括：①数据表；②申请人和项目组主要成员近五年来主持的相关重要研究项目；③项目设计论证；④研究基础；⑤预期研究成果；⑥经费概算。其中，需要大段填写文字的板块是课题设计论证和研究基础，这也是该类申请书填写的核心板块。可参照的评价指标权重和指标说明同上。

按照以往评价指标权重看，活页中"选题依据"应占30%，即2100字左右。"研究内容""创新之处"合起来占50%，即3500字；"预期成果""研究基础""参考文献"要求略写，所以合起来建议不超过20%，即1400字。

全国教育科学规划项目申请书和活页核心板块
项目设计论证
本处参照以下提纲撰写，突出目标导向、问题意识、学科视角，要求逻辑清晰、层次分明、内容翔实、排版规范。
1. [选题依据]　国内外相关研究的学术史梳理及研究进展（略写）；相对于已有研究特别是全国教育科学规划同类项目的独到学术价值和应用价值。
2. [研究内容]　本项目的研究对象、主要目标、重点难点、研究计划及可行性等。
3. [创新之处]　在学术观点、研究方法等方面的特色和创新。
4. [预期成果]　成果形式、宣传转化及预期学术价值和社会效益等。（略写）
5. [参考文献]　开展本项目研究的主要中外参考文献。（略写）
研究基础
本处参照以下提纲撰写，要求填写内容真实准确。
1. [学术简历]　申请人主要学术简历，在相关研究领域的学术积累和贡献等。
2. [研究基础]　申请人前期相关代表性研究成果及其与本研究的学术递进关系。
3. [承担项目]　申请人承担的各级各类科研项目情况，包括项目名称、资助机构、资助金额、结项情况、研究起止时间等。
4. [与已承担项目或博士论文的关系]　凡以各级各类项目或博士学位论文（博士后出站报告）为基础申报的课题，须阐明已承担项目或学位论文（报告）与本课题的联系和区别。（略写）

论证活页

本处参照以下提纲撰写，突出目标导向、问题意识、学科视角，要求逻辑清晰、层次分明、内容翔实、排版规范。除"研究基础"外，本表与申请书中的表三内容一致，总字数不超过7000字。

1. [选题依据]　国内外相关研究的学术史梳理及研究动态（略写）；相对于已有研究特别是全国教育科学规划同类项目的独到学术价值和应用价值。

2. [研究内容]　本项目的研究对象、主要目标、重点难点、研究计划及其可行性等。

3. [创新之处]　在学术观点、研究方法等方面的特色和创新。

4. [预期成果]　成果形式、宣传转化及预期学术价值和社会效益等。（略写）

6. [研究基础]　申请人前期相关代表性研究成果、核心观点等。（略写）

7. [参考文献]　开展本项目研究的主要中外参考文献。（略写）

4. 国家社科基金后期资助项目申请书

国家社科基金后期资助项目申请书需要申请人填写的板块主要包括：①数据表；②相关项目及成果；③申报成果介绍；已与指定出版机构签署出版合同或达成出版合作意向的须填写；④出版社推荐意见。

其中，申报成果介绍是最主要的板块，提示语为：

本成果主要内容（详写）、主要观点、研究方法、学术创新、学术价值；存在问题和需要改进之处，未完成章节情况；下一步研究计划。申报成果介绍要求不超过4500字。

5. 国家社科基金优秀博士论文出版项目申请书

国家社科基金优秀博士论文出版项目申请书需要申请人填写的板块主要包括：①数据表；②科研情况表；③博士论文介绍。另外，需要博士学位授予单位推荐意见。

其中，博士论文介绍板块的提示语为：

本论文主要内容（详写）、主要观点、研究方法、学术创新点、学术价值；存在的不足及研究改进计划，此栏目不超过4500字。

6.国家社科基金中华学术外译项目申请书

国家社科基金中华学术外译项目申请书中主要需填写的板块包括：①基本信息表；②申报成果简介；③团队和翻译/编辑组织方案；④国外出版组织方案；⑤宣传推广组织方案；⑥经费使用方案；⑦出版责任单位意见；⑧同行专家推荐意见等。该申请书的表格构成比较复杂，需要填写的大小表格也比其他项目要多，其中需要申请人大段撰写的板块提示语如下：

国家社科基金中华学术外译项目申请书需大段撰写的板块
二、申报成果简介
学术著作类成果，重点介绍所翻译原著的作者、主要内容、重要观点、学术价值、社会影响和对外译介意义，以及已获得国家级资助的情况等。原著来源类型为申请书中"1"和"2"的可简写，1000字以内；未列入的须详写，2000字以内。 学术期刊，简要介绍申报期刊的创刊宗旨、创刊时间、刊期、所属学科、主管主办单位、主编副主编及编辑部人员构成、经费收支等情况；重点介绍申报期刊的办刊特色，学术论文质量及影响，编辑质量及规范化程度，年发行量及国际发行渠道情况，国际审稿专家数量和比例，编辑队伍的专兼职比例、国际化培训，国际编委比例及在办刊中的作用，国际知名检索系统收录情况。3000字以内。
三、团队和翻译/编辑组织方案(只展示需大段撰写的部分)
(三)项目团队和翻译/编辑组织方案，简要介绍申请人(学术期刊负责人)的学术背景、外语水平、国外相关经历、与国外科研机构合作情况。**学术著作类重点介绍**：1.申请人与主要合作译者近5年的代表性外文著作、译作及论文，包括成果名称、出版机构或发表期刊、时间及作者排序等，出版单位填写近5年获得相关国家外译项目的情况；2.申请人对项目各环节的主要贡献；翻译和出版工作所涉及的改写、翻译、润色、编辑、审校工作的组织，改写部分需具体说明和论证；翻译所采取的技术路线、规范和标准，文稿体例安排等。**学术期刊类重点介绍**：资助周期内的选题规划，下一年度选题具体策划，选题对项目资助宗旨和要求、国内外主流学界共同关注的重大问题的落实方式；选题组稿方式的标准以及所采取的技术路线；原创文章和翻译文章的比例；和国际编委及国际编辑的协作方案等。2000字以内。

四、国外出版组织方案(只展示需大段撰写的部分)

(二)国外出版机构介绍, 重点介绍国外出版机构的出版图书范围、涉及语种、发行特色、社会影响,申报选题相关领域已出版的代表性学术著作及其发行量和学术影响。已列入本年度国外出版机构指导目录的可简写,1000字以内;未列入指导目录的须详写,2000字以内。

(三)编辑出版流程, 和国外出版机构商议后制订,简述文稿编审、出版和发行等各环节的权责及出版责任单位对中外编、译、学协同工作的组织。500字以内。

五、宣传推广组织方案

学术著作类成果, 由各方共同商议制订。简述获资助后的宣传推广工作,包含项目实施过程中研讨会、出版后在中外学界和出版界的宣传推广组织方案及预期效果,含参加或组织围绕译著展开的学术研讨会、新书发布会等。2000字以内。

学术期刊, 简述建设目标、具体举措以及在国际著名学术平台的发行、宣传推广计划。2000字以内。

7.国家社科基金高校思想政治理论课研究专项申请书

"国家社科基金高校思想政治理论课研究专项申请书"需要申请人填写的板块主要包括:①数据表;②课题设计论证;③研究基础和条件保障;④经费概算。其中,需要大段填写文字的板块是课题设计论证、研究基础和条件保障,这也是申请书填写的核心板块。数据表和经费概算的内容构成和国家社科基金一般项目基本相近。

以往的评价指标权重也是:选题3,论证5,研究基础2。其中,选题"主要考察选题的学术价值或应用价值,对选题研究状况的总体把握程度";论证"主要考察研究内容、基本观点、研究思路、研究方法、创新之处";研究基础"主要考察课题负责人的研究积累和成果"。从对权重的解释可以看出,该项目和国家社科基金一般项目在评价指标方面也是一样的,所以字数安排上也一样。

按照以往的评价指标权重看,"选题依据"应占30%,即2100字左右。"研究内容""思路方法""创新之处"合起来占50%,即

> 注意,高校思想政治理论课研究专项申请书是把"思路方法"板块单列出来的!

3500字。"预期成果""研究基础""参考文献"要求略写,所以合起来不要超过20%,即1400字。

国家社科基金高校思想政治理论课研究专项申请书和活页核心板块
课题设计论证
本处参照以下提纲撰写,要求逻辑清晰、主题突出、层次分明、内容翔实、排版规范。
1.[选题依据] 相关研究动态(略写);相对于已有研究特别是国家社会科学基金同类项目的独到学术价值和应用价值。
2.[研究内容] 本课题的研究对象、主要目标、重点难点、研究计划及其可行性等。(框架思路要列出提纲或目录)
3.[思路方法] 本课题研究的基本思路、具体研究方法、研究计划及其可行性等。
4.[创新之处] 在学术观点、研究方法等方面的特色和创新。
5.[预期成果] 成果形式、宣传转化及预期学术价值和社会效益等。(略写)
6.[参考文献] 开展本课题研究的主要中外参考文献。(略写)
研究基础和条件保障
本处参照以下提纲撰写,要求填写内容真实准确。
1.[学术简历] 申请人的主要学术简历、学术兼职,在相关研究领域的学术积累和贡献等。
2.[研究基础] 申请人前期相关代表性研究成果及其与本研究的学术递进关系,学术影响和社会评价等。
3.[承担项目] 申请人承担的各级各类科研项目情况,包括项目名称、资助机构、资助金额、结项情况、研究起止时间等。
4.[与已承担项目或博士论文的关系] 凡以各级各类项目或博士学位论文(博士后出站报告)为基础申报的课题,须阐明已承担项目或学位论文(报告)与本课题的联系和区别。
5.[条件保障] 完成本课题研究的时间保证、资料设备等科研条件。
6.[教学情况] 申请人近三年(2022—2024年)思政课教学时长、教学评价及教学获奖情况。教学评价须由申请人所在单位提供并盖章,相关材料可扫描后上传。

论证活页

本处参照以下提纲撰写，要求逻辑清晰、主题突出、层次分明、内容翔实、排版规范。除"研究基础"外，本表与《申请书》中的表二内容一致，总字数不超过7000字。

1. [选题依据] 相关研究动态(略写)；相对于已有研究特别是国家社会科学基金同类项目的独到学术价值和应用价值。

2. [研究内容] 本课题的研究对象、主要目标、重点难点、研究计划及其可行性等。(框架思路要列出提纲或目录)

3. [思路方法] 本课题研究的基本思路、具体研究方法、研究计划及其可行性等。

4. [创新之处] 在学术观点、研究方法等方面的特色和创新。

5. [预期成果] 成果形式、宣传转化及预期学术价值和社会效益等。(略写)

6. [研究基础] 申请人前期相关代表性研究成果、核心观点等。(略写)

---

8. 国家社会科学基金冷门绝学研究专项申请书

学术团队项目的申请书比较看重团队情况的介绍，所以在板块设计上很有特色，这包括：基本信息、首席专家情况、学术团队情况、学术团队建设规划、课题设计论证、研究经费、单位承诺等，其中申请书需要有首席专家的签章。

学者个人项目的申请书包括：基本信息、课题负责人情况、课题设计论证、研究经费、单位承诺等。

这里只展示两个申请书课题设计论证的提纲和提示语，其他信息会在本书专门的章节中讲解。

这两个申请书对字数没有明确的要求，申报提示语中写着"不加附件，适当控制篇幅和字数。各栏除特别规定外，均可以自行加行、加页，请注意保持页面连续性和完整性"。

学术团队项目申请书"课题设计论证"

基于学术团队建设规划,对拟开展重大课题研究的总体框架、预期目标和研究思路进行论证,包括:

1. 本课题研究的学术价值和研究现状;

2. 主要问题、研究对象和研究的主要内容;

3. 在学术创新、学科建设、文献整理、文化保护传承等方面的预期目标及预期成;

4. 研究的整体思路、总体框架、研究方法及可行性;

5. 研究的总体进度安排和学术团队成员的具体任务分工。

学者个人项目申请书"课题设计论证"

1. 本课题的学术价值和研究现状;

2. 主要问题、研究对象和研究的主要内容;

3. 在学术创新、学科建设、文献整理、文化保护传承等方面的预期目标及预期成果;

4. 研究的整体思路、总体框架、研究方法及可行性;

5. 研究的总体进度安排和课题组成员的具体任务分工。

五、2024年度国家社科基金项目立项分析

"选题宝"以2024年度国家社科基金年度项目(含青年项目、西部项目)立项名单为基础数据,对立项数量变化、类别、学科、单位及立项关键词等进行了相关分析(艺术学、教育学单列学科的立项分析详见本书第九章、第十章)。

1. 立项概况

2024年度国家社科基金(重点项目、一般项目、青年项目、西部项目)公布立项课题5633项,立项数增幅近8%,国家社科基金年度项目近5年的立项数据见表1-3。

表 1-3　2020—2024 年国家社科基金立项数一览

年度	重点项目/项	一般项目/项	青年项目/项	西部项目/项	年度立项数/项
2024 年	392	2757	1989	495	5633
2023 年	396	3182	1212	427	5217
2022 年	371	3177	1127	500	5175
2021 年	370	3169	1103	499	5141
2020 年	363	3184	1078	496	5121

2. 立项类别

2024 年，青年项目立项数增幅最大，与 2023 年相比增加了 777 项；一般项目立项数降低，与 2023 年相比减少了 425 项。这其中最直接的原因就是 2024 年开始，青年项目对女性申请人的年龄放宽了，导致青年项目的申请书总数也有了提升。由于 2024 年一般项目立项数减少，青年项目立项数增加，所以 4 类项目立项数占比方面，一般项目立项数仅不到年度立项数的一半（48.94%），而往年一般项目立项数占比在 60% 以上，具体情况见图 1-1。

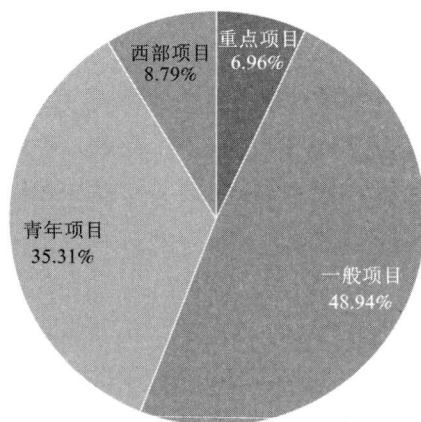

图 1-1　2024 年度国家社科基金各项目类别立项数占比

3.立项学科

2023 年和 2024 年国家社科基金 23 个学科立项数排名情况如表 1-4 所示，其中排名前 3 的依次是"管理学""应用经济""社会学"。有 9 个学科的立项数超过了 300 项，而"考古学"和"人口学"立项数不到 100 项。"社会学"以往在 23 个学科中一般排名在第 5 之后，今年立项数大增，直接上升到了第 3。"民族学"的立项数和立项排名也在持续上升。"区域国别学和国际问题研究"是今年新调整的学科方向，与往年相比立项数也增加不少。

下面横向比较一下，2024 年立项名单里，仅"法学"的立项数与往年相比减少了 14 项，"中国文学"立项数与 2023 年一致，其他 21 个学科 2024 年的立项数均比 2023 年有所增加，其中，增加最多的是"社会学(+76)"，其次是"管理学(+59)""应用经济(+47)"，具体各学科的立项数情况变化对比见表 1-4。

表 1-4　2023 年和 2024 年国家社科基金 23 个学科立项数排名情况

序号	立项学科	2024 年立项数/项	2023 年立项数/项	变化
1	管理学	546	487	+59
2	应用经济	447	400	+47
3	社会学	372	296	+76
4	马列·社科	356	323	+33
5	法学	343	357	−14
6	民族学	341	317	+24
7	语言学	337	318	+19
8	中国文学	334	334	—
9	中国历史	304	281	+23
10	哲学	233	225	+8
11	理论经济	212	197	+15
12	党史·党建	211	209	+2
13	政治学	197	184	+13
14	区域国别学和国际问题研究	190	169	+21

续表1-4

序号	立项学科	2024 年立项数/项	2023 年立项数/项	变化
15	新闻学与传播学	192	177	+15
16	图书馆·情报与文献学	182	176	+6
17	体育学	179	160	+19
18	外国文学	124	120	+4
19	统计学	122	115	+7
20	世界历史	119	109	+10
21	宗教学	110	103	+7
22	考古学	97	86	+11
23	人口学	85	74	+11

4. 立项单位

2024 年国家社科基金立项的 5633 项项目涉及 755 所相关单位。其中，高等院校占据绝大多数，按立项单位统计排名，前 3 名分别是：四川大学 66 项，山东大学 59 项，复旦大学 54 项。其余院校排名和立项情况见表 1-5，由于篇幅有限，表 1-5 仅展示了 2024 年立项数排名前 10 的单位名单。

表 1-5　2024 年国家社科基金立项数排名前 10 的单位

排名	立项单位	2024 年立项数/项
1	四川大学	66
2	山东大学	59
3	复旦大学	54
4	武汉大学	53
	华中师范大学	53
	中国人民大学	53
5	华东师范大学	49

续表1-5

排名	立项单位	2024 年立项数/项
6	郑州大学	48
	厦门大学	48
7	浙江大学	47
	中山大学	47
	南京大学	47
	西南大学	47
8	上海大学	46
9	北京大学	45
10	安徽大学	44
	云南大学	44

5. 立项高频词

如图 1-2 所示，2024 年国家社科基金项目立项题目的高频词比较突出的是"整理与研究""路径研究""机制研究""机制与路径"，除此之外的实词为"新质生产力""中国共产党""数字""人工智能"等。

23 个学科的立项高频词大多数有其明显的学科属性。图 1-2 所示"高频词"均是在立项题目中出现大于等于 20 次的词。"高频词"体现的是某一学科常见的研究内容，以及常用的研究视角和方法，但也建议申请人不要"扎堆"，还是要基于自己的研究基础，避开"大热门"，选择恰当而又具有价值的选题才是王道。

图 1-2　2024 年度国家社科基金项目立项高频词

更多关于立项学科与题目的分析扫码查看完整立项分析报告。

扫码使用"选题宝"科研大数据"立项分析"功能。

第二章

如何选题

申请书就像是向评委推销自己科研想法的项目计划书，而一份计划书最能快速吸引眼球的部分就是它的题目，题目起得好，就可以获得更多的关注，使评委产生更多兴趣；而如果题目起得不好，不仅无法吸引评委的注意，还可能降低申请书的竞争力。

如何形成好的科研题目？仅仅是把修辞弄得很美、很炫、很特别就够了吗？当然不够。要形成一个好的科研题目，需要先形成科研想法，继而提炼为适合的选题(需对应所要申请的课题级别)，最后才是从修辞上画龙点睛。所以，不要一开始就把注意力集中在题目的修辞上，因为在形成选题的进程中，它并不是唯一的环节。

一、科研选题有哪些常见误区

1. 选题过大

选题大，有三种情况，**第一种是选择的对象、领域或所涉空间过于庞大**，不能合理对应课题的级别和服务对象，例如申报省级课题时，不关注于服务地方发展，而去追求全国性、一般性、普遍性的大问题。其实面对这种情况，可以仔细研读当年的省级课题指南，了解本省当前一年在相关领域急需解决的现实问题；如果没有课题指南，还可以了解该课题历年的立项清单，分析选题走

23

势、选题规模和本省近年来比较关注的问题方向。既然省级课题需要稍微控制下范围，是不是国家级课题就能"放飞自我"呢？其实申报国家级课题时，大家确实想到的第一个词就是"大"，但过分关注"大"就容易把控不好节奏，以至太过于关注大范围，一味追求高格调，或太过于展现实验性的空想，而明显不具备可操作性。**第二种情况是选题空泛**，看上去会涵盖很多内容，要兼顾许多方面，牵扯许多领域，然而却很有可能哪个方面都无法研究透彻。**第三种情况是选题时间跨度大**，一般国家社科基金项目要求的时间周期不超过五年，其中基础类研究可以是三至五年，而应用类课题则不超过三年。如果一个选题需要跨越十多年的时间去完成，或者不仅时间长而且要素太多难以驾驭，那么这种选题也是无法获得资助的。

2. 选题过小

这类选题的范围太小，缺少普遍性和代表性，而且容易被其他竞争对手的课题所覆盖。与第一种情况恰好相反，选题要么涉及的对象小，要么是领域小，或者是地理空间范围过窄，很可能是申请人把原本应该服务于地方的课题报向了更高一级。例如，某项选题本来探讨的是一个城市的几个社区在管理方面的特色，除非这几个社区所反映的问题是极具代表性的，或者是管理方式极具实验性价值，否则就是范围小、没代表性，难以上升到更高层面，适合申报市局级课题，但是不一定适合申报省级课题，更不适合申报国家级课题。

3. 晦涩难懂

通常此类选题专业性太强，或太过于追求前沿性、实验性，从题目到申请书内容、文字都过于晦涩，很少人能够读懂。那么对这类选题，为保险起见，评委也不会将票投给它们。

4. 专业性弱

选题的题目虽然只有不到40个字，却能显示出申请人的专业积累，能展现出申请人对所涉及概念的理解及对概念边界的认知。但是如果没能把握好概念的内涵和边界，则是非常露怯的，直接影响评委对申请书的印象。例如，前几年，类似"大数据""人工智能""虚拟现实"等词刚刚变得很流行时，常常会被当作定语出现在题目中，但问题是，很多人无法明确这些技术是否与自己题目中的主语（即课题的核心对象）完美匹配。比如一项研究可能是"运用大数据技术对 600 个人发放问卷"，那么这个大数据技术可能会感到些许"委屈"，因为这是"大材小用"了，很显然大数据技术并不是仅仅用来处理一定数量问卷的，这种情况主要体现出拟题之人对技术的内涵、特色、应用范围没有足够深入的理解，恐怕只是出于蹭热点的需求（每年都会有一定数量蹭技术热点的选题）。也有一种情况是，某些问题只能使用定性的方式予以探讨，但是拟题之人可能由于基础知识不牢固或者前期文献综述没有做好等，未能搞清楚这个问题的特点，而是硬给配上了定量的方法技术，题目虽然看上去"酷炫"，但是并无可行性，那么这类题目很容易从一开始就"劝退"评委。

5.缺少亮点

选题需要有"亮点"，这类似于为课题做营销，一定要把课题最大的"亮点"（也即卖点）在题目最鲜明的位置明确而简洁地展示出来，从而形成差异化竞争优势，便于在众多类似选题中脱颖而出。课题的"亮点"可以来自所依据的理论、学术思想、观点立场、地域特色、领域特色、人物群体特色等。然而，定位"亮点"不等于蹭热点，比如"元宇宙"概念出现之后，很多选题开始有意向其靠拢，但是自身的主要研究对象是否能和"元宇宙"产生必要的事实关联，或者自身观点是否在"元宇宙"的语境之下成立？这都是有待进一步印证的。所以再次强调，"亮点"不等于时下热点，而**真正深耕于一个领域多年的学者，即便不用最流行的热点词汇，也一样可以构思出极具"亮点"的选题。**

6.不揭示 A 与 B 的关系

这类题目的特点和上文"元宇宙"的例子比较接近，有一类选题，本身没想清楚两个相关范围之间究竟是何关系，所以体现在题目中时，只是把两个范围的名字并行列出，但是不揭示二者关系，或者不讲清楚要探讨二者在哪方面的关联。例如，"乡村振兴（A）与剪纸艺术研究（B）"，A 部分是一个语境限定，我们很自然会先联想到乡村振兴的一系列目标，而 B 部分的"剪纸艺术研究"则很奇怪，一是这个剪纸艺术是哪个地方的？二是剪纸艺术研究的内涵很丰富，牵扯到很多方面，究竟是要研究它的创作风格、技艺传承，还是要从产业化层面去对接 A 部分的乡村振兴呢？三是要探讨 A 和 B 之间的何种关联呢？是乡村振兴如何影响了剪纸艺术的发展，还是剪纸艺术带动了乡村振兴？这些信息都没有，**光看题目也猜不出内容**，那么这就是无效选题。

7. 选错服务对象

纵向科研课题的经费受国家或地方财政支持，那么很自然地，我们考虑的选题要服务于国家和地方的战略发展目标，或者服务于文化的保护、延续、传承、传播，服务于广大人民群众利益福祉。这明显带有**公益性**特点，因此**社会效益**是我们申报纵向课题所不可忽视的重要方面。但是会有一些选题将服务对象对标企业盈利，其实它完全可以通过横向科研课题的方式直接对标企业需求。还有一种情况是，一些选题不仅对标的服务对象不是很合适，而且与现实大趋势发生了"反向碰撞"，比如"双减"之前的一年里，笔者恰巧见过几个设计类的选题，不约而同地聚焦在了线上幼儿及青少年课外辅导问题，从设计的角度研究在线教育产品的进化。虽然研究方案能够基于科学的设计原理、先进的技术，而且对儿童的接受心理也有严谨的了解，但是服务错了对象，而且与政策的大方向、社会的根本利益相左。因此，我们申报纵向课题时，要服务国家、服务人民，立足最广大人民群众的根本利益需求，立足中华民族伟大复兴的历史使命，且要**敏锐地洞察时代的发展脉络，符合国家发展的大政方针**。

二、科研选题从哪来

科研项目的选题需要申请人具备相应的前期积累，比如刚刚博士毕业的"青椒"多半会将博士论文的研究领域进一步拓展，以此来申请国家级或教育部课题。如果前期没有博士论文的老师也不必难过，因为我们平时撰写论文，或长期教学工作中积累了大量的实践经验，上过的课、出版的教材、获得的奖项、带学生参加的比赛等，这些都可以成为我们申报课题的前期积累。总之，**选题**

需要来源于申请人自身长期耕耘的领域，因为在这个领域，你才是专家，你对于所发现的问题、所提炼的规律具有一定的权威性。当然，也是因为评审专家会关注申请人的前期经历，即便申请人前期没有项目或高级别论文，但是由于其有长期的实践积淀，也是可以说服评委的。

在这个前提下，我们来梳理一下，平时可以从哪些方面获得选题的灵感。

1.日常观察、亲身经历

作为一名教育工作者，在日常教学工作中，你肯定会不断地发现新问题，而这些问题促使你不得不提出改进方案，这就是提出研究问题和形成解决方案的过程，它之所以没能成为你后续的科研或教改课题，可能是因为我们没有意识到它的重要性，或者没能适时地将日常问题提炼为普遍性存在的研究问题，比如你可能认为日常教学问题只是个别现象，或者你认为只要解决了就好，却忘了因此而反思，或"上升高度"。其实发现问题、解决问题、"上升高度"是一个必然的、连贯性的过程。比如课程思政教学中，为什么有的同学接受度高，有的同学接受度低，那么如何改进相应的教学方法、提升教学内容的质量也就可以是我们思考的研究问题。当我们思考如何解决问题的时候，就是在设计研究方案，之后我们经过一个学期的教学改革实践去实施方案，最后在期末考核过程中通过考试和大作业的方式检验自己的改革效果。到了假期，我们反思整个学期的改革过程，再结合一些文献中对类似问题的观点，就能完成对所研究问题的总结、概括、提升，从而使之成为一个普遍性的教育研究问题，这也就能保证后续提出的解决方案具备解决普遍性问题的价值了。或者，由于网络上信息迭代速度很快，几乎每天都有各种热点话题，热搜更新得也非常频繁，其中有很多值得我们观察和分析的问题，同样一个热点话题，在不同专业领域的社科研究者眼中，呈现的是不同的面貌和不同的值得探讨的价值点。另如，你假期时看了一部电视剧，剧中涉及某个朝代衣食住行的文化或者涉及某个历史事件的考证，这些都可能成为社会上议论的热点，而如果你挖掘得足够深入，你也可以从中提炼出自己想要研究的问题。所以，我们不要把日常工作生活与科学研究生硬地割裂。其实，**来源于日常生活的研究想法是最"接地气"的，因为它来源于现实，服务于现实**，我们也就无须牵强附会地"硬拗"研究它的价值和必要性了，因为这样的问题就是"实打实"的。但最考验我们能力的关键之处在于，如何透过日常的表象探索和提炼内在的普遍性意义，防止自己进行浮于表面的"蹭热点"式探讨，因为那样的研究想法是无效的、无营养的、无意义的。

2. 需要解决的实践问题

我们有很多研究想法都来源于现实中需要解决的实践问题。它们或是长期存在，但是需要不断地改进或提出新的解决方案；或是随着社会经济发展而出现，迫切地需要我们提出有效的应对策略；也有可能是我们在现实中发现了一些蛛丝马迹，率先归纳出一个亟待应对的现实问题，然后赋予解决方案。

同样，作为教育和科研工作者，我们现实中也会面临很多需要解决的问题。例如，高校教师的职业倦怠性问题、高校教师的薪资问题、师德师风建设问题、学生课堂上的破坏性行为、教科书选择的问题、考试作弊的问题、来华留学生教学中的文化传播问题和趋同化管理问题、树立大学生就业观念问题等都能成为研究想法的来源。这一类问题比前者日常生活和亲身经历的问题要相对抽象一些，更具有概括性，似乎不需要我们太多去凝练其普遍性，因为这些问题本身就很有代表性。

发掘实践问题的难点在于，由于经验和知识的覆盖面所限，我们不可能长期对大量实践问题保持清醒或敏感，所以很难定位出有价值的实践问题。面对这种情况，最好的办法就是每年都对各级社科、教研课题的指南保持跟踪关注。或许你本年度并不打算申报国家社科基金项目，但是阅读它的课题指南也是非常有必要的，长期的积累，能够帮助你摸索出近年来自身专业领域的热点问题走势，你可以根据自己的专长和科研兴趣点，对某些实践问题进行长期跟踪思考。比如了解某个实践问题当前的研究进度；当前对应的解决路径是否有效；对应的研究方法是否先进；随着时间的推进该问题是彻底得到了解决呢，还是衍生出其他新的问题……通过上述自问自答，你可以借此形成新的研究课题，以便更有效地解决这种实践问题；或者实施一项研究去检验当前学界提出的众多解决方案是否真正有效。

3. 既往研究

已有的研究文献是研究想法的一个非常好的来源，甚至可能是大多数研究想法的来源。

(1)重复研究。你可能会决定重复做一项研究，想看看是否能得到相同的结论，因为你认为一篇文献的结论有重要的意义，因此你想去验证它们。

(2)检验研究的外部效度，即检验其可推广性或可实际应用性。例如一项研究的顺利展开可能是基于实验室环境，那么你可能会试图将之转换到更为复杂的现实环境中，以了解实验室环境所得出的结论在复杂的社会因素干扰下是否依旧有效。

(3)协调有冲突的结论。在阅读关于某个主题的众多文献时，你可能会发现这些文献的研究结论是相互矛盾的，而这就可以引发一项新的研究以尝试解决这个矛盾。这类矛盾出现的原因可能是不同的研究采取了不同的方案、方法或不同的测量工具，也可能是选择了不同的参与者。因此，一旦你发现这种矛盾，你就需要找出这些研究中任何一个不同点，因为这些不同点可能就是矛盾产生的原因。

(4)关于未来研究的建议或展望。阅读既往研究的文献时，可以关注作者在文章中对未来研究所提出的建议，尤其在综述性文献中，这种对未来研究方向的建议十分有借鉴价值；再有就是通常论文的某个板块会对未来研究方向提出展望，阐明作者对今后相关领域研究趋势的判断，这也是一个高效地获取高质量研究想法的渠道。

4. 理论

理论是讨论一个现象如何运作以及为什么这样运作的解释或解释性的体系。理论具有目标功能和工具功能，即理论可以通过整合以及概括当前知识而使之变得有意义，一些经典的理论还可以对未来作出预测，从而成为指导后人进行研究的工具。因此，仔细研读理论，可以从中发现未来需要进一步拓展或者展开验证的方向，这也是选题的一个主要来源。

以上四种研究想法的来源，即日常生活、实践问题、既往研究和理论，代表了研究想法的主要来源。但是，重要的问题不是识别研究想法的来源，而是从这些来源中产生有价值的研究想法。研究想法的产生代表着一项研究计划的开始，其发展需要研究者养成一种质疑和好奇的思考方式。我们形成的研究想法是否适合申报课题，可以从八个方面判断，即我们所发现的问题是否比较突出、是否令学界困惑、是否尚未得到有效解决、是否具有普遍意义、创新点是否明显、是否有解决的可行性、是否能够被明确地概括和描述、是否能够形成解决方案。

此外，每一年的课题申报公告也指明了选题的大方向、大原则，对读者也具有一定的提示作用。以 2024 年度的国家社科基金项目申报公告为例："2024 年国家社会科学基金年度项目申报工作要以习近平新时代中国特色社会主义思想为指导，以习近平文化思想为引领，全面贯彻落实党的二十大精神，深入实施《中共中央关于加快构建中国特色哲学社会科学的意见》，坚持正确的政治方向、价值取向和学术导向，坚持有组织科研和自主探索相结合，坚持以重大理论和现实问题为主攻方向，坚持基础研究和应用研究并重，鼓励开展跨学科综合研究，切实发挥国家社会科学基金示范引导作用，推动中国特色哲学社会科学学科体系、学术体系、话语体系建设，推进自主知识体系构建，更好服务党和国家工作大局"；"一般项目应立足各学科的历史、理论、方法和应用，面向经济社会发展需求和学科建设与发展实际，体现申请人的学术素养，围绕对于推进理论创新和学术创新具有支撑作用的一般性基础问题、对于推动经济社会发展实践具有指导意义的专题性应用问题，开展具有学科视角的创新性研究。重点项目应围绕党和国家工作大局、经济社会发展重要理论和实践问题、哲学社会科学重要基础和前沿问题开展原创性研究，鼓励学科交叉。申请人应具有较好的前期研究基础，预期成果体量和质量应高于一般项目。申报重点项目评审未通过的，原则上不再转立为一般项目。青年项目旨在加强对青年人才的扶持和培养，发挥青年学者优势，推进知识创新、理论创新、方法创新和应用创新。西部项目立足西部地区实际和优势，资助推进西部地区经济持续健康发展、社会和谐稳定，促进民族团结、维护祖国统一，弘扬民族优秀文化、保护民间文化遗产，开展周边毗邻区域国别研究等方面的课题，支持西部地区学科建设、人才培养和科研能力提升"。这些都对我们选题的立场、标准、高度作出了界定。

三、选题与指南是什么关系

国家社科基金项目和一些省级课题所发布的指南，一般只会定出课题的宏观方向和领域，为了不限制申请人的研究空间，也避免题目重复，指南中的内容会比较宽泛，领域也会很广，不建议直接拿来当作题目。一般情况下，选题与指南的关系呈现为三种情况。

其一，从文字修辞上判断，选题与指南完全一致，这种选题的立项情况相对比较少见，但也是存在的。可是，我们尽量不要这么做，因为这类选题不仅容易与其他申请人"撞车"，而且缺少差异化特色，能获得立项的大多是业内公认的权威学者，研究能力方面优势明显。

其二，选题与指南相关，从指南某个条目的范围中提取、生发出来。这类选题往往选择了指南某个条目的一个侧面或挖掘出条目的一个子层面，这属于形成选题的主流模式，相对最稳妥，当然前提是申请人不能单纯地追逐热点选题方向，而要足够深入地理解这个选题方向的内涵和当前研究现状，最理想的情况是**指南中所选定的条目与申请人长期深耕的领域有紧密的联系**。

第三种情况是不依托指南，完全结合申请人的研究兴趣，自主生成新的选题。国家社科基金项目的申报公告中也明确提到过"申请人可根据《课题指南》的指导思想和基本要求，结合自身研究兴趣和学术积累申报自选课题（包括重点项目）；自选课题与按《课题指南》申报的选题在评审程序、评审标准、立项指标、资助强度等方面同样对待"。可见，自选课题是被允许的，而且这类自选的课题**中标率也不低**，它往往来源于申请人最擅长的专业问题，代表了申请人的研究特色，也能体现出题目的创新性。这类选题虽然不在指南之列，但如果论述得足够好，是完全可以被立项的。如果自选题目，建议对研究的**必要性和紧迫性进行充分论述**，最好有理有据，例如使用案例或数据予以解释说明。

如果您的选题完全不依托指南，也不要硬往指南条目上靠，有的老师为了增加中标率，会从指南条目中找一条并不相关的题目写到申请书中，这种"硬靠"也会给评委专家留下不好的印象，立项成功率与是否从指南条目中选题并没有直接正相关关系。

四、如何利用课题指南确定可以立项的题目

选题是所有科研人员心中的"痛"，如何从国家话语体系中延伸、拓展出符合自己研究特点、具有一定创新性的题目，是研究人员要攻克的重点和难点。

"选题宝"通过对 2019 年国家社科基金立项的题目与课题指南条目进行比对，建立了 20 个学科的"指南条目−立项题目"对照组共 80 组，并尝试总结、提炼可供研究人员借鉴的选题模式。各位读者也可以采用类似方法对最新的立项题目进行比对总结。尽管现在国家社科基金不再发布具体指南，但下述命题方式、拟题思路同样具有参考价值。

彼时，国家社科基金项目课题指南条目分为具体条目(带 * 号)和方向性条目两类。指南条目通常反映国家的意识形态导向和话语体系建设，更多的是研究方向的引导。在具体的申报过程中，研究人员可选择不同的研究角度、方法和侧重点，也可对条目的文字表述作出适当修改。方向性条目只规定研究范围和方向，申请人要据此自行设计具体题目。下文将 2019 年的国家社科基金项目课题指南条目和最终立项名单进行了对照，从各个学科中挑选出了一些对照组，由此可以看出这些立项题目是由哪个指南中的条目延伸而来的，通过观察这些立项题目和指南条目，我们也可以**学习它们的题目命名方法、怎么选取角度、加了哪些关键词**等。

1. 各学科"指南条目−立项题目"对照组及其选题模式

以下所列，带序号、加粗的为 2019 年国家社科基金项目课题指南中的条目，紧随其后的是 2019 年立项题目及其项目类别、批准号等信息。特别需要注意的是：一个指南条目对应的有多个立项题目。

◇ **马克思主义·科学社会主义**

指南条目：* **39.社会主义意识形态凝聚力和引领力建设研究**

立项题目：民族地区社会主义意识形态凝聚力和引领力研究；一般项目；19BKS068

边疆地区社会主义意识形态凝聚力和引领力建设研究；一般项目；19BKS180

新时代社会主义意识形态凝聚力的提升途径研究；一般项目；19BKS204

选题模式：**地区限定/时代特征限定+社会主义意识形态凝聚力和引领力建设研究/或其中之一的提升研究**

指南条目：**45. 新时代"一国两制"理论与实践研究**

立项题目：新时代"一国两制"理论与澳门成功实践研究；一般项目；19BKS039

选题模式：**条目+地区限定，并且是成功实践经验，比如中国香港的经验就不用研究了**

指南条目：**54. 中国方案的国际影响与世界意义研究**

立项题目：中国方案的实践智慧与世界意义研究；一般项目；19BKS132

选题模式：**把条目里的"国际影响"改为"实践智慧"更加具体**

指南条目：**62. 中国特色新型智库建设研究**

立项题目：中国特色新型智库法治化建设路径研究；青年项目；19CKS056

中国特色新型智库建设体制机制研究；一般项目；19BKS206

选题模式：**主题(中国特色新型智库)+法治化建设路径，更加聚焦、具体；主题(中国特色新型智库)+体制机制研究，其中"体制机制研究"是常见的立项关键词**

◇ **党史·党建**

指南条目：**46. 中国共产党提高运用法治思维和法治方式能力研究**

立项题目：领导干部增强运用法治思维和法治方式能力研究；一般项目；19BDJ023

选题模式：**"领导干部"相对于"中国共产党"这个抽象概念更加具象**

指南条目：**54. 中国共产党党内监督体系研究**

立项题目：对地方党委书记权力的党内监督体系研究；重点项目；19ADJ003

新时代党内监督体系建构与效能优化研究；一般项目；19BDJ025

选题模式:"地方党委书记权力"比条目更具象;时代特征限定+主题+限定研究方向(效能优化)

指南条目:**69. 领导干部正向激励效能研究**

立项题目:提升领导干部正向激励效能对策研究;青年项目;19CDJ014

选题模式:**主题+限定研究方向(对策研究)**

指南条目:**70. 对红色文化资源、抗日战争重要遗址遗迹等的保护和利用研究**

立项题目:红军长征革命遗址的保护和利用研究;一般项目;19BDJ065

长三角一体化国家战略下红色文化资源整合与利用问题研究;一般项目;19BDJ074

川渝地区红色革命遗址分类保护与综合利用研究;一般项目;19BDJ075

选题模式:**限定区域/限定时代/+主题**

◇ **哲学**

指南条目:**59. 意识与心灵哲学专题研究**

立项题目:当代西方心灵哲学的情绪理论研究;一般项目;19BZX100

当代西方心灵哲学中的指称研究;一般项目;19BZX105

选题模式:**时代限定+主题+限定研究方向**

指南条目:**65. 新时代中国特色伦理学理论体系与学科构建研究**

立项题目:生命共同体视域下中国特色动物伦理理论构建和实践应用研究;一般项目;19BZX120

选题模式:**限定视角(生命共同体)+细化主题(动物伦理)+研究方向(实践应用研究)**

指南条目:**90. 中国古代逻辑研究**

立项题目:先秦儒家伦理的情感逻辑研究;一般项目;19BZX115

选题模式:**从"中国古代"到"先秦儒家"的具象限定**

◇ **理论经济**

指南条目:**74. 新型城镇化与乡村振兴战略研究**

立项题目：基于"流–场域"空间视角下的城镇化与乡村振兴互动关系研究；青年项目；19CJL022

选题模式：**新的角度+主题+新的关系**

指南条目：**75.京津冀协同发展研究**

立项题目：基于多源大数据的京津冀产业协同发展模式及效果评价研究；一般项目；19BJL082

选题模式：**新的材料（多源大数据）+主题+限定研究对象（发展研究>发展模式及效果评价研究）**

指南条目：**77.长江经济带发展研究**

立项题目：长江经济带制造业新型分工与区域协调发展机制研究；一般项目；19BJL052

推动长江经济带制造业高质量发展研究；一般项目；19BJL061

选题模式：**主题+限定研究对象/研究方法**

指南条目：**83."一带一路"沿线国家资源走廊建设与利益共享机制研究**

立项题目：中国与中亚国家资源走廊建设与利益共享机制研究；西部项目；19XJL010

选题模式：**限定地区（从"一带一路"沿线国家限定到中国与中亚国家）+主题**

◇ **应用经济**

指南条目：**＊51.参与全球产业链竞争对策研究**

立项题目：基于"一带一路"区域价值链构建的中国参与全球产业链竞争对策研究；一般项目；19BJY009

选题模式：**限定区域+限定时代语境（一带一路）+主题**

指南条目：**＊78.健全生态补偿机制研究**

立项题目：农村水环境治理多元化生态补偿机制研究；青年项目；19CJY010

水利工程水土资源承载力转移与生态补偿机制研究；一般项目；19BJY041

牧区振兴战略下完善草原生态补偿机制研究；一般项目；19BJY043

生态保护红线区生态补偿机制研究；一般项目；19BJY044

选题模式：**限定领域（农村水环境、水利工程、生态保护区）+主题**

指南条目：***86.农村宅基地三权分置改革的政策评估研究**

立项题目：农村宅基地三权分置改革的政策评估与优化研究；一般项目；19BJY122

选题模式：**主题+递进（评估＞评估与优化）**

指南条目：***90.新形势下我国粮食安全研究**

立项题目：农产品国际贸易格局变化背景下确保中国粮食安全研究；一般项目；19BJY129

选题模式：**时代特征（国际贸易格局变化）+主题**

指南条目：***95.土地流转对妇女生计影响研究**

立项题目：六盘山连片特困区农地流转对农村妇女生计影响研究；西部项目；19XJY013

选题模式：**限定区域+主题**

指南条目：***96.城乡户籍制度与土地制度联动并轨的目标及路径研究**

立项题目：城乡融合发展背景下户籍制度与农地产权制度联动并轨机制研究；一般项目；19BJY120

选题模式：**限定背景（城乡融合）+主题+研究方向（机制研究）**

◇ 统计学

指南条目：**31.知识分享的统计测度与核算研究**

立项题目：知识分享经济统计核算研究；青年项目；19CTJ004

选题模式：**主题+限定领域（知识分享经济）**

指南条目：**59.大数据背景下随机抽样技术及统计推断方法研究**

立项题目：大数据背景下随机抽样技术及模型辅助估计方法研究；一般项目；19BTJ022

选题模式：**主题+递进**

◇ 政治学

指南条目：***14.新时代干部选拔体制与机制的改革和优化研究**

立项题目：新时代干部选拔任用制度的改革路径和机制优化研究；重点项目；19AZZ010

选题模式：**主题+研究方向(路径和机制)**

指南条目：**＊16.新时代干部容错纠错机制研究**

立项题目：干部容错纠错与执纪问责协同推进机制研究；一般项目；19BZZ097

选题模式：**主题+并列主题**

指南条目：**＊30.新时代公务员工作满意度实证调查研究**

立项题目：《公务员法》修订对公务员工作满意度与工作行为影响的实证研究；一般项目；19BZZ071

选题模式：**限定背景+主题**

◇ **法学**

指南条目：**34.《资本论》中的法理研究**

立项题目：《资本论》中的法理及其现代意义研究；一般项目；19BFX002

选题模式：**主题+限定研究方向**

指南条目：**35.基层社会治理与"枫桥经验"研究**

立项题目："枫桥经验"下基层社会治理模式及实施路径研究；一般项目；19BFX011

选题模式：**主题+限定研究方向**

指南条目：**53.公民个人信息的刑法保护研究**

立项题目：大数据背景下公民个人信息刑法保护体系研究；一般项目；19BFX074

网络智能时代个人信息泛在泄露与刑法有效保护研究；一般项目；19BFX076

选题模式：**限定背景(大数据、网络智能时代)+主题**

指南条目：**58.刑事缺席审判制度研究**

立项题目：国际追逃中的刑事缺席审判制度研究；青年项目；19CFX033

选题模式：**限定领域+主题**

◇ **社会学**

指南条目：**63. 新时代人民群众获得感的测量与评估研究**

立项题目：新时代人民群众获得感测量体系、实证评估与提升路径研究；西部项目；19XSH017

选题模式：**主题+研究方向系统化(体系、实证、提升)**

指南条目：**73. 绿色生活方式的理论与实证研究**

立项题目："互联网+"时代绿色生活方式的新型日常实践研究；一般项目；19BSH075

选题模式：**限定背景+主题+限定领域**

指南条目：**77. 国内外劳务移民社会治理比较研究**

立项题目：命运共同体视域下中越跨境劳务合作与劳务移民社会治理创新研究；西部项目；19XSH004

选题模式：**限定背景+主题+限定领域(创新研究)**

指南条目：**87. 逆城市化的社会学研究**

立项题目：乡村振兴背景下逆城市化的动力机制与发展趋势研究；重点项目；19ASH006

选题模式：**限定背景+主题+限定方向**

◇ **人口学**

指南条目：**＊2. 中国人口红利转型与实现机制研究**

立项题目：后人口转变时期人口红利转型与实现机制研究；青年项目；19CRK002

选题模式：**限定背景+主题**

指南条目：**26. 中国生育变化及影响因素研究**

立项题目：新时代职业女性生育率变化及影响因素研究；青年项目；19CRK019

选题模式：**限定背景+具象化主体+主题**

指南条目：**33. 城乡老年人养老需求与供给研究**

立项题目：我国城乡老年人健康养老需求与养老服务供给研究；重点项目；19ARK003

选题模式：主题+限定领域（养老服务）

◇ **民族学**

指南条目：**39. 新疆维吾尔自治区"访惠聚"与民生改善研究**

立项题目：新疆维吾尔自治区"访惠聚"与南疆社会发展研究；西部项目；19XMZ083

选题模式：**主题+限定区域（南疆）+限定领域（社会发展）**

指南条目：**45. 少数民族特困地区精准扶贫的社会工作介入机制研究**

立项题目：新疆牧区精准扶贫的社会工作介入机制研究；西部项目；19XMZ086

选题模式：**限定区域（新疆牧区）+主题**

指南条目：**57. 中国古代民族交往交流交融史研究（断代、区域）**

立项题目：元代以来南迁蒙古人与长江中下游地区蒙汉民族交往交流交融研究；一般项目；19BMZ022

岭南民族交往交流交融的历史与现状研究；一般项目；19BMZ125

选题模式：**时间、区域（元代、岭南）+主题**

◇ **国际问题研究**

指南条目：**43. "一带一路"相关国家债务可持续性相关问题研究**

立项题目：中国发展融资创新与"一带一路"相关国家债务可持续性关系研究；青年项目；19CGJ003

"一带一路"沿线部分国家的债务可持续性问题研究；一般项目；19BGJ002

"一带一路"南亚国家政府债务可持续性问题及我国应对策略研究；西部项目；19XGJ021

选题模式：**限定区域（部分国家、南亚政府）/限定领域（中国发展融资创新）+主题**

指南条目：**46. 中俄国际治理观比较研究**

立项题目：中俄全球治理战略比较研究；青年项目；19CGJ021

选题模式：**主题+限定领域**

指南条目：**49. 美国能源革命及其能源战略研究**

立项题目：美国的能源革命、能源战略与中美合作策略研究；一般项目；19BGJ030

选题模式：**主题+进一步的研究领域（中美合作策略研究）**

指南条目：**50. 美国国会涉华议案综合研究**

立项题目：美国国会涉新疆议案综合研究；一般项目；19BGJ031

选题模式：**主题+限定领域（涉华>涉新疆）**

指南条目：**59. 朝鲜半岛形势发展新趋势研究**

立项题目：朝鲜半岛形势发展新趋势及我国应对策略的国际法问题研究；青年项目；19CGJ018

朝鲜半岛经济发展新趋势与中朝韩经济走廊建设研究；一般项目；19BGJ053

选题模式：**主题+进一步的研究领域**

指南条目：**83. 国际海底区域环境保护主要法律问题研究**

立项题目：国际海底区域资源开发活动中的海洋环境保护法律问题研究；青年项目；19CGJ039

选题模式：**主题+限定领域**

◇ **中国历史**

指南条目：**29. 丝绸之路沿线历史遗存（包括岩画、碑刻、墓葬、村落遗址等）整理与研究**

立项题目：丝绸之路沿线汉至唐丝路碑刻整理研究；一般项目；19BZS017

选题模式：**主题+限定领域**

指南条目：**42. 明清宗藩体制演变研究**

立项题目：人文视域下明清中越宗藩关系演变研究；一般项目；19BZS028

选题模式：**限定背景+主题+限定领域**

◇ **中国文学**

指南条目：**＊20. 中国历代典籍在海外的翻译、传播与影响研究**

立项题目：先秦名学典籍在英语世界的翻译、传播与影响研究；青年项目；19CZW013

选题模式：**限定领域（中国历代典籍>先秦名学典籍）+主题+限定区域（在海外>在英语世界）**

指南条目：**＊35.外国文学经典在中国的翻译、传播与影响研究**

立项题目：挪威文学经典在中国的翻译、传播与影响研究（1919—1949）；一般项目；19BZW148

选题模式：**限定领域（外国文学经典>挪威文学经典）+主题**

指南条目：**66.海外汉学文献整理与专题研究**

立项题目：海外重要唐乐文献《教训抄》整理与研究；一般项目；19BZW040

选题模式：**研究对象细化（汉学文献>唐乐文献《教训抄》）**

◇ **语言学**

指南条目：**45.濒危汉语方言调查与研究**

立项题目：深圳大鹏半岛濒危方言研究；一般项目；19BYY063

云南濒危语言的家庭语言政策研究；一般项目；19BYY071

选题模式：**限定区域+主题+研究方向（政策研究）**

指南条目：**49.语言接触下的汉语方言岛语音变异研究**

立项题目：接触视域下的苏浙皖地区河南方言岛语言变异研究；一般项目；19BYY05

选题模式：**主题+限定区域（苏浙皖地区）**

指南条目：**72.汉语修辞学研究**

立项题目：以"新言语行为分析"为核心的汉语修辞学理论研究；重点项目；19AYY002

选题模式：**限定领域+主题**

指南条目：**79.我国少数民族语言资源深度保护与开发研究**

立项题目：东北三省蒙古语方言资源保护与开发研究；一般项目；19BYY185

选题模式：**限定区域（东北三省）+主题**

◇ 新闻学与传播学

指南条目：＊8.新时代中国纪录片国际传播能力建设研究

立项题目：新时代中国纪录片国际传播影响力及策略研究；一般项目；19BXW068

选题模式：**主题+研究方向限定**

指南条目：＊14."一带一路"倡议下中国非物质文化遗产的跨文化传播研究

立项题目：中国非物质文化遗产在东南亚的跨文化传播效果与提升路径研究；一般项目；19BXW054

"一带一路"建设下中国非物质文化遗产跨文化传播路径研究；一般项目；19BXW077

选题模式：**限定区域+主题+研究方向限定**

指南条目：＊35.智能手机使用对民众生活方式的影响研究

立项题目：智能手机使用对青少年移动学习生活方式的影响研究；青年项目；19CXW036

选题模式：**主题+限定特征人群**

指南条目：61.县级融媒体中心建设与发展研究

立项题目：治理媒介化视野下藏区县级融媒体中心建设与发展研究；青年项目；19CXW010

多重"下沉"中的县级融媒体建设与发展研究；一般项目；19BXW023

西部欠发达地区县级融媒体中心发展模式与内容生产研究；一般项目；19BXW027

县级融媒体中心建设的服务力生成研究；一般项目；19BXW028

选题模式：**限定背景/区域+主题+研究方向限定**

指南条目：64.形象宣传片中的国家形象"自塑"策略研究

立项题目：文化认同视阈下形象宣传片中的国家形象自塑；青年项目；19CXW021

选题模式：**限定背景/区域+主题+研究方向限定**

指南条目：**67.青少年社交媒体使用状况研究**

立项题目：当前我国青少年的社交媒体使用与政治社会化研究；重点项目；19AXW010

西部地区少数民族青少年社交媒体使用状况研究；一般项目；19BXW060

选题模式：**限定背景/区域+主题+研究方向限定**

◇ **图书馆·情报与文献学**

指南条目：**＊44.互联网时代知识共享与版权保护研究**

立项题目：区块链下公共图书馆知识共享的版权问题研究；青年项目；19CTQ003

选题模式：**限定背景+主题**

指南条目：**60.学术大数据环境下的科学成果评价研究**

立项题目：大数据环境下学术成果真实价值与影响的实时预测及长期评价研究；一般项目；19BTQ062

选题模式：**主题+限定领域**

◇ **体育学**

指南条目：**46.民族民间体育赛事研究**

立项题目：利益相关者视阈下我国民间体育赛事协同治理研究；一般项目；19BTY016

选题模式：**限定背景+主题+限定研究方向**

指南条目：**53.精准扶贫与农村体育发展研究**

立项题目：乡村振兴战略下农村体育精准扶贫调适性社会动员研究；一般项目；19BTY097

选题模式：**限定背景+主题+限定研究方向**

指南条目：**60.残疾人体育研究**

立项题目：供给侧结构性改革视角下我国残疾人公共体育服务体系构建研究；一般项目；19BTY021

选题模式：**限定背景+主题+限定研究方向**

指南条目：**63. 促进我国居民体育消费升级的理论与实证研究**

立项题目：基于创造共享价值理论的居民体育参与促进体育消费升级的整合机制研究；重点项目；19ATY007

选题模式：**限定理论体系+主题+限定研究方向**

指南条目：**87. 体育赛事品牌塑造研究**

立项题目：我国大型体育赛事品牌塑造及其实现路径研究；一般项目；19BTY053

选题模式：**主题+限定研究方向**

◇ **管理学**

指南条目：**＊56. 重要流域的生态补偿机制研究**

立项题目：长江上游流域跨界污染治理及其生态补偿机制研究；一般项目；19BGL190

选题模式：**限定区域+主题+限定研究方向**

指南条目：**＊77. 网络文化企业治理机制研究**

立项题目：网络文化企业生态圈协同治理机制研究；一般项目；19BGL286

选题模式：**主题+限定研究方向**

指南条目：**81. 共享经济下的消费心理与行为研究**

立项题目：共享经济下的我国民宿协同消费心理与行为研究；一般项目；19BGL258

选题模式：**主题+限定研究对象（民宿）**

指南条目：**96. 智慧城市建设研究**

立项题目：智慧城市建设市民获得感的评价与提升研究；一般项目；19BGL281

选题模式：**主题+限定领域**

指南条目：**97. 长三角一体化协调发展研究**

立项题目：资源环境约束下长三角一体化产业链协调发展研究；一般项目；19BGL273

选题模式：**限定背景+主题+限定领域（产业链）**

指南条目：**99. 军民融合深度发展研究**

立项题目：军民融合深度发展的不完全信息问题研究；青年项目；19CGL074

军民融合深度发展国际比较研究；一般项目；19BGL294

新时代我国军民融合深度发展格局研究；一般项目；19BGL299

采供血领域军民融合深度发展策略研究；西部项目；19XGL021

选题模式：**限定背景/限定领域+主题+限定研究方向**

◇ **艺术学**

指南条目：**21. 曲艺演唱与伴奏研究**

立项题目：中国曲艺音乐唱奏关系的传承与创新研究；青年项目；19CD176

选题模式：**主题+限定方向**

指南条目：**15. 中国古代音乐文献研究**

立项题目：唐代音乐史料编年与考论；一般项目；19BD049

清代音乐书目整理与研究；一般项目；19BD057

清代河南地方志中的音乐史料整理与研究；青年项目 19CD173

选题模式：**限定背景+主题+限定方向**

指南条目：**11. 群众舞蹈创作与活动研究**

立项题目：功能导向视角下的群众舞蹈创作与活动研究；一般项目；19BE067

选题模式：**视角+主题**

指南条目：**6. 中国传统纹样的当代运用研究**

立项题目：基于大数据的传统戏曲服饰纹样数字化分析与再设计系统研究；一般项目；19BG101

选题模式：**限定背景+主题+限定方向**

指南条目：**8. 中国传统服装服饰研究**

立项题目：中国传统麻葛纺织服饰流变研究；一般项目；19BG118

基于贵州苗族女性传统服饰技艺的创新设计研究；一般项目；19BG120

选题模式：**限定特征人群+细化主题(麻葛纺织服饰)+限定方向**

指南条目：**27. 中国家具设计研究**

立项题目：中国当代家具设计的理性机制与定制模式下的实证研究；一般

项目：19BG123

选题模式：限定背景+主题+限定方向

2.选题模式总结

从以上指南条目与最终立项题目之间的对比，我们可以看出一个显著特征就是：**指南条目中的用词更加宏观、泛化，更加偏上位词，而立项题目更加具象、聚焦，更加偏下位词**。研究人员在申报过程中，在参考指南条目的同时，需结合自身的研究方向、特长、前期成果和时事热点，将研究问题更加具体化。基于以上对比分析，我们提炼出几种常见的题目模式，如：

模式1：主题+限定研究方向

模式2：限定背景/限定区域+主题

模式3：限定背景/限定区域+主题+限定研究方向/限定对象

模式4：限定背景/限定区域+主题+限定研究领域

模式5：限定背景/限定区域+主题+限定研究领域+限定研究方向

……

此外，"选题宝"提炼总结了常见的研究维度，供大家参考使用：

服务体系构建研究、社会动员研究、整合机制研究、格局研究、策略研究、比较研究、传承与创新研究、理性机制研究、实证研究、体制机制研究、创新机制研究、健全机制研究、完善机制研究、引导机制研究、协同机制研究、防控机制研究、传导机制研究、运行机制研究、长效机制研究、激励机制研究、保障机制研究、调控机制研究、影响机制研究、耦合机制研究、作用机制研究、实现机制研究、公平机制研究、调节机制研究、生态圈协同研究、协同发展研究、协同效应研究、协同优化研究、协同演进研究、协同控制研究、协同决策研究、协同治理机制研究、协同创新研究……

扫一扫

注意!! 从国家社科基金重大项目中还可以"反向"发现高价值选题：也许您会认为这些选题非常宏大，但我们可以在这些重大选题方向下挖掘其更细化的方向，并延伸去发表论文、申报课题。同时建议那些相对偏向基础理论性的选题就不要做了，尤其是没有相关前期成果的。扫描左边二维码查看重大项目选题分析。

五、题目的修辞需要注意什么

国家社会科学基金项目申报公告中明确指出："课题名称表述要科学严谨、简明规范，避免引起歧义或争议"，这对我们进行题目的修辞十分有启发性。

本书一直主张将科研申请书看作一份商业项目计划书，撰写时要时刻考虑：评委需要看到什么？评委有什么阅读习惯？如何吸引评委的注意力？如何让评委快速领悟我的观点？如何打动评委？如何说服评委信任我的研究能力，相信我的科研想法具有可行性？

知己知彼方能百战不殆，我们需要换位思考：阅读申请书的人会怎么想？我们还需要努力向评委"推销"自己的想法。借鉴商业计划书的撰写特点，我们需要在重要的位置鲜明地亮出自己的"卖点"。最理想的"鲜明的位置"，自然就是课题的题目。因此，采用适当的修辞方式，可以帮助我们更好地"推销""卖点"。关于题目的修辞，本书总结出的常见不足包括：

(1)用词俗套，使用学界耳熟能详的词语，缺少新词，也就缺少了新意。

(2)结构俗套，常见的结构包括"……视域下""……语境下""基于……的""A 与 B 的研究"等，这些结构并非不可以用，而是这些结构形式确实已经延续了很多年，难免落于俗套。

(3)过于简洁，这类题目大体是在语法上出了问题，虽然为了追求简洁，可以适当省略一些句子结构或累赘的用词，但是如果删减得太厉害，则直接暴露出语法错误；还有一种过于简洁的情况是研究对象太过宏大造成的，比如"高校教育政策研究"。

(4)太啰唆，不简明扼要。与前一类相反，这种题目担心评委看不懂，或者语法结构太教条，以至"主谓宾定状补"齐上阵，甚至还有副标题。虽然很多级别的课题对副标题相对包容，但是尽量不要写得太长。也有一种情况十分常见：申请人对自己题目的特色和创新点提取得很全面，所以希望把所有的亮点一股脑都展现在题目中，结果题目就变得很长，想删舍不得删，删掉又担心失去最大的特色，这种情况既常见又令人无奈。

(5)散文化表达。科研课题在意的是直截了当地把核心要素展示在题目修辞中，而文笔优美还在其次，散文化表达的题目不能把研究对象很明确地表达出来，而是蒙上了一层美丽的修辞"面纱"，这使研究对象和题目主旨无法令人一目了然。

(6)缺少特色化动词。题目中除了要尽可能地保持常见标配"××研究"这种结构之外，在条件允许的情况下，本书建议增加一个特色化的动词，这个动词是对题目的点睛之笔，比如"构建""汇聚""提升""探索""加强""优化""提""增"等自带"可视化"或"动态化"效果的词。申请书不只是文字稿，如果所撰写的文字能够很快速地在评委脑海中形成一种介于文字和图像之间的"准形象化"感觉，那么一定会起到很好的加成效果(无论题目还是申请书正文，都应该注意善用此类动词)。

(7)学科特征不明显。这种情况指的是题目中没有展现出所申报学科的关键词，例如申报学科为艺术类，题目中却没有与文化艺术领域有关的词；或者申报历史类学科，题目中却有很多"非物质文化遗产""保护与传承""文化旅游"等更加偏向艺术类学科的关键词，这也是不合适的。或许有人会反驳"那我这属于横跨艺术学和历史学啊，很创新呀"，可是如果真的想突出跨学科的特色，那至少需要在题目里对这两个学科的关键词"雨露均沾"，而不是挂靠一个学科的同时又让题目读起来像另一个学科的研究，这只能使人认为申请人报错了学科。

(8)把关联性不大的背景词汇放在题目中，不仅显得很累赘，而且容易挤占其他关键词的空间。还有一种情况，同样是为了提供背景信息，申请人容易把范围大、针对性不强、含义模糊的词放在题目中，这种词汇不仅不利于评委理解选题，而且容易和许多其他题目"撞车"。比如一个选题想围绕乡村振兴大主题之下的"进一步完善农村社区治理机制"这一问题展开研究，那么题目中的背景修辞使用了"乡村振兴背景下"，虽然没错，但是如果使用"以完善农村社区治理机制为目标"一类指向性更加明确的词组，效果可能更好。

第三章

学术史梳理及研究动态

一、选题依据的构成

选题依据在不同项目的申请书中的表述略有不同，其中，以 4 个"国字号"课题的选题依据为例，其提示语见表 3-1，对选题依据的要求分别如下：

表 3-1　不同课题的"选题依据"提示语

项目	"选题依据"提示语
国家社会科学基金项目	国内外相关研究的学术史梳理及研究进展（略写）；相对于已有研究特别是国家社科基金同类项目的独到学术价值和应用价值
国家社科基金艺术学项目	本课题国内外研究现状述评及研究意义
全国教育科学规划项目	国内外相关研究的学术史梳理及研究进展（略写）；相对于已有研究特别是全国教育科学规划同类项目的独到学术价值和应用价值
国家社科基金高校思想政治理论课研究专项	相关研究动态（略写）；相对于已有研究特别是国家社科基金同类项目的独到学术价值和应用价值

除艺术学项目只要求 4000 字之外，上述其他三个项目的活页论证部分均要求 7000 字，参照以往评价指标权重为 3，那么选题依据的字数需占论证总字数的 30%，也就是2100 字左右。根据上述多个课题的提示语可以判断，选题依据的核心构成是：国内动态、国外动态、国内外简评、价值，而且很多申请人会在这一结构的基础上自主增加一个环节（通常是1~2 个自然段）来陈述研究背

49

景及必要性。

本章将依据**研究背景与必要性**、**学术动态**、**国内外简评**的顺序介绍相应撰写要点，而选题的价值、相对于国家社科基金已立同类项目的新进展将在第四章进行介绍。

二、研究背景与必要性的"叙事结构"

值得注意的是，研究背景与必要性→学术动态→国内外简评→选题价值→研究内容，是一条连贯的叙事线索。类似于，先用一个颇具悬疑感或具紧迫性的现实"危机"吸引观众的注意力，再依据"过去→当下→未来"的顺序将解决"危机"的思路娓娓道来。其中，学术动态是对过去的相应情况进行介绍；国内外简评是站在当下的立场去审视应对当前"危机"的"武器弹药"是否充足，且有何"蛛丝马迹"能够寻出破局之道；选题价值也是从当下的角度阐述申请人自己提出的解决之道能否应对"危机"，又具体能解决哪些问题；研究内容和后面的一系列论证环节，开始大篇幅介绍申请人在未来用什么方案应对该"危机"。

研究背景与必要性在申请书中属于"隐藏款"，因为它并没有在申请书的提示语中被明确提出来，但是很多以实际问题为导向的课题需要先铺垫一下当前的整体背景，渲染一下应对该问题的紧迫性、必要性，正如上文所说，可以从叙事逻辑的角度打开格局，吸引评委注意。

从文字体量上看，这部分并不需要太多字，建议最多**500字，1~2个自然段为宜，位置应该是申请书正文的第一板块**，即摆在学术动态之前。很多申请书会把这个环节视为"帽子""题解"，常见的做法是先引用国家层面的政策话语或领导人的重要讲话，然后直接转入本课题。这是十分常规的操作，但也正因此而无法突显特色，也就不能形成差异化竞争优势。此处的段落规划可以灵活处理，建议申请人多写几个版本出来，然后比较哪个版本能够用尽量更精简的文字把背景描述清楚，把必要性、紧迫性解释到位，为此本书介绍一些构思的方式。

首先，假设我们的选题是某个大环境中、某个学科或某几个交叉学科视角下的一个具体问题，假设这个问题对应着现实中的一个"**痛点**"。如下文"研究背景与必要性案例2"所示，"痛点"在于文化产业园"盲目投资、一哄而上"的不良现象会造成严重的资源浪费。另如，一些现实"痛点"可以是某些珍贵的文化遗产即将消失，需要保护性抢救；或者由于"饭圈文化"的野蛮生长，迫切需要更有效的互联网治理手段……那么对于这 500 字左右的背景和必要性又可以有哪些"叙事结构"呢？

第一类，由大到小、由宏观到微观、由远及近。这很像是某些运用了 CGI 特效的电影开头，先是用镜头从太空俯瞰地球，接着依次将镜头推进到地球上某个大陆、某个区域，最后将镜头聚焦在主角身上。很多申请书都是这样构思的，但有两个问题时常伴随出现：**其一，所选取的大背景、大政策可能过于宏大，离主题有些远，缺少直接的针对性**。如前文所举的选题，本来想围绕乡村振兴大主题之下的"进一步完善农村社区治理机制"这一问题展开研究，其实可以直接从其相关政策表达开始，但是偏偏要先用很多篇幅介绍乡村振兴政策的提出过程，这就是绕了很大一圈，还浪费了文字。**其二，容易衔接生硬**。很多申请书将大的政策背景描述完之后就直接切换到选题了，并未对大背景和选题的逻辑关系进行阐述，看上去很生硬和教条。

上述两种错误经常"组团"出现，也是出现概率最高的撰写错误，"研究背景与必要性案例 1（错误示范）"是笔者根据当前申请书最常见问题而编写的，政策资料来自百度百科。案例中的那句"题中应有之义"并不能起到逻辑衔接的作用，只会让推理关系显得生硬牵强。这一常见错误值得初次撰写申请书的读者关注。

研究背景与必要性案例 1（错误示范）

乡村振兴战略是习近平同志 2017 年 10 月 18 日在党的十九大报告中提出的。十九大报告指出，农业农村农民问题是关系国计民生的根本性问题，必须始终把解决好"三农"问题作为全党工作的重中之重，实施乡村振兴战略。2018 年 3 月 5 日，国务院总理李克强在《政府工作报告》中讲到，大力实施乡村振兴战略。2018 年 5 月 31 日，中共中央政治局召开会议，审议《国家乡村振兴战略规划（2018—2022 年）》。2018 年 9 月，中共中央、国务院印发了《乡村振兴战略规划（2018—2022 年）》，并发出通知，要求各地区各部门结合实际认真贯彻落实。2021 年 2 月 21 日，《中共中央、国务院关于全面推进乡村振兴加快农业农村现代化的意见》，即中央一号文件发布，这是 21 世纪以来第 18 个指导"三农"工作的中央一号文件；2 月 25 日，国务院直属机构国家乡村振兴局正式挂牌。要做好乡村振兴这篇大文章，2021 年 3 月，中共中央、国务院发布了《关于实现巩固拓展脱贫攻坚成果同乡村振兴有效衔接的意见》，提出重点工作。2021 年 4 月 29 日，十三届全国人大常委会第二十八次会议表决通过《中华人民共和国乡村振兴促进法》。2021 年 5 月 18 日，司法部印发了《"乡村振兴 法治同行"活动方案》。**进一步完善农村社区治理机制是乡村振兴战略的题中应有之义，因此本课题……**

第二类，对比式，**人有我无，人优我弱**。这种叙事结构，通俗地讲，就是拿"别人家的孩子"和自己比，然后营造一种危机感（调侃着说就是"贩卖焦虑"）。当然，能够拿来相互对比的问题，也必然是在大的时代背景下迫切要让自身强起来的问题。"研究背景与必要性案例2（成功案例示范）"是笔者早年立项的国家社科基金艺术学项目论证节选，其实当时的背景阐述文字有些多了，这里节选主干部分，其结构属于"对比式"。**"对比式"**的写作手法，可以强化危机感，那么解决问题的必要性也就呼之欲出了。

研究背景与必要性案例2（成功案例示范）

......

　　国外的文化产业集聚已经取得了很多值得借鉴的成就。例如，美国的好莱坞已成功实现了产业集聚。好莱坞的众多电影公司形成了集电影制作、有线电视网络、国际新闻出版网络、互联网于一体的跨国横向媒体巨头，并开始涉足金融、工业和商业等领域。较为完整的电影产业链条进一步巩固了好莱坞在美国以及全球电影产业中的地位，成为全球最为举足轻重的电影文化产业集群。

　　相比之下，我国的文化产业集聚还处在起步阶段，并且已经出现了很多严重的问题。虽然近年来已经建立起一批又一批的文化产业园，但是总体上存在着"盲目投资、一哄而上"的不良现象。文化产业是"知识高度密集、高附加值、高整合性"的产业形态，然而在具体的建设中却存在着相当多的误区，例如："硬件思维，园区成为硬件堆积的基地；名义上文化产业园，实际做成房地产项目；园区成为艺术玩家的地盘，而不是产业园；缺乏完善的产业链；不寻找市场需求，盲目规划产品；缺乏品牌拉动效应；园区定位不科学，以致没有市场；投资回报严重不成比例；缺乏整体和发展规划，不能保证持续经营；缺乏特色，缺乏竞争力等"（陈少峰，2008）。这些误区已经致使文化产业园大量的土地、硬件、资金和人力等资源被严重浪费，而产生误区的关键原因是园区在立项之初就缺乏科学的评估体系作为指导。

......

第三类，以生动的现实描写作为开端，用统计数据、话语引用、描述性词语等作为佐证，从而勾勒出一个充满危机感的现实问题，然后从政策等角度分析问题成因，指出如果不解决，将会有哪些后果。其所营造的氛围类似影视剧开头的旁白，其中以统计数据为开头是最常见的，因为统计数据具有代表性和普遍性，能够用最少的文字，以冷静的旁观者姿态勾勒现实情境。话语引用，一般来自领导人讲话、相关领域权威学者（参见"研究背景与必要性案例2"中对学者陈少峰论文的引用）、受访群体反馈（指前期访谈或问卷调查中得到的代

表性意见,该写法难度较高,很少见)。还有一种颇具挑战性的写法,就是**用描述性的语句将申请人观察到的一些社会现象**在整个申请书的开端展现出来,就像影片开始时用来展现众生百态的长镜头,这种写法最少见,也不容易驾驭,但效果是具有生动的画面感,易于在评委脑海中形成鲜明印象,唤起共鸣。如果想尝试,需要注意描绘出**典型性**、**代表性**的画面,以此与主题完美呼应。

上述三种叙事结构,都需要注意把现实问题与选题紧密地联系在一起。例如第一类,不能直接从宏观跳到微观,而应该在中间加入逻辑上的**起承转合**。该环节的收尾句,不宜太过平淡,最好是概括性地直接点明症结所在,以此为自身选题做出铺垫,例如"研究背景与必要性案例2"的收尾句就是:"这些误区已经致使文化产业园大量的土地、硬件、资金和人力等资源被严重浪费,而产生误区的关键原因是园区在立项之初就缺乏科学的评估体系作为指导"。注意,收尾句只需简要**点出症结即可**,无须提前将课题的概述写出来,后面会有很多机会让我们陈述课题,这里写了反而显得啰唆。

三、学术动态(综述)怎么写

无论被表述为"国内外相关研究的学术史梳理及研究进展""目前国内外研究的现状和趋势"还是"国内外研究现状述评",学术动态的撰写都离不开学术史的梳理和研究动态的分析,这两个方面经常被有机地编织在一起,而不是生硬地分隔开,我们可以将之统称为**综述**(常被称作:**文献综述**)。综述的梳理难度非常大,其任务是为进一步展开研究奠定基础,是保障进一步研究具有真正创新性的重要前提。

1.撰写综述的误区和应对原则

撰写综述的误区包括以下几种:

(1)生硬地将学术史梳理和动态分隔开,容易造成思路混乱或前后重复叙述;

(2)避实就虚,相对笼统,只概括一些学科大方向,而缺少对学科中具体选题方向的梳理;

(3)虽有选题方向梳理，可是缺少佐证，例如没有对代表性成果和学者、年代的列举；

(4)所梳理的选题方向过少，甚至只有一两个，评审专家一看便知申请人的综述做得不深不全；

(5)每一个选题方向虽有列举佐证，但是只举了1~2个代表性成果或学者的名字，而且文字很少，显得十分单薄，也容易让人判断为综述做得不全面；

(6)与第(5)条类似，但是大段引用其中一两个成果的摘要(或学者原话)，虽然整体看上去文字数量很充实，但是"干货"太少；

(7)综述的内容与选题的核心问题关联不大，或是顾左右而言他，或是绕得太远、帽子太大，例如要研究文化产业具体行业领域的管理问题，综述却从文化产业的概念演进讲起；

(8)综述的文字过多，挤占了国内外简评的字数空间；

(9)与第(8)条相反，综述文字太少，而国内外简评文字太多，即判断性的话语太多，而梳理和举证薄弱，体现申请人综述得不全，甚至有主观臆断之嫌；

(10)每一个文献都包含了直接引语、文章名、作者名、年代、期刊名等，这种方式比较死板，而且浪费字数；

(11)只列举论文，缺少对专著的梳理；

(12)不能有效地提炼出文献的观点，例如只是简单引用了文献中的某一句看似有代表性的话，却不是文献的核心；

(13)只罗列文献，不归纳观点；

(14)对应第(13)条，虽然归纳观点，但失之偏颇或武断，或归纳的要点比较片面，概括得不全；

(15)列举了很多申请人自己的文献和观点，关于这一问题，很多专家建议不要在综述里列举自己的文献，尤其是在活页里使用会有泄露个人信息之嫌，而且过多引用自己观点的做法与综述的客观性、全面性相违背；

(16)文献太旧，缺少最近五年内的文献；

(17)由于文字数量所限(尤其国家社科基金艺术学项目要求字数很少)，申请人为了充分展现综述做得够深够足，大量使用图表的形式进行展现，这些图表或是仅仅将文字挪进图表里，或是做成了复杂的关系图，前者未免有些"抖机灵"，而后者复杂的图表又为评委理解文献设置了障碍。

其实综述需要达到的标准是"**高度(高屋建瓴)、精度(思深语精)、广度**

（一览众山小）、**前沿性（把握领先地位）**"，因此针对上述误区，应对原则主要包括如下 8 个方面：

（1）在尽量简洁的语言中，有效地融入**何时**、**何地**、**何人**、**何理论**、**以何方法**、**解决何问题和提出何观点**。其中，理论、观点均需要高度概括出最有代表性的一个词或者一句话。尤其是观点，不能是长长的一大段。另外，上述几个要点也可以视具体情形而定，不需要全部展露出来，但**最起码要有何人**、**何时**、**何观点**。一般写法是："学者 A（1998）认为……"

（2）大小得当。要紧密围绕选题所涉及的核心领域展开，而不能写得大而广，也不能将综述的视野过于狭小地聚焦在微观主题上，这与综述需要高屋建瓴，站在一定的理论高度俯视选题的初衷相违背。

（3）足够深入，能够触及并准确概括出相关问题的实质。

（4）综述中定位的相关主题一定要配合具体文献佐证，不能有判断而无依据。

（5）语言的使用上不可太过模糊，应该观点鲜明，但并不代表要使用主观性词语，同时也不适宜使用故意吹捧或刻意贬低性质的语言。

（6）语言需要简洁、明确，概括性强，避免使用过多的修饰语。

（7）注意列举代表性人物和代表性成果，但要防止文献过于集中于一人或几人身上（尤其是同行专家），避免"谄媚之嫌"。

（8）综述需瞄准核心期刊、经典著作、权威文献。

此外，有些申请人习惯在一段综述里把一些学者的观点进行"串烧"，即分别把学者 A、B、C 三个人各自半句话连到一起凑成一句话，问题在于虽然连起来毫无违和感，但是这三句话真的具有高度的概括性或典型的代表性吗？"串烧"的方式不是完全不可以，而是难度很大，因为有时为了"串烧"得毫无违和感，申请人可能会把不太有代表性的句子拿出来用。所以本书认为这种做法不适合应用在所有的申请书里。申请书中的综述更需要归纳的是：哪些学者从哪些角度探讨过相关问题，提出过哪些建设性的成果，而不是把大家说过的话串起来，那样代表性就弱了很多。

2. 如何搭建综述的骨架

搭建综述骨架需要遵循"空间→逻辑→时间"的顺序，即先分别以国内、国外为空间分类。注意，此处陈述顺序需对应申请书中提示语的空间顺序"国内外相关研究的学术史梳理及研究动态"，即先国内，再国外(也可以国内外结合在一起撰写，下面有案例介绍)。其次是，在一定的空间范围内，按照学科领域中的相关问题划分主题方向，此处要把问题覆盖得足够全，而且层次关系要一致，一些观点主题不能够被包含到另一些观点主题中。再次，在同一个主题之下，进一步列举的观点需要按照时间顺序排列。因此所呈现的骨架关系就是：

> 时序，指观点提出的时间顺序，比如：学者 A (1990) ……学者 B (1998)……学者 C (2002)。

◇ **国内学术动态**

标题1(或总括句)。主题1(时序1—时序2—时序3)。主题2(时序1—时序2—时序3)。主题3(时序1—时序2—时序3)。

标题2(或总括句)。主题1(时序1—时序2—时序3)。主题2(时序1—时序2—时序3)。主题3(时序1—时序2—时序3)。

◇ **国外学术动态**

标题1(或总括句)。主题1(时序1—时序2—时序3)。主题2(时序1—时序2—时序3)。主题3(时序1—时序2—时序3)。

标题2(或总括句)。主题1(时序1—时序2—时序3)。主题2(时序1—时序2—时序3)。主题3(时序1—时序2—时序3)。

值得注意的是：在空间的文字分配上，无须遵循国内国外"五五分"或"四六分"等固定模式，而应根据实际的文献情况**灵活分配字数**，如果国外实在没有相关成果，则只需如实写出诸如"关于……问题，目前国外并无相关领域的论述"一类的文字。偶尔也会涉及一些中国学者发表在外文期刊的成果应算到国内还是国外学术动态的问题。出现这种情况的主要原因是国外并无或者很少有相关领域的成果，申请人为了凑数，就把国内学者发表于国外学术期刊的成果用上了，这种做法比较牵强，不提倡。

3. 如何围绕选题定位综述要点

许多申请人第一次做综述，不知道该从哪些点做起，稍不留神就会把"摊子"铺得很大。如前面提到的"要研究文化产业具体行业领域的管理问题，而综述却从文化产业的概念演进讲起"，很多经验不足的申请人，无论来自哪个学科，都会或多或少地犯同样的错误。那么，如何有效纠正"凡事必从源头讲起""凡综述必先界定概念"的习惯呢？

我们需要牢记一个原则，即"**问题导向**"，或叫"**选题导向**"。为此，我们从分析案例入手，该案例是本书一直在使用的一项教育部人文社科项目的申请书，题目是"艺术生态学视域下乌克兰利沃夫手工玻璃技艺的活态传承研究"，从选题上我们可以拆解出一些关键要素，如"手工玻璃""乌克兰""艺术生态学""活态化传承"。

首先，这位老师经过数月对英文和俄文资料的研读，发现玻璃研究在欧洲是具有一定历史沿革的，对乌克兰玻璃的发展有重要影响，或者说乌克兰玻璃的艺术和技艺传承是在欧洲玻璃研究的大生态中生长的，因此她并未狭隘地只去梳理乌克兰的玻璃研究史，而是将视角定位在了欧洲，即**第一个综述主题是"欧洲玻璃研究现状"**（见"综述和国内外简评案例"）。

其次，该题目的目标不是单纯要去研究乌克兰的玻璃技艺，而是要：一方面了解"一带一路"斯拉夫语系国家的艺术传承，从而服务我国与其在文化、艺术、非遗保护与传承方面的交流与合作；另一方面是为我国传承传统技艺提供蓝本。可见，这一课题是典型的"学习他人、为我所用"，那么在综述中就需要考虑本课题开展之前是不是有一些相关的研究已经把乌克兰（或欧洲）的玻璃艺术研究与中国关联起来。因此，她提出的**第二个综述主题是"古玻璃艺术研究现状"**，在这个主题下，以一项学术观点"西方学术界以德国学术派系为代表的学者们认为中国古玻璃源自西方"为开端，以我国学者的多项代表性成果呈现出中欧玻璃艺术交流的研究现状。

再次，由于选题的主要落脚点是"活态化传承"，所以加上一个限定词之后就能成为**第三个文献综述的要点，即"手工艺活态传承研究现状"**。至于为什么不是"玻璃手工艺活态传承研究现状"，一方面是因为如果只探讨玻璃的传承，视角太窄，有可能文献不会很多，也因为该课题的研究对象本来就很新，没有直接继承和借鉴的对象也很正常；另一方面，如今有许多文化遗产的活态化传承都在如火如荼地进行着，会有很多可供参考借鉴的经验。

最后，选题的语境是"艺术生态学视域下"，艺术生态是一门新兴学科，其自身的逻辑关系会从学术思想和学术视角为该课题的研究提供重要的铺垫，于是以此作为**第四个文献综述的要点**，也是十分有必要的，可以向评委展示出申请人对于**"艺术生态学视域"**是否理解到位。

这一案例比较典型，因为在"问题导向"（亦称"选题导向"）的原则下，它几乎涵盖了我们常遇到的几类问题：

（1）我们所定位的研究对象所在的学术领域，**是否撑得起一个单独的研究要点**？如果自身内容少，可以考虑将之置于一个互动关系更加广泛的研究领域（"乌克兰玻璃研究"VS"欧洲玻璃研究"）；

（2）**务必兼顾国内和国外的研究综述**，结构上可参照上文的综述骨架，也可根据选题的特征灵活设计结构（案例中就没有严格按照国内、国外的顺序排列）；

（3）如果选题在之前并没有很多直接相关的前人积累，可以**合理扩大借鉴范围**（"玻璃手工艺活态传承研究现状"VS"手工艺活态传承研究现状"）；

（4）如果选题在一定的语境下发生，尤其是较为新的语境，那一定需要**概括地将这一语境的主要观点和当前进展作出陈述**，以表明申请人对该选题背景具有足够的理解。

注意，我们选择综述的要点源于对选题中关键要素的拆解，再单独分析每一个关键要素的特征，根据其特点搜集文献，布局综述结构。这一过程不是一蹴而就的，可能需要**数月时间翻看中外文献**，不断地否定先前设计的综述要点，经过**多次增删**才会呈现相对完美的综述结构。

四、国内外简评怎么写

综述是正面介绍研究的动态，而简评是评判讨论研究的动态。根据前文选题依据中列举的各级课题的提示语可以发现，国家社科基金项目申请书其实并没有对"简评"的明确要求，艺术学项目申请书倒是提到了"现状述评"。可见"简评"看上去不是各级申请书的标配，但其实是隐藏的必要环节。例如，下文中的"综述和国内外简评案例"为呼应"趋势"的要求，安排了"未来研究趋势"；而且虽然没有"评"字提示语，却安排了"综述小结"，也就是发挥了"评"的作用。所以，对文献的**"述"和"评"是分不开的**，有"述"就一定要有"评"，否则**无法顺承地梳理出课题的合理性和价值点**。

1. 撰写国内外简评的常见误区

撰写国内外简评时常会出现如下误区：

(1)简评文字过少，例如只是一两句话，而且过于宏观泛泛，不够中肯。

(2)简评文字过多，本书建议简评的文字数不要超过"综述+简评"总字数的1/3。

(3)字数虽够，但或是评价得不深；或是站位不高；或是不具有针对性；或是用语上过于模糊，缺少鲜明观点。

(4)语言主观，或是刻意夸赞(抑或谄媚)，或是刻意贬低(抑或轻率粗俗)。

(5)未进行批判性思考，未点出文献的优劣，未能明确当前现状的不足和成因，未能提出问题。

(6)或由于对文献把握不全，或由于想突出自身选题的创新性，本来某些领域已有相关研究，却说"没有"，而判断自己选题为"首创"。

(7)只是转述他人观点，而非申请人自己提出的评价。

(8)如果学术动态整体写作结构是比较规范严谨的骨架，则建议简评处也要遵循该骨架的顺序。假如"述"的顺序是先国内、后国外，而"评"的顺序却是先国外、后国内，这会使评委阅读起来有不适感。

(9)根据选题特点，可以设置形式较为新颖的"述""评"结构，但是过于追求"创新"和"放飞自我"，致使表述结构混乱，也会使习惯了严谨表述顺序的评委感到不适。其实"综述和国内外简评案例"的"综述小结"就没有严格遵照国内、国外的顺序展开，但是其自身是依照综述的顺序对应地提出评价，可见创新形式也需要遵循一定的逻辑，以前后呼应为宜。

2. 撰写国内外简评的要点

(1)**综述和简评的组合方式**。如上所述，"述"和"评"的组合方式并非只有一种，其实可以有两种模式和四种骨架，两种模式是指边述边评和先述后评，而四种骨架是：

①国内综述、国内简评；国外综述、国外简评；

②国内综述、国外综述、总评；

③国外综述、国内综述、总评；

④综述(选题关键要素1)、综述(选题关键要素2)、综述(选题关键要素3)、总评(对应选题关键要素1、2、3)。

(2)**梳理国内外简评的思路**。简评是基于要点的梳理而展开的，评价的对象无非是"**人、文献、事态**"。建议读者一边整理文献一边做出观点评判，列出清单，再反复审视观点正确与否；筛选出正确的观点后，从这项研究的全局考量，判断这些观点所处的地位，以及观点与观点之间的关系，并进行归纳，再依据归纳结果进行简评。

(3)**陈述顺序和用语**。陈述的顺序通常是先肯定再否定，用词要留有一定空间，不能太过绝对，可以使用的词语诸如：关键、利弊、优缺点、创见、鲜见、异议、先见、卓见、开创、重视、相当、至多、至少、向来、相当、一定、关注、或能、大概、大多、比较、必然等。建议尽量不要使用诸如：非常、极其、特别、完全等表达绝对性含义的词。

综述和国内外简评案例

1.2 国内外研究的现状和趋势

1.2.1 欧洲玻璃研究现状

苏联国家出版社出版的系列丛书《斯拉夫玻璃艺术发展史》中浓墨重彩地大篇幅记载了利沃夫玻璃艺术的历史与发展；苏联科学院院士亲自书写出版的《玻璃艺术自学指南》中大多数技术资料来自利沃夫玻璃工坊；德国柏林出版社与苏联国家出版社联合出版的《玻璃艺术与陶瓷艺术比较研究》中将利沃夫玻璃生存、发展体系与中国景德镇瓷器进行全方位比较研究；Luc-Olivier Merson写的法国中世纪"窗玻璃"艺术研究、米哈伊洛夫写的西班牙玻璃艺术研究、Alfred Nikolayevich撰写的威尼斯玻璃中涉及诸多的古老技艺均可在利沃夫众多玻璃工坊中寻到踪迹，有些技艺盛行不衰。利沃夫保存下来的古老建筑和工坊依旧在使用，古老的技艺正由工匠和学校一代代传承下去，并且在每个时期都与现代人的需求相结合。

1.2.2 古玻璃艺术研究现状

西方学术界以德国学术派系为代表的学者们认为中国古玻璃源自西方。2011年专家郭小燕开始了对中国玻璃艺术文化渊源的研究，假设出国外古玻璃与中国古琉璃属同宗同源；同年，具有世界顶级水平的"利沃夫手工玻璃造型艺术大展"在杭州美术馆举行，学者陆琦以东方视角讲述了手工玻璃的制作工艺以及古玻璃制品与现代艺术碰撞的东欧艺术美学。2014年经济学专家邢广程论述了丝绸之路经济带解决的是中国与泛欧亚大陆陆上各国和各地区的大区域经济合作问题，乌克兰也在其中；2015年，山东社会科学院学者宋暖在《博山琉璃研究》一书中提出中国古玻璃的发源早于西方，此观点得到以庄维民为代表的专家们认可，然而需要更为翔实的第三方资料进行论证。一石激起千层浪，同年，学者陈强针对中国段丝绸之路古玻璃艺术的研究初见成效，2016年薛吕带领数位年轻学者开始了关于欧洲藏中国清代玻璃器的调查研究……2017年韩熙针对20世纪中西方玻璃艺术的发展与美学建构展开了比较研究；同年，阎京生从地理环境到历史变迁讲述了东欧文化汇聚之地——利沃夫对多民族文化艺术的包容并蓄；2018年《乌克兰搭上"一带一路"的快车》从中国政治、政策的角度描绘了乌克兰今后的发展之路……

1.2.3 手工艺活态传承研究现状

1921年瑞典地质学家、考古学家安特生发掘河南渑池仰韶村，标志着中国考古学的开始，直至20世纪中叶被中国学术界所接受，经过近百年的发展，中国考古学积累了巨大的物质文化基因库。1972年联合国教科文组织通过《保护世界文化和自然遗产公约》，保护文化多样性已经成为全人类的共识。英国学者哈里森也曾指出："遗产最重要的不是关乎过去，而是我们与现在、未来的关系。"联合国教科文组织于2003年10月17日法国巴黎第三十二届会议中正式通过的《保护非物质文化遗产公约》中"被各社区群体、个人视为其文化遗产组成部分的各种社会实践、观念表述、表现形式、知识、技能及相关的工具、实物、手工艺品和文化场所"，是各族人民世代相传的。2016年清华大学陈岸瑛教授开始"基于新生代非遗传承人群调研的中国传统工艺美术产业的当代创新性转型研究"，探讨了如何在生成发展的环境当中进行保护和传承，在人民群众生产生活过程中进行传承和发展的传承方式，区别于以现代科技手段对非物质文化遗产进行"博物馆"式的保护，用文字、音像、视频的方式记录非物质文化遗产项目的方方面面，达到非物质文化遗产保护的终极目的。同年，学者梁莉莉提出对传承人的保护路径探索；学者齐易又提出对传承该原样照搬还是人为改造的疑问；学者高小康提出保存与发展的非遗活态传承悖论。学者们对于手工艺活态传承相关的研究热情高涨。2018年8月，北京大学考古文博学院杭侃教授提出：让文物活起来，让传承良性循环。

1.2.4 艺术生态研究现状

艺术生态学概念的前身是生态美学，1866年德国生物学家海克尔提出"生态学"，属自然科学范围，1973年挪威哲学家阿伦·奈斯提出"深层生态学"，实现了自然科学实证研究与人文科学世界观探索的结合，形成了生态存在论哲学，同时提出环境权问题和可持续生存道德原则。当代艺术的一个重要特征是生态艺术的全面兴起，生态艺术于20世纪90年代在中国出现，是一门新兴学科，属于生态学与美学的有机结合，包含自然生态、社会生态、文化生态三组相关内容和探讨话语。在这三组逻辑关系中，社会生态受文化生态的意识制约,进而影响并改变自然生态。1994年前后,我国学者李欣复提出生态美学论题,同时,陈清硕、佘正荣也就自身所处的领域开展生态美学相关的研究,2000年底,我国众多学者出版多本有关生态美学的专著,标志着生态美学在我国进入更加系统和深入的探讨阶段。

1.2.5 未来研究趋势

在全球化进程逐步加深的今天,历史文化的传播与保存开始呈现多样化、信息化和科技化的趋势,通过研究非物质文化遗产进而推论不同时期的历史文化已成为各国研究古代历史文化的最重要途径,如何对非物质文化遗产进行活态传承,已成为各国研究历史文化、探索技艺传承的主要趋势。

1.2.6 综述小结

(1)古玻璃在中国的地位日渐甚微,在西方的传承从未断代,不仅是权力与财富的象征,还成为百姓生活中的实用器具。利沃夫手工玻璃技艺活态传承模式有较高的研究价值和学习的意义。

(2)琉璃是我国古玻璃的主要称谓,根据学者宋暖针对博山琉璃的研究,可以推断我国古玻璃技艺并非由西方传入,在历史长河中随着丝绸之路与西方古玻璃在技艺审美等方面相互影响。以博山琉璃为例,让遗产、遗迹、技艺、技术转化成生产力,产生经济效益,真正地"活起来",成为亟需解决的难题。

(3)手工艺活态传承的研究在中西方都受到重视,众多学者、专家投身其中,致力于对各族人民的传统手工艺传承并使文物"活起来",让传承良性可持续发展。

(4)党的十八大把生态文明建设纳入中国特色社会主义事业总体布局。党的十九大指出加强文物保护,让文物"活起来",加大非遗保护和宣传力度,积极推动活态传承,深入挖掘中华优秀传统文化蕴含的思想观念、人文精神、道德规范,充分发挥其培育和践行社会主义核心价值观的重要作用。

第四章

选题价值

当前，以国家社科基金几个主要项目为例，不同项目的申请书涉及选题价值的提示语见表4-1。

表 4-1　不同类型课题的"选题价值"提示语

项目	"选题价值"提示语
国家社会科学基金项目	相对于已有研究特别是国家社科基金同类项目的独到学术价值和应用价值
国家社科基金艺术学项目	本课题国内外研究现状述评及研究意义
全国教育科学规划项目	相对于已有研究特别是全国教育科学规划同类项目的独到学术价值和应用价值
国家社科基金高校思想政治理论课研究专项	相对于已有研究特别是国家社科基金同类项目的独到学术价值和应用价值等

虽然以上提示语从修辞上看不尽相同，但是归根结底，需要我们思考和提炼的就是选题的学术价值和应用价值。

一、什么是选题的学术价值

学术价值(一些申请书中也称为**理论价值**)指的是对科学进步的贡献。我们最常遇到的问题是，学术价值往往提炼起来比应用价值更费劲。似乎绕来绕

63

去，不过就是那些"某某理论研究的进一步拓展""某某研究的理论补充""为某项研究提供新视角、新思路、新方法"，貌似很难挖掘出新奇的角度和使用一些新颖的修辞。学术价值需要"立意高、写得实"，既要有站在学科、领域全局的战略性视角，能够捕捉对于理论发展具有推动意义的价值方向；又要实事求是地看待自身所关注解决的问题，提出实实在在的价值点，比如"有效解决长久以来某领域中对某个问题研究方法手段单一的问题，为相关研究提供新的实验方案，且使数据的获取方式多样化，从而有助于得到更为严谨的实验和统计结果"。

二、什么是选题的应用价值

应用价值主要指对实际生活、生产等领域有何用处，能产生哪些直接或间接的效益。尤其是人文社会科学项目，产生应用价值的方向很可能包含<u>社会价值</u>，即体现在**政治、战略、文化、历史、社会**等方面，但一部分申请人可能会受到提示语的暗示，从而忽略了对社会价值的挖掘。因此，本书建议，此处的应用价值不仅要考虑具体实践领域的价值，即日常生产、生活中所产生的实操层面的价值，也要包含从**政治意义、国家战略层面、国家利益层面、文化传承发展层面、宏观经济层面**等角度挖掘出来的价值点。

其实，社会层面或战略层面的价值比较好理解，一般情况下申请人都可以想到一些价值点，比如"促进产业结构转型升级""促进某个子类文化的对外传播"等，这些价值点可以说是信手拈来，但问题在于这类价值表述是十分常见的，很"百搭"，具体到自己的选题时，**一定要明确受益群体**，比如是哪个地方、哪个类型产业的转型升级，甚至需简要陈述没有转型升级之前是什么样，以此通过指向性明确的对比来使该价值点更有针对性、更具说服力。又如"促进某个子类文化的对外传播"，如果能明确指出这个子类的文化面向哪些领域的哪些群体进行传播，明确而简洁地点出价值实现之前的状态和实现之后可能产生的效果(形成对比)等，就更为理想了。

然而，实操层面的价值不是很容易挖掘，原因在于我们习惯性地从战略、文化、政策角度去思考，而不习惯深入到真正的实践层面。以教育类的选题为例，"某项研究所产生的新的教学理念和富有示范性的教学实践案例，能够为后续相关领域的其他教育工作者提供实践参照"，这就属于实操类价值。这类价值的挖掘，需要我们首先深刻理解自己的选题在所处领域是**用来解决哪个具体问题**的，再想想其他人面对这个问题时会遇到哪些困难，一旦我们解决了这些问题，就是**给其他人克服困难提供了某方面实实在在的帮助**……这就是凝练实操层面价值的基本思路。

三、提炼选题价值的常见误区

陈述选题的价值时，经常会犯的错误包括：

1. **被申请书的提示语所限，忽略提示语之外的价值方向**。比如，国家社科基金项目要求的是"学术价值和应用价值"，因此与社科项目关联很大的"社会价值"容易被忽略。时至今日，仍然有一些省、市级社科基金项目申请书沿用着 2014 年以前的国家社科基金项目申请书的表述——"**选题的价值和意义**"，这也是困扰了很多申请人的问题，因为申请人不清楚价值和意义这两个词的区别。其实在申请书中，根据提示语出现的位置，我们有时可以将二者视为等同，有时则不能。比如，一些省级社科基金项目是这样写的：

"（1）选题：本课题国内外研究现状述评；选题的意义……（3）预期价值：本课题理论创新程度或实际应用价值。"

那么此时可以考虑**将选题的意义当作研究背景、必要性来陈述**；而后面的"本课题理论创新程度"可以理解为**理论价值或学术价值**，且要从学术创新所产生的价值这个角度阐述；"实际应用价值"则需要从**生活、生产、社会效益**等方面进行挖掘。

2. **价值不够具体，不能对标现实问题**。有些申请书只陈述宏观层面或研究领域层面的价值，而非针对具体问题。例如"××民族××艺术的活态化传承研究"，价值的表达如果只围绕宏观层面上文化的传承发展，或者只讨论对中观、宏观层面产业的促进等，就过于泛泛了，像是价值陈述的"万金油"一样"百搭"，看似搭配起任何类似的题目都毫无违和感，而实际上价值陈述的"百搭"就意味着"白搭"。所以，**从问题意识出发**，对标具体理论问题或展现鲜明的现实关怀，是价值挖掘的重要原则之一。

3. **对价值强调得过高，有夸张之嫌**。一种是修辞上夸张化、绝对化，例如使用"填补国内空白""国内首创""构建新的理论体系"等;另一种是从含义上过分鼓吹自身选题的重要性,也就是上升高度过了头。

4.价值过于细致和具体。虽然关注了现实需求,但太过于强调解决具体问题时发挥的价值,像是旨在解决现实中某个具体甚至个例性的问题缺少能推而广之的代表性和普遍性。

5.过于庞杂。一种是学术价值和应用价值条目过多,加起来十多条;另一种是文字论述太细致、太透彻,字数太多(**不建议超过400字**),显得啰唆。

6.陈述起来没有层次和章法。有的申请书价值点罗列时不讲究排序,微观、宏观价值点混乱地排在一起,不讲前后顺序或推理关系;有的申请书中价值点可以被合并同类项,或者一些价值点可以把另一些价值点涵盖起来;有的申请书对于学科、角度等的覆盖不够全,一些非常重要的价值点没有被挖掘出来。

那么,如何有针对性地规避上述常见问题?我们需要进行一次"头脑风暴"。

四、来一场提炼选题价值的"头脑风暴"

有时候,申请人对于自身题目的价值定位比较模糊,第一种情况是分不清想到的价值属于理论类还是应用类,就是无法进行妥帖的归类;第二种情况是无法条理清晰地将归纳出的价值进行呈现或排列,要么是一些价值被另一些价值所包含,要么是宏观、微观层面的价值排列混乱;第三种情况是虽然对自己的选题价值有一定认识,但是在脑海中还是乱成一锅粥,无法尽数摘取出来,有可能错过一些特色化价值点的提取。

为此,本书建议申请人在拟定选题之后,先展开一次头脑风暴,问问自己"我的选题会对谁、在哪方面、产生哪些效果"或者"我的选题都能帮助谁解决哪些方面的问题,未来会带来哪些方面的效益"。

本书以"××民族××艺术的活态化传承研究"为例,尝试展开一次模拟"头脑风暴"(图4-1)。

首先,"过去 VS 未来"模式。定了这个选题之后,我们可以先考虑下"××民族××艺术"是不是之前存在感不强,一直被人忽视甚至濒临失传,但是自身非常有特色，能够代表一个地区、一个民族的文化风貌，能够展现一直以来历史性的文化积淀？如果是这样，那么这个选题一旦被立项，是不是就可以将该"××民族××艺术"从历史的长河中挖掘出来，使之重新走入大众视野，甚至可能产生抢救性保护的价值。进一步讲，保护了该民族艺术，就是保护传承了其所在地区的文化、历史。换一个角度看，是不是之前与该"××民族××艺术"有关的很多资料、信息都没有被妥善保护和系统性整理，那么本选题是不是可以从这个角度改善当前现状？从这个思路上，我们至少得出了实现抢救性保护、传承地区历史文化、挖掘并整理资源等价值点。其中，抢救性保护可以被阐述为实践价值，传承地区历史文化可以被阐述为社会价值和实践价值，挖掘整理资源可以被进一步提炼为学术价值。

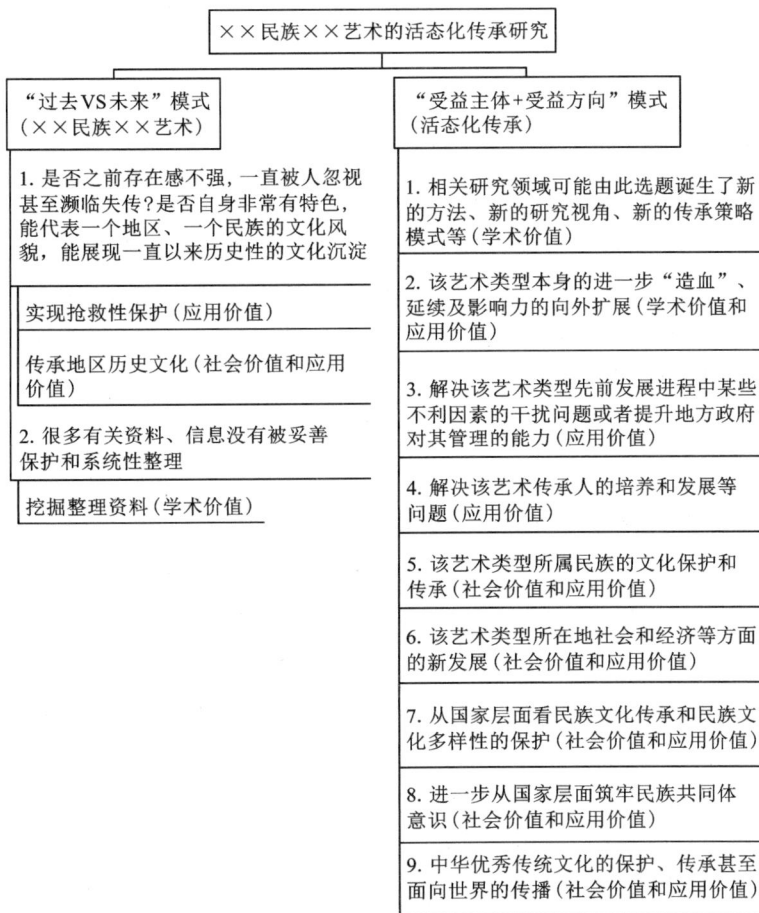

```
                ┌──────────────────────────────┐
                │  ××民族××艺术的活态化传承研究  │
                └──────────────────────────────┘
                  ┌──────────────┴──────────────┐
        ┌──────────────────┐          ┌──────────────────┐
        │  "过去VS未来"模式  │          │ "受益主体+受益方向"│
        │  （××民族××艺术）│          │  模式（活态化传承） │
        └──────────────────┘          └──────────────────┘
```

1. 是否之前存在感不强，一直被人忽视甚至濒临失传？是否自身非常有特色，能代表一个地区、一个民族的文化风貌，能展现一直以来历史性的文化沉淀

实现抢救性保护（应用价值）

传承地区历史文化（社会价值和应用价值）

2. 很多有关资料、信息没有被妥善保护和系统性整理

挖掘整理资料（学术价值）

1. 相关研究领域可能由此选题诞生了新的方法、新的研究视角、新的传承策略模式等（学术价值）

2. 该艺术类型本身的进一步"造血"、延续及影响力的向外扩展（学术价值和应用价值）

3. 解决该艺术类型先前发展进程中某些不利因素的干扰问题或者提升地方政府对其管理的能力（应用价值）

4. 解决该艺术传承人的培养和发展等问题（应用价值）

5. 该艺术类型所属民族的文化保护和传承（社会价值和应用价值）

6. 该艺术类型所在地社会和经济等方面的新发展（社会价值和应用价值）

7. 从国家层面看民族文化传承和民族文化多样性的保护（社会价值和应用价值）

8. 进一步从国家层面筑牢民族共同体意识（社会价值和应用价值）

9. 中华优秀传统文化的保护、传承甚至面向世界的传播（社会价值和应用价值）

图4-1 选题价值的"头脑风暴"示例

接着"受益主体+受益方向"模式。我们看看"活态化传承"这个关键词，首先可以思考实现"活态化传承"的受益群体都是谁？这大致包括："活态化传承"相关的研究领域，该艺术类型本身、传承人，该艺术类型所属的少数民族、地方管理部门、国家层面的文化管理部门等。具体拆解出可能的受益群体和受益方向则是：①"活态化传承"相关研究领域可能由此选题诞生了新的方法、新的研究视角、新的传承策略模式等；②该艺术类型本身的进一步"造血"、延续及影响力的向外扩展；③解决该艺术类型先前发展进程中某些不利因素的干扰问题或者提升地方政府对其管理的能力；④解决该艺术传承人的培养和发展等问题；⑤该艺术类型所属民族的文化保护和传承；⑥该艺术类型所在地社会和经济等方面的新发展；⑦从国家层面看民族文化传承和民族文化多样性的保护；⑧进一步从国家层面铸牢中华民族共同体意识；⑨中华优秀传统文化的保护、传承甚至面向世界的传播……当然还可以具体对标当前国家或地方的某个具体的文化政策或者发展战略需求，由此可以由近及远，由微观向中观、宏观拓展排列出多个价值点。这其中，前两条可以提炼出学术价值，而其他条目则偏向应用价值，同时越是面向宏观层面越有可能提炼出社会价值。

> 注意，在申请书的撰写中，我们一般是将社会价值和应用价值写到一起，但是如果课题所形成的社会价值比较有特色，可以考虑分学术价值、应用价值、社会价值三个板块写。

除了这个思路之外，还可以依据题目所涉及学科来分类提取，比如对该艺术类型的创作、评价、人才培养；涉及文化产业领域的产业资源的转化、文化旅游的发展、文化产业所产生的经济效益等；涉及文化传承、传播领域的价值；其他管理实践或政策层面的价值等。这种思路的好处是尽可能从多个学科及多种研究视角上寻找价值点，缺点是容易混淆一些价值关系，不利于对价值点进行合理分类。

本书首推根据题目的语句结构，开展**"过去 VS 未来"结合"受益主体+受益方向"的"头脑风暴"模式（注：本书认为，"受益主体+受益方向"不仅适用于应用研究，对于基础理论研究也是可以考虑的。因为"受益"是广义的，只要产生价值，就一定会有受益的主体，只是这层关系相较应用研究会更加隐性，所以申报基础理论研究的老师也可以考虑从学术价值和应用价值两个方向挖掘受益主体和受益方向）**。但并不是前面提取的十多个价值点都要被写到申请书中，提取价值点只是第一步。我们可以先将所有能想到的价值点用"脑图"的方式画出来，再结合其与选题对象和核心价值追求的关系进行相关性标记，例如对相关性的强度进行赋值或者从一星到五星进行标记。把相关性最高或者比较高的价值点根据理论、应用进行分类，再对这两个类型中每一项价值按照"近→远""微观→中观→宏观""当前→未来"的顺序排列。接着看排列后价值点是过少还是过多，如果过少，就**把相关性低一些的价值点排列进去**（价值过少也可能表示选题价值不大，如发现此情况，申请人需考虑是否继续该选题）；如果过多，**则删减或合并同类项**。如此，一方面能够尽可能全面地挖掘价值，另一方面可以避免牵强附会或逻辑混乱。

在了解上述方法后，我们再以本书原创的另一个例子——题目"城市可持续发展的多维度分析与策略研究"为例，尝试对其价值进行挖掘和梳理。

首先该案例背景是：

随着城市化进程的加快，城市可持续发展问题日益受到关注。该题目旨在分析城市可持续发展的多维度影响因素，并提出相应的策略，以促进城市的经济、社会和环境协调发展。

我们需要注意，该案例在题目设计之初就已经呈现了鲜明的以问题为导向的特征。沿着这一现实方向，接下来提炼选题价值。

其一：过去 vs 未来模式。

过去：许多城市在发展过程中忽视了环境保护和资源合理利用，导致了一系列环境问题，如空气污染、水资源短缺等。

未来：通过本研究，可以为城市发展提供科学指导，实现环境保护与经济发展的双赢，促进城市可持续发展。

其二：受益主体+受益方向模式。

受益主体：

  政府决策者——提供政策制定的科学依据。

  城市规划者——提供城市规划和设计的参考。

  环保组织——提供环境保护的策略和方法。

  市民——提高生活质量，享受绿色、健康的城市环境。

受益方向：

  经济发展——促进绿色经济和循环经济的发展。

  社会进步——提高居民的环保意识和社会责任感。

环境保护——减少污染，保护自然资源，实现生态平衡。

其三：学科分类提取模式。

经济学视角：分析城市可持续发展对经济增长的影响，提出经济激励措施。

社会学视角：研究城市可持续发展对社会结构和居民行为的影响。

环境学视角：探讨城市可持续发展对环境质量的改善作用。

政策学视角：提出政策建议，以促进城市可持续发展的实施。

接着，将上述三类价值点进行归纳和梳理，得到以下关键信息：

学术价值：提供城市可持续发展的多维度分析框架；探索城市可持续发展的长效机制；为城市可持续发展提供新的理论视角和方法论。

应用价值：为政府制定城市可持续发展政策提供科学依据；为城市规划和建设提供实践指导；促进城市经济、社会和环境的协调发展。

社会价值：提高城市居民的生活质量；增强城市的国际竞争力和吸引力；促进社会稳定和和谐。

该案例通过分析过去和未来的对比，明确了研究的紧迫性和重要性；通过考虑不同受益主体和受益方向，以及从不同学科视角出发，相对全面地挖掘了研究的学术价值、应用价值和社会价值。梳理到此，我们可以选择将应用价值和社会价值的阐述加以合并（也可以将社会价值单列），并用适当语言对以上关键信息进行串联、润色。

近年来，大部分国家级社科项目申请书中，"**相对于已有研究特别是国家社科基金同类项目的独到学术价值和应用价值**"的提示语已经代替了之前的"相对于国家社科基金已立同类项目的新进展"。也就是说，**目前暂时除去艺术学课题之外，国家级课题都要求在陈述学术价值和应用价值时涉及与同类项目的对比。**

笔者认为，这是对申请书陈述过程的一种简化和优化。试想此前，当我们搜集了大量已立项课题的名称后，发现要么压根没有与自身题目相关的已立项课题，要么是有一定的关联。前者在指出不相关之后，总会觉得话没说完，似乎应该再突出一下本课题独到的、创新的价值；至于后者，一定要讲清楚自己的课题不是在重复已立项课题，而可能是对其深度的进一步挖掘，外延的进一步拓展，理论的跨领域移植，对现有观点的反驳、纠错，改良前述成果在应对现实问题时的局限等。但这样一来，无论上述哪种情况，都会使申请人很困惑："明明我已经写过研究价值了，怎么好像又要陈述一遍"，这个问题每年都有老师向笔者提出。

所以新版提示语不仅明确要求我们必须去主动对照已立项课题并提出自身的独到价值，也在给我们一种新的撰写思路。本书主张，在思考研究价值，也就是在进行上述头脑风暴时，可以将国家社科基金已立同类项目进行单独梳理，并作出一定的评价，之后再根据情况，将文字归纳进学术价值中。

那么，我们以如下模板来梳理和评价已立同类项目：

目前与××研究相关的国家级立项课题集中在××学科、××学科和××学科。其中涉及问题 A 的项目有(项目编号 1；项目编号 2……) 等相关选题共 N 项立项，上述立项侧重于××等方向的研究。涉及问题 B 的项目有(项目编号 1；项目编号 2……) 等相关选题共 N 项立项。此外，还有××问题(项目编号 1)、××问题(项目编号 2)等。

总体而言，当前学界从多个领域对××问题的研究均取得了进展，这为本课题提供了必要的理论参考。然而，在××学科领域，具体针对××问题还缺少深入的研究……在××问题上则暂无进展。本研究致力于……，将对××问题中悬而未决的……进行有力的回应 (或：本研究致力于……，将问题 A 和问题 B 在……的框架下进行结合，从而解决××问题)。

注意，"××研究""××问题"，一定不是本课题的选题，但有可能是本课题的研究对象或研究对象的相关问题，因为如果针对本课题的选题已经有很多课题立项了，那么是否还需要给本课题立项呢？（肯定不会）

所以这里提到的"××研究""××问题"都是与本课题研究对象、拟解决的问题和所处领域有紧密关联，但又不完全重叠的。

至于"问题 A"和"问题 B"，多半来自课题题目的主干，也可能是课题的关键词，还可能是课题研究内容的核心板块。以"艺术生态学视域下乌克兰利沃夫手工玻璃技艺的活态传承研究"这个题目为例，"××研究"可以是手工玻璃的研究；问题 A 和 B 则可以分别是艺术生态学研究和手工玻璃技艺研究。

如果遇到已立项同类项目为零的情况，该怎么做呢？

例如，笔者此前立项的**"文化产业园风险管理的实用性研究"**，2013 年之前是没有同类项目立项的，所以已立项的同类项目**为零**。那么笔者需要考虑的是，此前有没有"文化产业集聚区(或产业园)+建设""文化产业集聚区(或产业园)+管理""文化产业集聚区(或产业园)+风险"等角度的项目；如果还是没有，那就考虑"（非文化产业）集聚区+风险管理""（非文化产业）集聚区+建设/管理/风险"的项目，因为这些项目的视角、学术思想、方法甚至管理模型可能都与本课题有相近、交叉或可参考的地方。这种思考模式类似由"特写镜头"逐渐退到"全景镜头"，其实它与学术动态的梳理是一样的，所以**建议这里所凝练的问题要尽可能对应前面学术动态中的分类**。

此处，建议读者在设计题目之初就针对国家社科基金已立同类项目进行一次"查新"，明确自身课题是否足够新颖。接着，在思考学术价值和应用价值时，可以双线并行，一条路径是我们前述"头脑风暴"案例中的思考方式，另一条路径是梳理和评价已立同类项目。二者要么各自都能挖掘出很多信息；要么能够殊途同归，这种方式可以确保对价值的充分挖掘。再接着，将由上述两条路径中得到的价值进行清晰的罗列，判断哪些条目是重复的，哪些可以合并同类项，删掉无足轻重、不够突出的价值条目，保留最独到或最核心的价值条目。通常，无论学术价值还是应用价值，每一类筛选出的价值条目不要超过三条，一至三条都是正常的。最后，如果你申请的是除艺术学课题之外的其他国家社科课题，那么在阐述中请一定要明确呈现"相对于国家社科基金已立同类项目"的研究价值。

故此，我们可以对先前原创的案例"城市可持续发展的多维度分析与策略研究"的研究价值做如下表述（**内容不具有学术参考价值，请参照其文字表达方式**）：

学术价值：目前关注"城市可持续发展"问题的国家级项目诸如……（项目编号1、2、3），其理论视角各有不同，涉及……，尚未有人从……角度予以阐述。本课题的研究则综合了如……等学科的视野和理论，从而为城市可持续发展搭建多维度分析框架，提供新的理论视角和方法论。此外，课题还关注探索城市可持续发展的长效机制，这也是此前相关理论探讨中甚少涉猎的问题。

应用价值：纵观已立项的同类项目，尚未从城市治理的角度提供有效的指导性成果，而本课题将提出城市规划和建设的实践指导方案，从而成为政府制定城市可持续发展政策的科学依据。以此提高城市居民的生活质量，促进城市经济、社会和环境的协调、稳定、和谐发展。

此撰写示例包含了对研究价值条目的筛选、重新组合和适当润色。值得注意的是，本书并不主张套用一个固定的模板来陈述研究价值，而是需要根据自身课题的特点、与已立项同类项目的关系、与现实问题的关系等进行灵活处理。在适当的框架和规则内，写出自己的特色。

五、选题价值的案例剖析

　　如表4-2所示，研究价值案例1的理论价值和实际应用价值均保守地采用了三段式的论述方式，每一条"价值"都能准确地对应到一项主要的研究任务，使用"寻找""探索""提供""有助于""以便借鉴""可为""帮助"等有明确指向价值或用途的词语，其结构和用词都是我们最常见的形式，也适合初次接触申请书写作的老师模仿和学习。

表4-2　研究价值案例1与点评

案例原文	点评
1.理论价值 (1)探索"一带一路"斯拉夫语系国家玻璃工艺的历史遗产、遗存的消亡或延续的规律，寻找乌克兰手工玻璃活态传承的理论依据。 (2)通过观察研究乌克兰利沃夫手工玻璃传统技艺、工坊、传承现状，全面梳理其活态传承的体系及方法，探索建立可借鉴的理论经验。 (3)可以为学界一直有争议的问题——中国古玻璃(古琉璃)的起源是否受到国外相关玻璃手工艺的影响，提供另一个角度的学术证据和参考	理论价值(可理解为学术价值)的落脚点很具体，包括"寻找乌克兰手工玻璃活态传承的理论依据""探索建立可借鉴的理论经验""提供另一个角度的学术证据和参考"，而这三个价值点所对应的三个对象(句子前半段)都是不同的，也都是从研究主题和研究内容中分层生发出来的，所以针对性很强，足够细致；而且三个价值点的排列，由外及内，由人及己，三个价值点组合起来又构成了某种逻辑推论关系，向世人展示出"本课题研究乌克兰手工玻璃的目的是为我国服务"

73

续表4-2

案例原文	点评
实际应用价值 (1)有助于了解"一带一路"斯拉夫语系国家的艺术传承,从而利于我国与其文化、艺术、非遗保护与传承方面的交流与合作。 (2)构建传承学校、传承工坊的合作案例,以便借鉴,为中国有传统手工艺专业的学校提供数据支持。 (3)可为国家、地方各个非遗名录中的传统技艺提供蓝本,帮助传统技艺、技术、艺术产生经济效益,优化存续环境	实际应用价值的排列也是由外及内的陈述逻辑,先陈述对外文化交流领域的价值点;接着由微观向宏观推进,先说传承的实际操作层面,学校、工坊将如何受益;再进一步从宏观层面看,选题对国家、地方的经济效益、艺术生态环境会有哪些价值,从而达成从实操到战略层面的提升[第(3)条也属于对社会价值的阐述]

"研究价值案例2与点评"(表4-3)是笔者在2012年底写的国家社科基金艺术学青年项目申请书,获得了2013年的立项,但是从申请书的文字表达和内容布局看,仍然显得十分青涩稚嫩,多年来一直被笔者拿出来不断反思。由于艺术学项目限定4000字符,所以撰写时总是要加倍字斟句酌,以致"锱铢必较"。这一段研究价值并没有条目化,也没有按照学术价值和应用价值分类,甚至应用价值写到了学术价值前面。原因一方面在于该研究属于**应用类**,所以**更突出应用价值**;另一方面是其前面段落主要铺陈的是当前实践领域的现实困境,目的是强调该研究的必要性,所以按照行文的连贯性,先写了应用价值。可见,撰写价值时,无须教条化地写成:"学术价值:1、2、3;应用价值:1、2、3",而是可以根据行文风格和实际撰写需求展开**灵活设计**。

表 4-3 研究价值案例 2 与点评

案例原文	点评
本课题的成果将能为我国各级各类文化产业园的规划提供科学指导，为政府对文化产业园的立项审批工作提供科学严谨的评估依据，**这将有效解决我国文化产业园建设中出现的众多盲目开发、盲目立项问题，不仅将有效节约国家资源，更能优化文化产业园的规划和发展模式**	应用价值写得比较具体且针对性较强，明确了受益主体和成果要应用的领域，即"政府……审批工作"；而加粗的句子对应的是现实中的具体问题，写清了如果研究完成将会解决"盲目开发、盲目立项"的问题，还交代了这个问题解决后会带来的效益，即"有效节约国家资源，优化文化产业园的规划和发展模式"，这一效益从层次上看又比前半句高了一截，更加偏向宏观，所以这句话不仅指出了能解决什么问题、使谁受益、带来什么效益，还对标了两个层次，兼顾了社会效益的表达
本课题的结论还将为风险管理与文化产业集聚理论搭建桥梁，丰富文化产业的风险管理理论体系	此处的学术价值，虽然意思是对的，但用词**太常规**，容易跟很多申请书的学术价值"**撞车**"。碍于当年笔者还是"青椒"一枚，第一次申请国家级课题，对于申请书的理解完全是一种"野蛮生长"的状态，所以类似的"土味"表达才会出现。其实可以换种表达方式，例如把"搭建理论桥梁"换成将领域 A 和领域 B **在某问题上构建连接点**，或在某层面上为领域 A 的研究**提供新视野**。"丰富理论体系"可以改写为**弥补领域 A 之前研究的片面性缺陷**，或推动领域 A 的研究向纵深拓展……，换一些词，价值的表述就会更**新鲜别致**

注意：从价值点的数量看，虽然我们不能总是被"3"这个数字框住，但是如案例所示，每一板块只有"3条"确实看上去很优美。此处建议所有的价值点加在一起不要超过8条。如果条目数量少于4条，可以考虑稍微展开一点陈述；如果条目数量是 5~8 条，可以尽量压缩每 1 条的文字量。总体看，本书所说的各类课题中的价值阐述都很重要，但尽量都不要超过 400 字。

第五章

研究对象、主要目标和框架思路

本章和下一章将重点解释"研究内容"的写法。

2024 年以来，国家社科等项目对于"研究内容"的提示语变成"本课题的研究对象、主要目标、重点难点、研究计划及其可行性等。（框架思路要列出提纲或目录）"（见表 5-1）。除艺术学项目外，其他几个国字头的项目的提示语变动都很大，但不变的依然是"框架思路"这个词。2024 年版本中，"框架思路"虽然出现在提示语的括号里，但它是一个"隐形的王者"，始终是构成"研究内容"的灵魂。本次本章重点解析研究对象和框架思路的写法。

表 5-1 不同课题的"研究内容"提示语

项目	"研究内容"提示语
国家社会科学基金项目	本课题的研究对象、主要目标、重点难点、研究计划及其可行性等。（框架思路要列出提纲或目录）
国家社科基金艺术学项目	研究的主要内容、基本思路和方法、重点难点、主要观点及创新之处
全国教育科学规划项目	本项目的研究对象、主要目标、重点难点、研究计划及其可行性等。（框架思路要列出提纲或目录）
国家社科基金高校思想政治理论课研究专项	研究内容：本课题的研究对象、主要目标、重点难点、研究计划及其可行性等。（框架思路要列出提纲或目录） 思路方法：本课题研究的基本思路、具体研究方法、研究计划及其可行性等

　　申请书和活页的板块设置就像一个连接紧密的链条，从选题依据到研究内容，再到创新之处、预期成果……一步一步向评委展示申请人紧密的逻辑思维，一步一步"说服"评委：该项目是**可行的**、**值得做的**。研究内容板块恰处于这一紧密链条的中心位置，可见其重要性。

　　从功能上看，"研究内容"是申请人依据研究的问题而展开的**分析问题和陈述解决方案**的环节。其中，研究对象、重点、难点、主要目标可以被认为是分析问题的环节（有时也兼具解决方案的功能），而**框架思路主要发挥着解决方案的功能**。

　　不同项目对于"研究内容"的表述不尽相同，如表5-1所示，在国家社会科学基金项目中，研究内容板块里提到了"框架思路"，没有明确要求写基本思路和研究方法。但是艺术学项目保留了基本思路和研究方法的位置。但最令人困惑的是，2024年国家社科申请书中"框架思路"是出现在括号里的，那么究竟其括号外面的"研究对象、主要目标、重点难点、研究计划及其可行性"中哪些属于"框架思路"呢？或者说"框架思路"来自何处？这一问题困扰了许多申请人。如果对表格中的提示语进行"换算"，可得：

　　框架思路＝研究的主要内容（艺术学）＋主要观点（艺术学）＋基本思路和方法（艺术学）

　　艺术学项目要求写"主要观点"，而此前的版本国家社科基金项目活页要求考察"基本观点"，这很有启发性，即无论是以往版本曾出现过的"总体框架"，还是如今的"框架思路"，都隐藏了对基本观点的要求。因此建议在框架思路的撰写中融入对基本观点（即主要观点）的描述，如此可以使评委更直观地理解课题。但是"框架思路"中的观点未必需要单独列出来，可以融入对内容的陈述里。如果想了解单独写"主要观点"该怎么做，可以参见第九章艺术学单列学科申报要点中的"课题论证"。

　　根据上述换算结果，本章在布局上，按照"研究对象""研究的主要内容""基本思路""研究方法""框架思路组合模式"的顺序展开，这样可以兼顾读者撰写表5-1所示四类项目申请书的要求。

一、研究对象

1. 什么是研究对象

从概念上看，研究对象指的是被课题当作目标的人、物、事件，因此研究对象的表述应使用**名词性结构**。研究对象可以是人，可以是物，也可以是人与物两者之间构成的关系，还可以是事件。人、物都可以单独成为研究对象；人与物、人与人、物与物之间构成的事件，也可以成为研究对象。

其实申请书里最常见的研究对象构成模式是**人与物、人与人、物与物之间构成的事件**。

以本书常用的两个申请书为例，笔者的课题"文化产业园风险管理的实用性研究"，研究对象不可能是"文化产业园"，因为它涉及的研究角度太多了，如此写，就不具体了；当然也不能是"风险管理"，一方面与前者同样道理，另一方面研究主要立足于文化产业领域，如果把研究对象写成管理学领域，整个大方向就错了。因此研究对象就是"文化产业园的风险管理"，这属于"物与物之间构成的事件"，可以看出它是一个**名词结构**的词组，而且是偏正短语结构。

"艺术生态学视域下乌克兰利沃夫手工玻璃技艺的活态传承研究"的研究对象可以被提炼为"乌克兰利沃夫手工玻璃技艺"，但是为了更确切地指向"物与物之间构成的事件"，还可以提炼为"乌克兰利沃夫手工玻璃技艺的活态传承"，它也是一个**名词结构**的词组，而且是偏正短语结构。

但是要注意，"艺术生态学视域"是一个条件限定，不能写到研究对象里。这一点值得警醒，因为很多老师习惯在写研究对象时把"××视域下""××语境下""××背景下"这类条件限定词纳入进去。

除了这一点，提炼研究对象还有很多常见问题，本书归纳了8个方面，且看下文。

2.常见问题

（1）研究对象不明确，显得漫无目的。

（2）研究对象所涉及的外延过大，焦点不集中。

（3）研究对象的内涵太小，不足以支撑一个科研项目。

（4）对研究对象的概念界定不清，或者所用词语不是学术界公认的标准用词。此处用一个距离远点儿的例子，有位研究生曾在毕业论文里分别写了大段的研究意义和大段的研究价值，而且不是通常的"理论意义""实用价值"。问其原因，是他依据自己的理解对"意义"和"价值"的内涵做了界定。其实做科研需要严谨规范，对学术概念的界定应该依据公开权威的释义，而不能自己"拍脑门"想当然地做出辨析。这一道理在撰写研究对象时同样适用。当我们新接触一个选题时，最好的方法是通过阅读权威文献，把它的内涵和外延摸清楚，这样在写申请书时才不至于因概念混淆而露怯。

（5）研究对象弄错，混淆不同状态下的"对象"。例如，某个课题是研究影视艺术作品的创作，最终成果是用于指导艺术创作的专著，而艺术作品的创作又绕不开对受众的分析。这就出现了三类不同的对象，创作艺术作品的语言、阅读专著的目标群体、影视作品的受众。面对这三个"对象"，申请人很可能会困惑究竟谁才是真正的研究对象，或者很有可能在撰写时稍不留神就将三个"对象"混到一起。

（6）对题目不加修改地重复，例如"××研究"这样的句式，是我们常用的题目形式。如果把"××研究"当成研究对象直接写下来，那"××研究"就变成了研究对象。按这个思路，岂不是题目就要改成"××研究的研究"？

（7）偏正短语的表达对象写成了动宾短语的表达目标，将对象与目标混淆。比如"乌克兰利沃夫手工玻璃技艺的活态传承"是研究对象的表达，而"活态传承乌克兰利沃夫手工玻璃技艺"就变成了研究目标的表达。

（8）对研究对象的描述过于复杂，比如将研究对象写成了一两百字的研究内容简述。这种方式在目前的申请书里十分常见，不仅给阅读申请书的评委带去很多的冗余信息，让评委无法迅速掌握重要信息，也会引发第（5）和第（7）类错误。

3.如何表达

由上述 8 个常见问题可以发现，研究对象的写作并不复杂。在我们确定选题之初，研究对象就已经存在于脑海里了，只不过需要我们用合适的方式表达出来。

第一，不要使用动宾结构的表述，如动宾短语或动宾句。因为这种表述方式是属于"主要目标"板块的。如果这样写了，等到写"主要目标"时我们自己也会犯糊涂。

第二，研究对象一定是一个**简单句**，甚至是一个**简单的偏正短语**。它应该由"干货"构成，而不需要很多修饰语。因为越是修饰句子越复杂，冗余信息就越多，评委就越难分辨关键信息。

第三，研究对象在表述上要**紧密贴合题目**。有时候为了简练表达，申请人往往会删去重要信息，致使研究对象和题目不对应，甚至比题目还宏观。假如题目是："'一带一路'背景下的中俄青年学生文化交流研究"。由于题目起得比较简洁，所以提炼出的研究对象就可以是：**"一带一路"背景下的中俄青年学生文化交流**，甚至可以再具体一点，比如：**"一带一路"背景下中俄青年学生文化交流的内容和路径**，即把要交流的**落脚点**写出来。但是不能将研究对象**过度凝练**地写成"'一带一路'背景下的中俄文化交流"，更不能写成"'一带一路'背景下的文化交流"。这种错误看似根本不会发生，实则经常出现。通常的原因在于，申请人没能理解研究对象的含义，所以在此处为了简洁，一不小心"贪大"了。也有的申请人看到选题指南里有类似的宏观表述时，不仅将其直接作为题目，也直接作为了研究对象。这其实犯了一个常识性的错误，那就是：选题指南里的题目是需要进一步细化才能成为申请书的题目的，不能直接照搬选题指南，更不可以把选题指南的题目直接放到研究对象里。

本章以笔者"青椒"时期立项的国家社科基金青年项目"文化产业园风险管理的实用性研究"为例，从题目上看，研究对象很容易从中拆解出来，即"文化产业园的风险管理"。至于该项目想用什么手段实现风险管理，又有哪些特别想让人知道的特色、创新之处……这些内容则不需要一股脑地在研究对象里都"抖落"出来。之后研究的主要内容、重点、难点、主要目标、创新之处等板块，都有大量的机会等待我们去展示"亮点"。

二、主要目标的撰写要点

1.常见问题

（1）表达不到位，导致目标不明确，或目标性不强。

（2）目标太笼统，可行性不强。这有可能是将宏观目标当成了主要目标。类似的情况也可能是"贪大"造成的。

（3）目标太低，不具有科研高度，或是太琐碎。

（4）对目标的描述过于复杂，比如将框架思路的概述写到了主要目标里。在这里可以发现，确实有很多申请书会将概述反复放置到研究对象和主要目标里，使这两处本该清晰简洁的表达，都变成了内容摘要的"舞台"。

（5）主要目标与框架思路在逻辑上无法衔接。

2.如何表达

主要目标需要有层次地撰写，常见的表述有两种。

一种是将所有的阶段性目标依据研究的逻辑顺序，以条目化的方式逐一展现，其文字内容呈现逐层递进式，最终归于总目标（全部加一起，以4~5条为宜）。

另一种方法是分为"总目标"和"分目标"两类。先在申请书的"主要目标"一栏的显要位置，用简洁的语句写出总目标；接着在下面分别列出2~4个分目标（或阶段性目标）。分目标（或阶段性目标）可根据框架思路各环节的内容摘取设置，将总目标拆解为不同板块、不同环节的分目标。分目标还可以就近依据重点、难点提炼。

无论是总目标还是分目标，在撰写时，均宜使用动宾结构的句子。本书认为，每一条目标应该是一句话，且**不超过40个字**。其中的动词应该具有**鲜明的动感**，不宜使用中性的、给人静态感的词汇。也宜使用具有"可视化"效果的词汇，促使阅读者在脑海中形成较为清晰的形象，从而短时间内快速获取申请人想要传达的思想。

为了营造一个"动感十足"且有"可视化"效果的动宾结构语句，表述主要目标的用词通常可以选用2~4字的词。

为什么不用单字呢？比如：为、以……这些字看不出动感，偏静态，不够形象。

可用词汇有：辨清、明确、揭示、建立、揭开、解开、解释、构建、探索、加大、突破、实现、革新、更新、健全、规划、刻画、研制、评估、预测、提升、控制、探查、寻求、惠及等。

相应地，在表述目标时，动感不强或不够形象的词汇包括：旨在、大旨、要旨、争取、明确、做好、为了、为着等。本书不是说这些词不可以用，而是认为首选动感、形象的词，效果会更好。

此外，还有：全面提升、着力解决、着力研究、正确处理、扬长避短、构筑高地等，这些词都带有鲜明的动态特征，也非常形象。

类似的词汇还有很多，掌握了诀窍之后，就可以在海量的汉字中选择适合自己申请书的词了。

如下案例就是使用了总目标和分目标的方式。每一个目标的文字都很简洁，使用了"构建""搭建""分析""提炼""归纳"等词，十分明确地说明了目标。

"主要目标"案例

2.1　目标

建构乌克兰利沃夫手工玻璃活态传承体系，为促进我国非物质文化遗产的活态传承提供有益的参考和借鉴。

2.2　分目标

2.2.1　搭建乌克兰利沃夫手工玻璃活态传承体系。

2.2.2　分析研究知识传承体系、工艺传承体系与制度体系的逻辑关系。

2.2.3　提炼和归纳其中带有规律性和普适性的经验和结论，为促进我国非物质文化遗产的活态传承提供有益的参考和借鉴。

三、研究的主要内容

"研究的主要内容"是艺术学项目的写法，但是根据本章开头的换算结果，笔者认为"研究的主要内容"是撰写"框架思路"最基本最核心的单元。

以往的国家社会科学基金项目活页评价指标权重中，论证部分占5，"主要考察研究内容、基本观点、研究思路、研究方法、创新之处"，国家社科基金艺术学项目和全国教育科学规划项目也是如此。例如，国家社科基金项目活页不超过7000字，课题论证的权重占5，即占申请书权重的1/2，又因为框架思路是课题论证部分最主要的大板块，所以可以占整个课题论证字数的1/2~2/3，因此字数范围可达到1750~2300字，是申请书和活页里文字比重最大的一个环节。

"框架思路"的撰写上经常出现很多十分明显的问题，这些问题又直接决定了申请书的命运走向。

1. 常见问题

(1) 仅以图书目录的方式呈现，即文字中仅使用"绪论""第一章""第一节"这类表述，而**没有任何描述方案的语言**。虽然申请书要求列出研究提纲或目录，但有的目录从字面上看，无法使人理解其内在的逻辑关联，也看不到研究方案如何执行。例如，通常研究方案是线性的，可是目录中呈现的章节关系不完全是线性的，所以单看目录判断不出研究路线；另外有时为了让章节小标题对仗且文字优美，文字上做了许多修饰，更无法使人直观地判断出章节关系，也就更无法理解研究方案了。

(2) 将申请书其他板块的内容直接挪用过来，或是将同样的文字不加修改地，以段落的形式反复呈现在"研究的主要内容""基本思路""研究方法""重点难点""创新之处"中。这容易给人"絮叨"或"缺少干货"的感觉，同时让阅读申请书的评委感到申请人逻辑不清。

(3) 对"研究的主要内容"进行具体写作时，或是没有明确的问题，或是没有明确的内容，或是没有明确的观点，而是十分"周到"地解释概念或堆砌庞杂的资料。这会使评委感觉到申请人思路混乱，抓不住重点，或者干脆就没有想清楚项目该怎么做。这种写作方式是目前普遍存在的。

(4) 与第(3)条相反，内容太简单，太空泛，或是文字太少太抽象。只有空洞的骨架，不仅没有"肉"，更没有营养。这同样会使评委认为该申请人没有设计出明确的解决方案，即认为项目不可行。

(5)框架的设计上,往往呈现三个以上的板块,然而有些申请书在文字"量"的分布上不均衡,例如经常在第一个板块中写入大量的文字,甚至是概念释义、背景资料。但是到了第二、第三个板块,就逐渐呈现"营养不良"的趋势,最后一个板块很可能就只剩一句话了。这种"身材比例"的不均衡会令评委感到申请人没有深入地分析探讨研究的过程,没有对每一部分作出合理的规划和论证,这也会使人对该申请书的可行性产生怀疑。

(6)用词过于晦涩,不能直接简明地将内容交代清楚。

(7)与第(6)条相反,用了太多有文采的词,甚至是表达情感的词,有散文气质;也有的使用了太多的人称代词,例如"我""我们""它",以及"那些年""那些人"等,同样给人一种申请书很感性的印象。这与申请书"高冷"的气质是完全相悖的。

(8)表述多采用疑问句的方式,且问而不答。

(9)要研究的内容太多,又大又全,给人的印象是这个项目执行时间肯定不够,资金肯定不足。

(10)图表和文字的功能本末倒置,过于依赖图表,而文字太少。

(11)过于依赖条目化的表达,而使内容不丰满。

(12)有些申请书将其他论文的内容东拼西凑地照搬过来,有的甚至没有修改主语,这属于编写申请书的低级错误,但也要注意规避。

2. 为什么难写

前文已经说过,研究内容板块非常重要,框架思路的比重也最大,这都是指的它的重要性。它还有另外一大特点,就是难写,这是出现如此多常见问题的原因。

为什么难写?难在哪里?

总体而言,有两个大的难点。其一,这一部分最需要申请人写出新的理论认识。正是由于很多人没意识到这一难点,才会反复出现围绕旧有的理论认识框架绕圈,如上文"常见问题"中第(2)、第(3)、第(4)、第(5)种问题的产生,大多源于此。出现这些问题的直接原因就是申请人没有结合研究的选题,充分发挥力量去探讨新的理论命题和设计新的实施方案。其二,没有体现出"设计感"。这种"设计感"源于深厚的理论基础、对问题所在领域的尊重与继承,也源于研究者逻辑的自洽性。这种设计感不仅合理，而且一定能够让人读懂，且赢得评审专家的认可。"常见问题"中第(1)、第(2)、第(5)、第(7)、第(8)种问题的产生也都大多源于这一难点。当然，很多时候，是由于申请人没有克服上述两个难点，所以集中出现了如第(2)种问题。

另外，还有一些其他的原因导致了上述常见问题的产生。

首先，审题不到位，以前很多人分不清方案和方法，在应该写方案的地方写了很多研究的方法；后来改成了对"总体框架"的描述，很多人又分不清总体框架和研究目标、研究对象的区别；再后来出现了"框架思路"，又开始搞不清它里面究竟要包含哪些信息……

其次，过于依赖某些表达手法，例如对条目化表达手法的依赖导致了问题(11)的出现，其实适当采用条目化的表达手法会呈现出清新简洁的视觉效果，但是过犹不及，太多的条目化只会让紧密连接的思想显得支离破碎；又如盲目地依赖某个条目数量，常见的是"三"，如"研究的主要内容"必为三条、研究方法必为三条、难点必为三条、重点必为三条、价值意义必为三条等，这种教条式的写法十分要不得。再如对图表的依赖，一方面渴望寻找一些小众的画图软件，绘制一些复杂、酷炫的图；另一方面为了节省空间或为了美观，干脆舍弃了文字的叙述，而以图为主。殊不知，无论是写文章还是写申请书，都是以文字为主、图片为辅的。应该把有限的精力放到对文字的修正上，而非用到对图片的修饰上；应该寄希望于用文字说话，而非一味依赖图片发挥作用，这样也就能规避如第(10)种那样的问题了。

3."四特性"

(1)关联性

"研究的主要内容"各板块内容应该相互有紧密的逻辑联系。为了实现最终的研究目标，各板块可以相继开展研究，也可以"各自为战"，分别开展研究。即某些板块与板块之间，可以是并联或串联的关系，而到最后一个板块时又往往能够收归一处，即"研究的主要内容"看上去应是一个大型的"并联电路"或"串联电路"。

(2)整体性

申请书要研究的核心问题占据主导地位，围绕这一核心问题一步步设计研究方案，每个环节都要保证是围绕着核心问题运作的。因此要分清主次、中心明确，整个框架浑然一体。

（3）层次性

文字的布局要有层次感，或是一环环如侦探小说般推理，或是一层层如洋葱剥皮，或是一级级如搭阶梯……总之，一定要讲层次、讲顺序、分阶段。明确区分调研、分析、结论的步骤，或是明确区分理论层、实践层。总之不能将内容混成一团乱麻，丢给评审专家去区分。

（4）递进性

与层次性紧密相关的是递进性，"研究的主要内容"的构建应该遵循"提出问题→描述问题→分析问题→解决问题→验证结论"等步骤，或者遵循"微观→中观→宏观"等顺序，总之必须层层推进、步步深入，拨云见日。

4."三原则"

（1）逻辑性

申请书十分注重逻辑的严谨性。因此需要额外关注每个部分的内在逻辑，弄清主次、层次和因果关系。

（2）简明性

文字有限，因此撰写时应反复提炼打磨，仅将最核心的内容写入，切勿长篇引用某些概念的释义，或长篇描述某些宏观大背景，或长段引用名人名言。要语言简洁，少用复杂句，切忌啰唆和絮叨。不需要每句话都主谓宾完整，因此可以省略的短语一定要省。尽量少用复杂的图表，可以适当使用简图或简表。

（3）匀称性

在分段上，一定保持合理的"身材比例"。不宜出现某段内容过于宏大繁多，而某些段落仅一句话的现象(下文会介绍每个板块应该布置多少行)。

掌握了"研究的主要内容"的特性和原则，接下来，本书将介绍如何"拉骨填肉"。

5. "搭骨架"

搭建框架的骨架，一般遵循两种顺序：

其一，按未来结项书稿的篇章顺序；

其二，按研究的逻辑顺序，例如"**提出问题→分析问题→解决问题**"或"**提出假设→进行验证→证实/证伪**"或"**总起→分论→总结**"的思路，当然这并不意味着固定为三段式，通常框架的合理构成是**4~6个板块**。即，某些内容比较丰富，流程较为复杂的板块可以进一步分解。

> 课题框架思路最常见的三种脉络：
> ◇ 提出问题→分析问题→解决问题；
> ◇ 提出假设→进行验证→证实/证伪；
> ◇ 总起→分论→总结。

在文字数量的安排上，本书认为"研究的主要内容"的文字比重应为整个论证部分字数的 1/3~1/2（论证部分按权重计算应为 3500 字），即可根据权重和实际需要，将此部分字数控制在1160~1750 字的范围内，因此每个子板块的文字数量应尽量平均分配。

小标题需要用数字符号清晰地标出，且应该使用加粗或黑体的方式使之更加醒目。但是不应调整文字的大小，比如不应使小标题的字号大于文字段落的字号，因为这样会影响外观上的整洁性，即会显得很乱。

小标题在拟定时要遵循简练的原则，**不宜超过 10 个字**，文字表述上要清晰，要使评委第一眼就能领会文字的含义。通常文字功力非常强的申请人会在每一个小标题处使用对仗的 2~5 个字的短语加以高度的凝练，这是令人耳目一新的方法，当然也非常考验申请人的语言功底和概括能力。我们大多数申请人的文采无法凝练出这样的文字时，也没必要感到沮丧，更没必要刻意拼凑辞藻华丽的短语，因为这时拼凑出来的短语往往是：好看但不实用。可能辞藻看上去很美，但其实与段落内容没太大关系。与其这样舍本逐末地"炫技"，还不如老老实实地写平实的文字。因此只需使用短句的形式把每一个板块的概要写清楚就好。

但是切记，不要写太复杂的句子，**不要啰唆！不要絮叨！不要语病！**

不要啰唆，这很好理解，就是说要做到高度凝练。可是"絮叨"指的是什么呢？本书认为，每一个小标题里反复出现同样的长主语、长宾语就是十分典型的絮叨。当评委看到长主语、长宾语反复出现在每一行的小标题时，恐怕就像看到了"2/4、5/10、14/64"一样，有种强烈地想要"约分"的冲动。因此，在我们递交申请书之前，一定给自己的文字做好"约分"，在保证含义传达明确的基础上，对絮叨之处进行"断舍离"。

如果经过反复凝练，小标题还是难以控制地突破了 10 个字的"大关"，甚至不可阻挡地奔向了 20 个字，那就要淡定地反问自己：是不是这个板块内容太多，需要再次拆分一下？

说完各板块的小标题，再看看各板块的文字段落。文字的段落可以根据情况，在行数、字数允许的范围内，再次拆分为具体的 2~3 个自然段。

值得注意的是，在形式上，很多申请人习惯用加粗的方式标注出文字段落中的某些重点。本书认为，在小标题已经加粗的情况下，如果段落中反复出现加粗的文字，会影响整体的美观。如果有些内容需要非常醒目地标记出来，可适当考虑使用**数字符号**的方式。

在文字上，很多人习惯使用"一是，二是"，本书认为，从视觉的角度，这样的大写数字会淹没在众多文字中，不易被迅速识别出来。而且这种表述也偏口语化，看上去像讲话稿。不如尝试使用阿拉伯数字代替"一是，二是"，由此可做到简练、醒目、规范。

搭完了"骨架"，再来看看怎么给"骨架"贴上"肉"。

6. "肉"的来源

有些老师读题，看到"框架"二字，便不敢多写，只是简单地列了一个提纲在那里，然后"不得已"在基本思路的位置上写很多与研究内容有关的文字。这种舍本逐末的做法就成了申请书显而易见的"硬伤"，一个不会读题的申请书是很容易遭遇失败的。因此，我们需要好好填写骨架里的"肉"，并且让"肌肉"多于"脂肪"，让"研究的主要内容"这一最重要的论证环节具有优美的"体态"和丰富的"营养"。

"肉"从哪里来？

（1）**他人研究成果的综述**。研究内容肯定不是完全创新的，而是需要在继承、借鉴、运用前人理论的基础上，作出深化或创新。请注意，这里的所谓综述，并不是大段地引用、论述他人的成果，而是以研究的需要为出发点，适当使用前人的理论成果。具体写作时，类似的简单表述可以是："基于新闻传播三要素，本研究（或本课题）……""本研究（或本课题）的分析模型依据迈克尔·波特的钻石理论模型而构建，具体是……"。

（2）**新的内容**。申请人需要把自己的新观点扩充为新的内容，形成大量有营养的新"肉"。

（3）**包含对他人成果的简评**。在充分了解、归纳国内外研究现状的基础上，展开与研究主题和内容紧密相关的简要评论。在评论不足之处时，一定要接着提出对策，进而引出自己的新"肉"。也即，对他人成果进行简评时，目的是呈现出自己的新思想是如何被他人激活的，自己的新思想是如何与前人的成果呈现出继承发扬关系的。这样，我们的新思想、新思路、新内容、新"肉"就不是凭空拍脑门想出来的，不是无源之水、无本之木。

（4）**申请人的前期成果**。在研究内容的适当位置融入申请人的前期成果是非常重要的，因为可以充分体现申请人是"有备而来"，有能力有基础完成这个题目……以上都能传达出"项目顺利完成的概率很高"这一信息。那么前期成果怎样凝聚为内容，怎样放到框架里才不违和呢？

首先，申请人前期发表过的单篇文章可能会成为课题结项成果的一章，那么这时，对已发表文章的简述可以凝聚为"研究的主要内容"的一大板块。如果前期论文只作为课题结项成果的一段，那么文章的标题可以改为某级小标题，文章的核心观点和结论可以作为某几处的观点。

其次，如果前期成果中出版过与本课题直接相关的专著，那么书中的某一章、某一节或者结论部分均可以成为"研究的主要内容"的一大板块，书中的章节标题和内容要点也可以融为研究内容的某些观点。

再次，如果有很多相关的前期成果，但都不集中不突出，那么可以把多个文献的观点、标题、内容合并，从中提取大标题，构成大板块、大段落。例如，申请书主要讨论微观经济活动，而前期多篇论文都是从产品定价、产品市场布局、品牌、整合营销、商业模式等角度分别讨论的，它们都属于微观经济活动大框架下的一部分，但是单个都不足以成为一大段研究内容，因此需要分别提炼各自观点、各自标题，进而合并和抽取核心要点。

也有很多经验丰富的学者说，一份成功的申请书，并不是研究内容的每一个步骤都在思考计划中，而是一定要有1/3 **左右**的工作已经做完或者正在进行。他们主张将这部分工作以前期成果的名义融入"研究的主要内容"。这种说法不无道理，本书作者在动笔之前接触过大量的成功案例，其中确实有很多项目在申请之初已经开展了一部分基础性工作。从中可见此处提到的"前期成果"不仅指的是已发表的文献，也可以指本课题已经完成的工作量。

对于已完成的工作量，常出现的**误区**是：很多人习惯把"研究的主要内容"的第一小标题写为文献检索，且表述为"调查文献，进行文献综述，确定研究意义……"。很明显，这项工作应该是写申请书之前就必须完成的，如果项目获批之后再做文献综述，再去讨论研究意义，那岂不是本末倒置？所以这种工作量千万别写到"研究的主要内容"里！

那么，什么样的工作量可以写进去呢？比如，项目需要构建一个复杂的评价体系，需要寻找合适的数学方法去评价这个体系。那么体系中肯定需要很多评价要素，这些要素从哪来？一般写作，当然是在框架的第一个小标题里写清楚如何搜集文献、如何调研、如何筛选要素。对于前期完成了很多工作量的申请书，会在第一个板块里写清楚课题前期已经完成了海量的资料检索，初步构建了一个要素框架，现在需要对要素框架进行修正和丰富。当然，必须实事求是，如果前期根本没做过任何事，而纯粹在此处"忽悠"，那是要不得的。

本书认为，申请人提出已经完成了某些工作时，最好**予以佐证**。比如，提到了"已经初步构建要素框架"，那就应该把框架中的要点以文字或图表的形式展示出来。

7."肉"的布局

知道了"肉"的来源，接下来，申请书要关心的就是"肉"如何布局。

从上文可以看出，"研究的主要内容"每个子板块的文字数量、行数应该力求平均分配，这样从视觉上显得更加均衡，从内容上也使人感觉更加合理。

在有限的行数中，很多内容仍然有必要划分为不同的类别，用不同的要点引领标记，因此可以如下文"研究的主要内容"所示，对每一个板块进行段落的细分，必要时使用阿拉伯数字和小标题。板块需要有小标题引领，每个段落也需要有小标题引领。这样才能更直观地展示出每一段的主旨大意，也更能协助评委快速抓住要点，快速掌握内容。

研究的主要内容布局
（一）小标题(不超10字，独占1行，加粗或黑体，宜对仗，忌絮叨)
1.××××……
2.××××……
(每一段内容另起一行，总占4~6行，可分为多个段落，字号统一，必要时使用次级小标题；忌使用下划线、忌加重号、忌对段落中多个词句加粗或反复变换字体)
（二）小标题
1.××××……
2.××××……
（三）小标题
1.××××……
2.××××……
（四）小标题
1.××××……
2.××××……

无论是哪一层级的小标题，都必须是言简意赅的短语或短句，**一定不要超过10个字**。最适合使用的语序结构依次是：**动宾结构、偏正结构、主谓结构**。

申请人往往有很多重要内容需要使评委注意，因此有些申请书的段落中会常出现大量加粗的，甚至使用下划线或变换字体的文字。上文也提到，这种方式会给人眼花缭乱的感觉，影响美观度和整洁度，所以不可取。其实，文字布局上，"套娃"是被鼓励的，不断嵌套的"总-分"关系最受欢迎。因为"总-分"关系给我们提供了很多标注重要内容的机会，那就是每一个层级出现的小标题，小标题即申请人要标注的重要内容。

在每一层级的具体内容上，申请人需要写入针对所要研究的问题，如何通过借鉴、拓展前人成果，抽丝剥茧地展开研究，如何设计环环相扣的研究方案。因此，文字上都应该与研究的主题密切相关。有一种失误正好与此对应，一些申请人在总体框架的最后一个板块写上了"发表论文、完成书稿、准备结项"字样。这其实是把研究计划错误地放到了"研究的主要内容"里。

如下文"研究的主要内容案例"是**2020年度立项的教育部课题**，其申请书中的"研究内容"板块对应的是我们此处提到的"研究的主要内容"。

（1）从小标题的表述可以看出，申请人并没有刻意采用华丽的辞藻对文字进行润色，而是使用简洁朴素的语言把事情讲清楚。虽然对小标题的凝练程度仍存有进步空间，但还是对每一段研究内容作出了高度概括。

（2）在各板块的文字布局上，较为匀称。

（3）几乎每个段落的结尾都能落到某个**"作用""价值"**上，如"……为今后的研究工作提供可靠、翔实的数据基础""为党的十八大提出'生态文明建设纳入中国特色社会主义事业总体布局'的要求提供数据支撑""为中国泛欧亚大陆陆上丝绸之路提供理论依据"。

（4）能够充分体现段落与段落之间的逻辑关系，如"调研是在 2.2.2、2.2.3 环节基础上进行的更深一步、更有针对性的理论探索与实践案例研究……"。

当然，也难免存在不足之处：①不适宜使用第一人称代词"我们"；②第一板块的文字略多，很多背景性的文字应该做出删减，例如"基础资料的采集工作是理论研究的基础，获得尽可能多的资料，为今后的研究工作提供可靠、翔实的数据基础"。这句话看似有用，但实为将大家都知道的常识又重复了一遍（对大多数课题来说，基础资料的采集都是重要的），因此属于"鸡肋"。

研究的主要内容案例

2.3 研究内容

2.3.1 乌克兰利沃夫现存的玻璃工厂、工坊、传承学校运行方式调研。 基础资料的采集工作是理论研究的基础，要获得尽可能多的资料，为今后的研究工作提供可靠、翔实的数据基础……利沃夫曾属于奥匈帝国，第一次世界大战后归波兰，第二次世界大战后归乌克兰，与捷克接壤……利沃夫的旧城区被列为"世界文化遗产"，有欧洲最古老的大学、乌克兰最古老的国立艺术学院、和罗马教廷一样悠久的教堂、保存完好的中世纪城堡、唯一的玻璃博物馆、保存最完整的哥特式教堂、巴洛克式建筑、文艺复兴式建筑、罗马式建筑，也保留下了最古老的艺术玻璃品及玻璃艺术制造工艺与工坊、工厂，这些便是我们研究的主体。走访玻璃工坊，访问利沃夫国立艺术学院玻璃系，收集工坊、学校方面关于玻璃历史和传承的相关资料；侧重追溯玻璃的历史，研究技艺如何传承，考证艺术审美的变迁，查证现存遗产的资料证据，收集与世界各地玻璃艺术家联络与沟通的方式，整理与政府合作举办每年文化节等庆典的资料，走访利沃夫玻璃艺术家、匠人和玻璃从业者，收集其创作、生产和商业活动的相关资料，为今后的研究工作提供可靠、翔实的数据基础。

2.3.2 脉络与精神：利沃夫玻璃艺术的历史生态脉络。重点研究利沃夫玻璃博物馆，其中记载了古玻璃的制作流程、发展历史，并收集了很多玻璃制品；考察利沃夫的教堂，收集建筑教堂所使用的玻璃和教堂内部使用的玻璃制品等资料；利沃夫的城市历史与文化以及利沃夫人对玻璃艺术崇敬与钟爱的情怀，需要抽丝剥茧，从历史脉络剖析其中的逻辑格局、哲学意蕴，提炼出可复制的模板，用于我国相应地区的精神文明建设。为党的十八大提出的"生态文明建设纳入中国特色社会主义事业总体布局"的要求提供数据支撑。

2.3.3 物质环境和制度系统：利沃夫玻璃艺术的物质与环境生态。利沃夫玻璃艺术的发展制度是重点调研的部分，应对多元化市场的机制，深入剖析实施背景、发展历程、主要作用、组织形式，并根据我国现状提出应对方案。为"一带一路"的实施提供案例分析。知识、技法的传承制度，经济环境的现状，行政推广的制度，从业者的制度，均无资料。需要申请资金到当地进行实地考察。

2.3.4 利沃夫手工玻璃整体遗存的活态传承模式。调研是在 2.2.2、2.2.3 环节基础上进行的更深一步、更有针对性的理论探索与实践案例研究，挖掘该地域较典型的生态理论演进机理，并重点分析生态实况。通过 2.2.2、2.2.3 环节收集整理的资料，对利沃夫手工玻璃的理论传承、技法传承以及历史传统延续等方式方法进行解构，尝试建立活态模型，针对建立模型过程中发现的问题和漏洞，再次赴利沃夫进行深入调查研究，补充相关资料，建立完善的利沃夫手工玻璃活态传承模式数据库，最终以论文形式阐述利沃夫手工玻璃的活态传承模式。为中国泛欧亚大陆陆上丝绸之路提供理论依据。

2.3.5 利沃夫玻璃艺术遗产保护模式的创新研究。结合 2.2.4 环节建立的数据模型，对中国非遗活态传承中的样例进行解构；技术层面，结合利沃夫手工玻璃活态传承模式，探索非物质文化遗产在记录、保护、传播和传承等方面与现代技术的结合（例如影音文字数据库的建立、互联网存储技术的使用、通过直播平台传播非物质文化遗产的制作技艺、以慕课或纪录片的形式记录并讲述历史演变、现状等）；商业推广层面，例如通过网购平台进行定制、推广，企业与高校、工厂三方合作开展定制、研发，设计推广方式等；从政策层面研究可持续发展战略，最终尝试建立多维的适合中国国情的非物质文化遗产活态传承的模型。

四、基本思路

2024版国家社科基金项目申请书撰写提示语中没有将"基本思路"单独提炼出来，而是有一个类似的板块："框架思路"。但是正如前文所述，此"框架思路"非彼"基本思路"，而是：**框架思路=研究的主要内容（艺术学）+主要观点（艺术学）+基本思路和方法（艺术学）。**

所以本书在此处单独将"基本思路"拿出来进行讲解，一方面能够帮助读者辨析"框架思路"和"基本思路"的区别，另一方面便于读者撰写其他课题申请书时更好地回答"基本思路"的问题。

1.基本思路的构成要素是什么

首先需要强调，有的课题申请书提示语写为"基本思路"，有的课题申请书提示语则是"研究思路"；还有的课题申请书（比如国家社科基金项目）写着"基本思路"，可是以往活页评价指标权重里的解释文字却用了"研究思路"，可见"基本思路"和"研究思路"**真的是一样的**。

曾有专家总结过基本思路的构成即"何时何地何人做何事"，其中以"干何事"为主要构成元素，"时、地、人"可以务虚，不必过于详尽。

参考下文基本思路的案例可以看到：

所谓"时"，并不需要详细写出时间节点或周期，而只需写出步骤顺序，如"基本思路案例1"的"第1步 建资料库……第5步 应用策略……"，以及"基本思路案例2"的"［1］……［8］……"。

所谓"地"，可根据情况选择性地透露或不透露具体地点（以保护重要信息不泄露为原则），如"基本思路案例1"只提到了地名，即乌克兰的利沃夫（由于该申请书在"研究内容"中已经写了工厂、学校等地点，所以此处申请人没有重复叙述）；而"基本思路案例2"则没有透露地点信息。

所谓"人"，可以指课题组成员，也可以指课题组所要访谈或研究的任务对象，"基本思路案例1"使用的表述是"走访者"，而"基本思路案例2"没有写出与人有关的信息。另外，关于"人"的表述，可以使用"研究团队""课题组""受访者"等词语。

至于**"事"**，则是基本思路的骨干部分，基本思路主要由"事"构成，下文的两个案例也是由相对概括但有关键细节的研究"事项"搭建成的。

"基本思路案例1"中的一些关键词揭示了每个步骤需要触及的关键信息、需要实施的研究步骤和涉及的主要问题。关键信息如"图片与文字信息""口述资料""资料库""数据""艺术生态""艺术品、艺术技艺、艺术技术、艺术遗产、艺术遗存的历史和现状"等。需要实施的研究步骤和涉及的主要问题则有所交叉重叠，如"建资料库""树立……艺术生态""同类对比、近似类对比、异类对比""研究消亡或存在的恶性艺术生态的特征""构建……传承模型"等。

"基本思路案例2"也陈述了每个步骤需要接触的资料或信息，如"文化资源状况、人才资源情况、文化产业园建设成果、文化产业园发展运营现状、国外成功案例""原则和参数""误差范围"等；需要实施的研究举动包括"调研""搜集""查缺补漏，深度挖掘""完善""建立数学模型""总结经验"等；涉及的主要问题为"建立模型""验证模型""完善模型"。

从阅读体验的角度分析，两个案例中包含了大量的名词、名词词组和丰富的动词，信息量很大，用相对简洁的语言介绍了有关"事"的三个要素：**采取什么操作、接触什么信息、应对什么问题**。

由此总结出基本思路的构成要素见表5-2。

基本思路案例1

第1步 建资料库：收集尽可能多的图片与文字信息，整理走访者的口述资料，根据内容分类，建立资料库，为接下来梳理利沃夫手工玻璃所处的艺术生态做准备。

第2步 数据对比：根据已分类好的资料进行同类对比、近似类对比、异类对比，利用自然、社会、文化三者间的逻辑关系，探讨利沃夫手工玻璃的艺术意识与社会生态间相互制约、促进的发展关系。

第3步 探索理论：手工玻璃技艺、技术、艺术的社会生态如何影响或改变人类赖以生存的物质环境，建立可持续发展的有机资源，形成良性的自然生态。同时研究消亡或存在的恶性艺术生态的特征。

第4步 建立模型：根据已探索出的良性生态理论与恶性生态理论，构建艺术生态视域下多角度、多维度的良性、恶性活态传承的模型。

第5步　应用策略：根据丰富的模型资料，对照工艺美术类别中的某一具体艺术品、艺术技艺、艺术技术、艺术遗产、艺术遗存的历史和现状，调整良性传承的策略，使之更好地发展，改革恶性传承的运行方式，使之走向良性发展。

基本思路案例 2

[1]对我国文化资源状况、人才资源情况、文化产业园建设成果、文化产业园发展运营现状、国外成功案例等展开深入细致的调研；

[2]对搜集到的大量数据进行系统化归纳；

[3]对现有风险管理要素体系的内容进行补充，查缺补漏，深度挖掘，完善要素体系；

[4]根据风险管理主体的特点展开分类，为每类主体的要素优先级制订相应的原则和参数；

[5]通过科学运算，建立数学模型；

[6]选取文化产业园成功和失败案例，验证模型结论的准确性，并分析误差范围；

[7]利用模型协助文化产业园项目的规划论证工作，验证模型的可行性；

[8]分析"模型验证阶段"所获数据，总结经验，完善模型。

表 5-2　基本思路的构成要素

一级要素	注意事项或二级要素
时	只需介绍步骤顺序
地	不泄露关键信息的前提下适当概括性介绍地点(如学校、工厂、作坊等)
人	不泄露关键信息的前提下适当概括性介绍人物类型，无须涉及姓名，可以使用的表述如"研究团队""课题组""研究者""调研团队""走访者""受访者"等
事	采取什么操作、接触什么信息、应对什么问题

2. 撰写基本思路的误区

（1）思路和方法混在一起，没有明确分开写。（前提是申请书明确要求分别写基本思路、研究方法这两个板块，如是"框架思路"，则可以考虑对两者进行融合，具体参见本章第五节"框架思路组合模式"）

（2）申请人未能形成清晰的研究方案设计，所以思路或是缺少宏观设计，或是缺少必要环节，或是无法展示环节与环节之间的逻辑关联。

（3）思路所陈述的板块、环节等逻辑关联和关键环节与"研究的主要内容"的陈述对应不上，有时思路中会出现前面陈述中没有提到的重要细节。

（4）思路撰写过于烦琐，甚至多于"研究的主要内容"的文字数量。

（5）思路撰写过于简练，缺少必要的关键点陈述，缺少逻辑关联的描述等，显得很粗略，即使申请人已经胸有成竹，但也未能有效展示。

（6）过于依赖图表。这种情况十分常见，许多申请书在基本思路的位置上没有任何文字，只有一张图表。此处必须强调，文字优先于图表，图表只起到辅助说明的作用，因此基本思路不能没有文字。

（7）图表内容太烦琐。这种情况也十分常见，尤其与上一种情况配合出现。复杂的图表内容需要耗费评委大量的时间研判分析，而一些申请人在"研究的主要内容"的位置撰写不够细致，而把杂糅了研究背景、研究内容、研究方法、时间规划等多种信息的复杂大图放在基本思路的位置上。

3. 基本思路如何凝练

结合上述内容，我们已知基本思路的撰写遵循时间顺序，因此是线性的逻辑。撰写思路从"研究的主要内容"中"脱胎而来"，二者所遵循的逻辑应该保持一致，在关键信息上要相互呼应。如果"研究的主要内容"中各环节的构成本身就是线性的，那么基本思路的凝练则相对简单，可以从"研究的主要内容"中拆解出来。

根据"研究的主要内容和基本思路对比 1"（表 5-3），从小标题看该课题要研究的内容包含 5 个方面，即"1. 乌克兰利沃夫现存的玻璃工厂、工坊、传承学校运行方式调研；2. 脉络与精神：利沃夫玻璃艺术的历史生态脉络；3. 物质环境和制度系统：利沃夫玻璃艺术的物质与环境生态；4. 利沃夫手工玻璃整体遗存的活态传承模式；5. 利沃夫玻璃艺术遗产保护模式的创新研究。"基本思路也是 5 个步骤，即"第 1 步建资料库、第 2 步数据对比、第 3 步探索理论、第 4 步建立模型、第 5 步应用策略"。可见，该申请书的研究内容与基本思路基本上采取了一一对应的方式。**基本思路从"研究的主要内容"中围绕"事"的三要素**

进行了高度凝练。

表5-3　研究的主要内容和基本思路对比1

研究的主要内容	基本思路
1. 乌克兰利沃夫现存的玻璃工厂、工坊、传承学校运行方式调研。基础资料的采集工作是理论研究的基础，要获得尽可能多的资料，为今后的研究工作提供可靠、翔实的数据基础。乌克兰……艺术、文化、教育的中心是利沃夫。利沃夫曾属于奥匈帝国，第一次世界大战后归波兰，第二次世界大战后归乌克兰，与捷克接壤……利沃夫的旧城区被列为"世界文化遗产"，有欧洲最古老的大学、乌克兰最古老的国立艺术学院、和罗马教廷一样悠久的教堂、保存完好的中世纪城堡、唯一的玻璃博物馆、保存最完整的哥特式教堂、巴洛克式建筑、文艺复兴式建筑、罗马式建筑，也保留下了最古老的艺术玻璃品及玻璃艺术制造工艺与工坊、工厂，这些便是我们研究的主体。走访玻璃工坊，访问利沃夫国立艺术学院玻璃系，收集工坊、学校方面关于玻璃历史和传承的相关资料；侧重追溯玻璃的历史，研究技艺如何传承，考证艺术审美的变迁，查证现存遗产的资料证据，收集与世界各地玻璃艺术家联络与沟通的方式，整理与政府合作举办每年文化节等庆典的资料，走访利沃夫玻璃艺术家、匠人和玻璃从业者，收集其创作、生产和商业活动的相关资料，为今后的研究工作提供可靠、翔实的数据基础	第1步　建资料库：收集尽可能多的图片与文字信息，整理走访者的口述资料，根据内容分类，建立资料库，为接下来梳理利沃夫手工玻璃所处的艺术生态做准备 右侧"建资料库"是对左侧大量调研信息描述的高度概括，所以二者对应一致

续表5-3

研究的主要内容	基本思路
2. 脉络与精神：利沃夫玻璃艺术的历史生态脉络。重点研究利沃夫玻璃博物馆，其中记载了古玻璃的制作流程、发展历史，并收集了很多玻璃制品；考察利沃夫的教堂，收集建筑教堂所使用的玻璃和教堂内部使用的玻璃制品等资料；利沃夫的城市历史与文化以及利沃夫人对玻璃艺术崇敬与钟爱的情怀，需要抽丝剥茧，从历史脉络剖析其中的逻辑格局、哲学意蕴，提炼出可复制的模板，用于我国相应地区的精神文明建设。为党的十八大提出的"生态文明建设纳入中国特色社会主义事业总体布局"的要求提供数据支撑	第2步 数据对比：根据已分类好的资料进行同类对比、近似类对比、异类对比，利用自然、社会、文化三者间的逻辑关系，探讨利沃夫手工玻璃的艺术意识与社会生态间相互制约、促进的发展关系 *左侧"历史生态脉络"和右侧"相互制约、促进的发展关系"是含义接近的两种表述*
3. 物质环境和制度系统：利沃夫玻璃艺术的物质与环境生态。利沃夫玻璃艺术的发展制度是重点调研的部分，应对多元化市场的机制，深入剖析实施背景、发展历程、主要作用、组织形式，并根据我国现状提出应对方案。为"一带一路"倡议的实施提供案例分析。知识、技法的传承制度，经济环境的现状，行政推广的制度，从业者的制度，均无资料。需要申请资金到当地进行实地考察	第3步 探索理论：手工玻璃技艺、技术、艺术的社会生态又是如何影响或改变人类赖以生存的物质环境的？建立可持续发展的有机资源，形成良性的自然生态。同时研究消亡或存在的恶性艺术生态的特征 *左、右两侧都有对"环境生态""艺术生态"的相近表述，可见两侧表述是一致的*

续表5-3

研究的主要内容	基本思路
4.利沃夫手工玻璃整体遗存的活态传承模式。调研是在第2、第3环节基础上进行的更深一步、更有针对性的理论探索与实践案例研究，挖掘该地域较典型的生态理论演进机理，并重点分析生态实况。通过第2、第3环节收集整理的资料，对利沃夫手工玻璃的理论传承、技法传承以及历史传统延续等方式方法进行解构，尝试建立活态模型，对建立模型过程中发现的问题和漏洞再次赴利沃夫进行深入调查研究，补充相关资料，建立完善的利沃夫手工玻璃活态传承模式数据库，最终以论文形式阐述利沃夫手工玻璃的活态传承模式，为中国泛欧亚大陆陆上丝绸之路提供理论依据	第4步　建立模型：根据已探索出的良性生态理论与恶性生态理论，构建艺术生态视域下多角度、多维度的良性、恶性活态传承的模型 左侧是"活态传承模式"，右侧是"建立模型""活态传承的模型"，表述接近，进展基本一致
5.利沃夫玻璃艺术遗产保护模式的创新研究。结合第4环节建立的数据模型，对中国非遗活态传承中的样例进行解构；技术层面，结合利沃夫手工玻璃活态传承模式，探索非物质文化遗产在记录、保护、传播和传承等方面与现代技术的结合（例如影音文字数据库的建立、互联网存储技术的使用、通过直播平台传播非物质文化遗产的制作技艺、以慕课或纪录片的形式记录并讲述历史演变、现状等）；商业推广层面，例如通过网购平台进行定制、推广，企业与高校、工厂三方合作开展定制、研发、设计推广方式等；从政策层面研究可持续发展战略，最终尝试建立多维的适合中国国情的非物质文化遗产活态传承的模型	第5步　应用策略：根据丰富的模型资料，对照工艺美术类别中的某一具体艺术品、艺术技艺、艺术技术、艺术遗产、艺术遗存的历史和现状，调整良性传承的策略，使之更好地发展，改革恶性传承的运行方式，使之走向良性发展 左、右两侧都对应的是提出最终解决方案

　　"研究的主要内容和基本思路对比2"（表5-4）从小标题看包含了3方面的内容，即"①深度探索，完善体系；②主体分类，确定优先性；③建立模型，验

证模型",而基本思路围绕其拆解出了 8 个步骤。

表 5-4　研究的主要内容和基本思路对比 2

研究的主要内容	基本思路
[1]**深度探索,完善体系**。即对前期成果进行要素补充。文化产业园的风险管理是一个浩大的体系,其中涉及了文化、政治、经济、社会,由宏观到微观、由上至下各个层面的各种因素,虽然前期成果对风险要素类型的把握已经较为全面,但是各层要素的深度还有待进一步挖掘。因此,本课题的第一个任务是对风险管理要素进行"深度探索"。目前已确定如下要素框架:(略)	[1]对我国文化资源状况、人才资源情况、文化产业园建设成果、文化产业园发展运营现状、国外成功案例等展开深入细致的调研; [2]对搜集到的大量数据进行系统化归纳; [3]对现有风险管理要素体系的内容进行补充,查缺补漏,深度挖掘,完善要素体系 基本思路在此处拆成 3 条,是为了呼应课题已经完成的一部分工作量。左侧"要素框架"是申请人已完成工作量的佐证,此处略去,以此提示申请人如想陈述已完成部分工作量,最好在申请书中提出佐证,否则不可信
[2]**主体分类,确定优先性**。风险管理的主体是多样的,既可以是园区管委会也可以是某些集团、企业;既可以是政府相应的立项审批部门,也可以是区域经济的规划者。由此决定本课题所建立的风险管理模型中要素的优先性必然应该带有主体性特征。而本课题的研究基础目前仅搭建出风险要素管理体系,未能进一步依据不同主体,解决相应的要素优先性问题。因此本课题将在充分完成"深度探索"工作的基础上按照风险管理的主体进行分类,并针对各类主体提出相应的要素优先性原则	[4]根据风险管理主体的特点展开分类,为每类主体的要素优先级制定相应的原则和参数

续表5-4

研究的主要内容	基本思路
[3]**建立模型，验证模型**。这是本课题的第三个任务，也是结论的产生和验证过程。本课题将以不同主体的要素优先性原则为出发点，通过对大量调研数据的统计、运算，获得相应的控制参数，并采取科学的运算方法，建立风险管理模型。在验证阶段，则是一方面选取现实中文化产业园成功和失败的案例，将相应参数代入其中，验证模型结论的准确性，并分析误差范围；另一方面，利用本模型协助一些文化产业园项目的规划论证工作，验证模型的可行性。最终通过对验证阶段的总结，修改完善本模型，使之具备科学严谨的应用价值	[5]通过科学运算，建立数学模型； [6]选取文化产业园成功和失败的案例，验证模型结论的准确性，并分析误差范围； [7]利用模型协助文化产业园项目的规划论证工作，验证模型的可行性； [8]分析"模型验证阶段"所获数据，总结经验，完善模型 左侧内容是课题最重要、工作量占比最大的环节，所以在步骤上拆解得更为详细，以体现申请人对研究方案考虑得很全面

由此可以总结出：基本思路应该是线性结构，以条目化的形式呈现线性步骤，其条目数应该大于等于"研究的主要内容"板块的数量，建议**不要少于5个步骤**，因为步骤太少会显得研究方案设计得不够详细。

至于提取思路的方式，首先需要从"研究的主要内容"中选定4~8个更为具体的内容，也就是形成4~8个步骤，同时尽可能地根据每个步骤的内容主旨凝练小标题(小标题不是必选项)，接着遵循"**采取什么操作、接触什么信息、应对什么问题**"的三要素，提炼出与"干什么事"有关的信息，注意是"提炼"，所以需尽可能用简洁的语言，使用"名词+动词"的表达方式，尽可能少地使用复杂的定语。拉起句子的骨架之后，再适当地将"时、地、人"的信息补充进去。

虽然基本思路应该以线性的形式呈现，但是其所依据的"研究的主要内容"未必就是线性的。如果"研究的主要内容"是立体复杂的结构关系，那么基本思路就需要将三维的内容"降维"成线性结构。方式如上，但在陈述的过程中可能兼容了"串联""并联"两种逻辑线索，需要用更加形象化的动词加以诠释，以免评委读起来一头雾水。此处也可以搭配图表予以展现，但建议不要使用立体造型的图表，也无须在图表中加入除了基本思路之外的其他干扰信息，如复杂详细的内容、背景、方法、观点、可行性等。

总之，**撰写基本思路以文字形式进行线性步骤的简要描述为最优，当逻辑关系复杂时可搭配图表，但是图表一定不能信息量过大，把步骤关系讲清楚即可。**

五、研究方法

2024 版国家社科基金项目申请书撰写提示语中没有将"研究方法"单独提炼出来，但我们在设计和撰写课题申请书时还是要充分考虑到研究方法，毕竟**"研究方法"依旧是专家评审的一个重要维度**，而且国家社科基金思政课研究专项等其他"国字头"课题以及教育部、省级课题的申请书里还保留着"研究方法"板块。

所以本书在此小节中，仍旧单独讲解"研究方法"，一方面能够帮助读者充分了解"研究方法"的撰写误区和原则，另一方面便于读者撰写其他课题申请书时更好地回答"研究方法"的问题。至于在 2024 版国家社科基金项目申请书里该如何布局"研究方法"，后续小节"框架思路组合模式"也会进一步讲解，此处暂不赘述。

1. 研究方法的撰写误区与诊断

（1）只罗列研究方法的概念，并未有效对接研究内容，如表 5-5 所示。这属于入门级误区，即申请人从书本或网络中查询到一些研究方法的概念，不加修改直接使用。

表 5-5　研究方法错误示范 1

错误示范	正确示范
焦点座谈法：又称焦点小组访谈法，或小组座谈法，就是采用小型座谈会的形式，挑选一组具有同质性的消费者或客户，由一个经过训练的主持人以一种无结构、自然的形式与一个小组的具有代表性的消费者或客户交谈，从而获得对有关问题的深入了解	**焦点座谈法**。本课题计划召开若干次小型专家讨论会，每次受邀人数是 3~5 人，人员拟来自××市文化产业主管部门、高校文化产业研究所、影视集团以及相关文化产业公司，专业领域拟涵盖文化产业、经济学、艺术学等

（2）研究方法层次关系混乱，如表5-6所示。这属于最普遍存在的误区，很多申请人会将方法论体系中的不同层次混在一起使用。

表5-6　研究方法错误示范2

错误示范	误区诊断
1. 文献分析法：…… 2. 定量研究法：…… 3. 案例分析法：…… 4. 大数据分析法：……	**诊断意见1**：定量研究法属于哲学方法论层次，案例分析法等与之不在一个层次级别上。且有学者主张，严格意义上讲，文献分析法和大数据分析法属于可被多种研究方法使用的数据采集和分析手段，所以第1~4种方法以并列的方式排列并不合适。 **诊断意见2**：文献分析法、案例分析法、大数据分析法都太常见，很多申请书里都会出现，难免落于"俗套"，无法体现自身课题的特色

方法论体系包括三个层次，即哲学方法论、一般方法论和具体方法论，如表5-7所示。

表5-7　方法论体系的三个层次

层次级别	层次名称	研究方法
第一层次	哲学方法论	比较法、类比法、归纳法、演绎法、定量法、定性法、混合法、分类法、分析法、综合法、观察法、实验法、抽象法、具体法
第二层次	一般（科学）方法论	**第一类　辩证逻辑方法**：分析综合结合法、归纳演绎结合法、抽象升至具体法、历史逻辑一致法、宏观微观结合法、结构功能结合法等。 **第二类　系统科学方法**：系统论、信息论、控制论、耗散论、协同论、突变论等
第三层次	具体（科学）方法论	指研究某一个具体学科或涉及某一个具体领域时所采用的方法，例如：本质特性分析法、当代横向归纳法、历史纵向归纳法、多现象综合归纳法、图像分析法、创作实践法等

（3）对研究方法理解不到位。这也属于普遍存在的误区，问题尤其集中在对热门技术的应用上，当前常被用于课题研究方法的热门技术当属大数据技术

和人工智能技术。以大数据分析法为例，假设一个课题需要对 600 个人发放问卷，并对这 600 份问卷中的答案进行统计，于是在研究方法中写了大数据分析法，也就是要用大数据分析法去统计 600 份问卷，用俗语评价就是"大炮打蚊子"。之所以会产生这种错误，是因为申请人未能充分理解大数据技术的含义和价值。

（4）把软件名词当作研究方法。目前最常见的情况是很多申请人会把使用SPSS 软件当作研究方法写出来。研究方法需要回答的是解决问题的路径、程序和手段，而使用什么软件仅仅回答了操作层面的技术手段，太过于片面、具体。

（5）夸张、故弄玄虚。存在这种误区的原因有很多，常见的情况是试图利用"信息不对称"，蹭技术热点，"忽悠"评委。其做法是将一些非本领域或评委接触过的技术方法直接拿过来用，看起来很神秘，但实际上也许只是虚张声势，甚至与自身课题内容不存在"适配性"。

（6）方法数量过少。由于对研究方法掌握得较少或只掌握常规研究方法，所以在撰写时没有太多素材可用。其实进一步分析这个误区不难发现一个问题：假如我们对研究方法了解得足够多、足够深，也许这些研究方法可以进一步帮助我们把研究方案(也即研究内容)设计得更合理、更严谨，甚至更有创新性。所以笔者主张，研究方法的写作并不是申请书主干内容写完后的一种补充，也不是随便从网络上检索一些方法，稍稍加工一下，使其与自身内容相呼应就可以交差的。相反，我们可以尝试先广泛学习多种研究方法，然后以研究方法为灵感框架，为选题设计研究方案，也许会有意想不到的收获。

（7）不能体现课题的学科特点和主要特色。与前述误区有所不同，这种误区属于高阶误区，是我们可以改，也可以不改的。但是，当前常规的研究方法写作似乎已经不能满足申请书的差异化竞争趋势，因此研究方法的写作也需要"卷"起来。其原则是不要满足于套用现有方法，不仅要让研究方法与研究内容有效对接(回应第一个误区)，也应该依据自身内容对现有研究方法进行改造或限定，在命名上具体化、特色化，使之成为本课题的专用研究方法。

2.撰写研究方法的原则

根据上述对研究方法撰写误区的诊断意见，我们可以得出相应的撰写原则：

其一，**问题导向性**。指以解决课题核心问题、主要环节为导向，对于那些解决小问题的研究方法可以省略。

其二，**方法与内容适配**。研究方法一定要与课题的一部分内容密切相关，要对标具体研究内容，使之产生有机关联。

其三，**方法具体化**。要使用具体可行的研究方法，而非概括性的方法论范式，如定量研究法、定性研究法、混合研究法。

其四，**操作可行性**。不要异想天开地使用一些难以驾驭、难以实现的研究方法或技术手段。

为此我们将参照下文中的"研究方法案例"进行理解。我们仅以第一条"田野调查法"为例，虽然该方法比较常见，但是申请人把如何应用该方法，即所谓"田野"在课题中指的是什么（玻璃工坊、玻璃工厂、玻璃传承学校、玻璃博物馆、教堂、城堡），调查中都要做哪些事（实地调查、访谈、拍摄、收集文字与图片资料……随机调查、走访），都交代得很清楚，所以该田野调查法与课题内容紧密地联系起来，很有说服力，也帮助评委进一步了解到更为细致的研究方案。同时，根据前面章节中我们陆续对这个课题的了解，可以判断出：赴乌克兰利沃夫调研是本课题非常重要的操作环节，是本课题的核心组成部分，也即提出田野调查法充分遵守了问题导向性原则，所以把它写到这里是完全合适的。

同时，我们需要考虑到多个研究方法的排列顺序，如案例所示，申请人主要依据研究的思路顺序将对应的方法进行了排序，这也是最为直观的方式，以同一条逻辑线索去编辑研究内容、基本思路、研究方法和研究计划的陈述框架，便于评委始终以清晰的脉络掌握课题的构思。除了这种方式，我们也可以考虑根据研究方法的重要性优先级排序，例如将对标课题最核心内容的最重要的研究方法放到第一位，这就类似按照"番位"去排序，可以有效突出课题的亮点、卖点、重点。

至于研究方法的条目数量多少才合适，本书认为以条目的形式列出4~6个为宜。例如，按照研究方法在课题中的"番位"排序，我们列出了4种方法，但是可能还有很多其他方法使申请人不舍得忽略掉，那么我们可以补充这样一句："除上述几种主要研究方法外，本课题还将采用访谈法、德尔菲法、情景预测法等研究方法"。在字数上，研究方法不宜写得太细，每一条1~3句话即可，如案例为 439 字，相对比较适合国家社科基金项目的体量，但如果写到艺术学项目中则有点多(国家社科基金艺术学项目论证部分限定 4000 字符)。

研究方法案例

3.2 研究方法

3.2.1 田野调查法：去利沃夫当地最古老的玻璃工坊、最大的玻璃工厂、最悠久的玻璃传承学校、唯一的玻璃博物馆、具有代表性的教堂和城堡实地调查、访谈、拍摄、收集文字与图片资料；对街头商业性质的玻璃艺术经济体随机调查、走访；与玻璃艺术品收藏家约谈；去国家图书馆拷贝资料，通过私人途径寻得政府对于古玻璃活态传承给予的政策和实操规范及制度。

3.2.2 体系分类法：将所得信息资料按照国际上对艺术生态与活态传承的定义进行大项分类，根据我国现状和已有规范进行主体、领域、功能等归类，并建立多模态数据库分类，为研究做好资料、数据准备。

3.2.3 情境逻辑法：波普尔认为社会科学中的几乎每一个问题都需要对社会情境的分析，根据调查到的真实案例，通过构造情境模型来解释社会现象，还原整体的历史情境，不仅可以再次论断已有模型的正确性、独特性、普遍性，还能提供更真实可靠的数据与理论，并用于矫正上一环节建立的模型。

3.2.4 分析归纳法：对比国外和国内的特点与模式，找出异同，为构建体系模块奠定基础。参照领域、功能、本质，根据生态法则进行归纳总结。

3.定量研究和定性研究的比较

由于方法论体系的层次对大多数读者来说比较模糊，又因为近年来很多申请书涉及定量研究相关方法的使用，但是申请人往往要么对定量研究的特点和具体方法手段不甚理解，进行论证时说不到点上；要么盲目相信定量研究法一定优于定性研究法，因此限制了申请人设计出更优的研究方案。鉴于此，本章着重介绍第一层次"哲学方法论"中最常被提到也最常被误用的定量研究和定性研究，了解它们各自的优缺点，以帮助读者系统掌握两种研究方法。

定量研究是验证性或"自上而下"的方法范式，研究者用数据检验假设和理论。从本体论层面，它关注的是客观的、物质的、结构的、一致同意的；从认识论层面，它关注科学的现实主义，寻找真理，对假设的实证性进行辩护，或追寻普遍的科学标准。定量研究认为人类思想与行为的观点是有规律的，可预见的。定量研究里最常见的研究目标是定量的、数值的描述，是对因果的解释或预测。该类研究范式关注识别普遍的科学法则，或体现国家政策。定量研究采用窄角镜头，检验具体的假设。在可控的条件下研究行为；关注孤立单一变量的因果；使用结构化的、经验证的数据收集工具进行精确测量，基于此收集定量数据。它的数据本质是变量，数据分析的本质是识别变量间的数据关系。这类研究的结果可推广，且能代表总体客观的、局外人的观点，最后通常撰写成正式的统计报告。

定性研究属于探索性或"自下而上"的方法。研究者基于实地研究所得数据来生成或构建知识、假设和扎根理论。从本体论层面，它关注的是主观的、精神的、个人的、构想的。从认识论层面，它体现的是相对主义；个体与群体的辩护，或展现的是不同的标准。它关注有关人类思想与行为的观点，它探讨的是环境的、社会的、情境的、个人的、不可预见的问题。定性研究的最常见目标是定性的、主观的描述，有移情作用的理解和探究。定性研究关注理解并评价特殊群体及个体；体现地方政策。定性研究采用广角的、"深角的"镜头，检验现象的广度与深度，从而获得更多了解；研究自然条件下的群体和个人；试图理解局内人的观点、含义和视角。它收集定性数据，如深度访谈、参与式观察、田野记录、开放式问题。研究者是首要的数据收集工具，主要收集诸如文字、图像、类别等数据。定性研究的数据分析任务是：使用描述性数据；寻找模式、主题和整体特征；评价差异、变化；形成独特的发现，提供局内人的观点；通常最后形成陈述性报告，有对情境的描述和研究参与者的直接引语。

定量、定性研究的优势、劣势对比分别如表5-8、表5-9所示。

表 5-8　定量、定性研究的优势对比

定量研究的优势	定性研究的优势
◇ 是验证性或"自上而下"的方法，能够把握规律和对未来产生预见；	◇ 是探索性或"自下而上"的方法；可用来生成或构建知识、假设和扎根理论；
◇ 能够识别普遍的科学法则，体现国家政策；	◇ 能够理解并评价特殊群体及个体；体现地方政策；
◇ 可用于测试和验证现象出现或理论形成的原因，可用于检验假设是否成立；	◇ 数据可基于参与者对意义的分类，因此数据分类更加多元，有助于探索性、拓展性研究；
◇ 当基于随机样本的数据量足够大时，定量研究能够对研究结果进行相对准确的概括；	◇ 能够对一定数量的个案案例进行深入研究，还可以进行交叉案例的比较分析；
◇ 研究结果能够起到一定的预测功能；	◇ 能够描述复杂的现象，对现象提供细节充分的描述和深入的解释；
◇ 能够用于确定通则式的因果关系；	◇ 方案设计可根据现实情况进行动态调整，且可调整研究的关注点；
◇ 研究者可以创建一个实验环境，并控制其中的变量，从而确立一些变量之间的因果关系；	◇ 可以明确参与者是如何解释某一概念的（如自尊、智商）；
◇ 研究效率高，一方面搜集数据的途径相对便捷，时间周期短，另一方面由于可以借助专业统计软件，处理数据的效率高；	◇ 定性研究数据通常是在自然情境下收集的；
◇ 可以获得精确的数值型数据；	◇ 能够反映具体环境、条件和利益相关者的需要；
◇ 研究结果相对独立于研究者的主观意志；	◇ 可获得多种形式的非数值型数据，帮助探究现象是如何发生的以及为何会发生；
◇ 可用于大规模群体研究	◇ 研究报告可以生动地描述某些现象

表 5-9　定量、定性研究的劣势对比

定量研究的劣势	定性研究的劣势
◇ 纵然想要获得具有统计性的结果，然而未必能进行理想的随机抽样，因此所选取的人群不一定能代表所有人的想法；	◇ 研究结论的应用范围具有局限性，可能更偏向于应用到一定的情境或人群中，而不能向更大的范围推广；
◇ 研究者所获取的是统计性结果，因此可以判断因果关系、预测发展趋势，却不能解读民众的体验和理解，也即，所形成的知识可能过于抽象、概括，不能直接应用于特定的情形、背景和个人；	◇ 可推断因果关系，却很难作出定量预测；
	◇ 很难展开重复实验；
◇ 研究关注"自上而下"的理论或假设的检测，却无法生成新的理论，即不能帮助我们进行拓展性、探索性的研究	◇ 研究结果可信度易受质疑；
	◇ 搜集数据和处理数据会更耗费时间；
	◇ 研究结果更易受研究者个人偏见和喜好的影响

4. 混合研究的特征和类型

"什么是有效的实践"，这是秉持实用主义的研究人员最常关心的问题。很多时候我们需要使用多种来源的证据来保证或证明自己的论断，因此纯粹的定量研究或定性研究也许无法帮助我们设计出一套完美的研究方案。这时，我们可以考虑运用混合研究设计。**混合研究者相信：采用混合研究方法所完成的研究，通常要优于单纯使用定量或定性方法所完成的研究。** 混合研究指的是以某种方式将定性和定量研究方法、途径、过程、概念和其他范式特点进行战略性的混合或结合，以得出一个具有互补优势和非重叠式弱点的整体设计。混合研究是融合了验证性和探究性的科学方法，从本体论角度看，它立足多元主义，关注客观的、主观的、主体间的现实与其相互关系的评价。从认识论角度看，其秉承的是辩证的实用主义原则，关注普遍的标准和基于某群体具体需要的标准的混合。混合研究关注于研究多重影响（环境/培育、生物/自然、自愿/代理、机会/偶然），研究目标是多重的，提供复杂的、全面的、多重视角的解释与理解。混合研究关注连接理论与实践，关注理解多重因果关系、定律式的因果关系以及个别的因果关系；也关注连接国家和地方的利益和政策。其焦点既有广角又有聚焦，研究多重情境、视角或条件，研究多重因素同时运作的效果。混合研究可收集多种数据，包括变量、文字、类别和图像，且能够分别地、相互结合地进行定量和定性分析。混合研究的结果能够提供主观的局内人和客观的局外人观点，进行多重维度和视角的呈现与整合，其最终报告的形式是数字与陈述的结合。充分的混合研究包括更广泛的定量研究与定性研究途径的混合（例如演绎和归纳）、研究方法的混合（例如实验和扎根理论）、数据分析的混合（例如将定量和定性数据整合成为一个数据集）以及解释的混合（例如从定量和定性研究的双重视角思考结果）。"混合"能够以不同的方式、在不同的程度上展开。混合研究的常见方法和类型见表5-10。

表 5-10　混合研究的常见方法和类型①

	并行	顺序
平等地位	QUAL(定性)+QUAN(定量)	QUAL → QUAN QUAN → QUAL
主导地位	QUAL+quan(小写表示次优先级或次强调的定量研究) QUAN+qual	QUAL → quan qual → QUAN QUAN → qual quan → QUAL

六、框架思路组合模式

国家社科基金项目申请书对"框架思路"的改革是**非常有进步性的**，虽然大家"解题"的时候困难了些，但是申请书内在的编写逻辑更加紧密了。

在申请书改革之前，很多老师会问我："研究的主要内容和研究思路不是一样的吗，为啥要写两遍?"也有的老师会质疑："研究方法是对应着研究内容的，如果我在解释研究内容时对应着写了方法，会更加准确细致，又为什么非要我单独把研究方法提出来呢?"这些问题很有道理，有些文字板块之间确实存在不断重复的问题。

所以可见国家社科基金项目申请书对"框架思路"这一板块的改革对申请人来说是友好的。

在"框架思路"里，我们可以单独写思路、方法，也可以把它们融进研究内容的框架里，总之就是，我们撰写的自由度更高了。

既然自由度更高了，那就不一定只有一种撰写模式，因此，本书将介绍"研究的主要内容""基本思路""研究方法"组合成"框架思路"的几种常见模式（表 5-11）。不要忘了"框架思路"也暗含了"主要观点"的信息，虽然不是硬性规定，但如果在论证时适当地回应哪些是课题的主要观点，这些观点又在研究

---

① ［美］伯克·约翰逊，拉里·克里斯滕森.教育研究：定量、定性和混合方法（第 4 版）［M］.冯健生，等译.重庆：重庆大学出版社，2021.

的框架思路中存在于何处，发挥着哪些作用，将会对申请书质量的提升起到积极的作用。主要观点的写法会在第九章揭晓。

表 5-11 框架思路的三种组合模式

模式 1："物理组合"	模式 2："物理+化学组合"	模式 3："化学组合"
一、研究对象	一、研究对象	一、研究对象
二、框架思路	二、框架思路	二、框架思路
(一)研究的主要内容	(一)小标题。内容……	第一章
1.小标题。内容……	(二)小标题。内容……	本章目录
2.小标题。内容……	……	※对本章研究方案的解释
……	附：目录	第二章
(二)目录		本章目录
第一章	(下略)	※对本章研究方案的解释
第二章		第三章
……		本章目录
(三)基本思路		※对本章研究方案的解释
(四)研究方法		……
(下略)		(下略)

对于"研究提纲或目录"的理解，笔者认为，"提纲"即相当于研究的主要内容，但是目前看到的很多国家社科基金项目申请书都把"目录"写了进去，所以无论出于"从众"还是"攀比"，保险起见，我们都需要在思考组合模式的时候不忘了给"目录"留个位置。

注意：建议都写到三级

模式 1："物理组合"。这个名字是笔者起的，意思是直接把几个板块依次拼接在一起，不作任何加工，这种做法是最保守的，但再提炼一遍思路可能会浪费字数，也枉费了申请书改革的一番心意。

模式 2："物理+化学组合"。笔者如此称呼，是因为"目录"尚未有机地融入框架思路的撰写中。该组合模式基本能有效地将研究的主要内容、基本思路和研究方法融为一体，目录单独罗列，因此最常见。但需要注意的是，每个小板块里需对应写出该板块会使用的研究方法。可以在每个小板块的最末端单独提出"本环节将使用的方法是……"，也可以把方法融入段落中，一边解释研究步骤，一边解释会使用什么方法，类似表述是："……**同时采用访谈、问卷等方式收集数据……**""**本环节拟研究……问题，为此将采用……方法，利用……手段，获取……信息**"。总之，融入研究方法的自由度很高。

至于思路，可以不用单独提炼，但建议在每个小板块的开头和结尾讲清楚该板块与其他板块之间的关系是什么，类似表述是："**本环节基于上一环节构建的数据库开展……**""**……以此作为下一环节模型构建的理论基础**"。另外，如果可以的话，框架思路的撰写应**以线性的方式展开**(部分板块之间也可以是并列关系)，再配上板块中对于上下文关系的提示语，则更能够使评委看清楚研究的逻辑脉络。

模式3："化学组合"。这种模式是把目录、研究的主要内容、思路、方法充分糅合在一起，所以笔者起名叫"化学组合"。不过需要注意，如果这么写，那么"目录"的逻辑大体上应该是线性的，部分板块之间也可以是并列关系，但不能是复杂的环绕式立体结构，否则会越写越乱。在布局时，每一章需要先列出该章的小节目录，然后在目录下方换一种字体，最好再加上一些符号(比如※)，用解释"研究的主要内容"的方式详细介绍：对于这一章，本课题将如何开展研究，使用哪些方法。同时别忘了加入上下文关系的提示语，以此让基本思路从文字中展现出来。

以上三种组合模式，除了模式1太保守，没有体现出申请书改革后的面貌之外，其他两种组合模式都建议使用，具体还是要看"研究的主要内容"和目录是否能够一一对应，如果像上文提到的，研究的主要内容和目录都是线性的(部分环节并列)，那么模式2、模式3都能用；但如果目录的设计是那种很复杂的结构，是立体的、交错的，那么最好还是先对整体方案进行"降维"处理，提炼出线性的框架，再附上目录，所以该情况适合使用模式2。

在这部分，有的申请人往往会附上一张框架思路图，本书认为图表不是此处的"刚需"，图表的作用是"锦上添花"，如果不能达到这一目标，请慎重使用。

(1)绘图工具

工具不是最主要的，只要思路清晰，Word、PPT都能绘制出好的框架思路图，本书推荐使用相对专业的软件，如Visio。

（2）绘图原则

框架思路图的绘制没有一定的规则，常见的框架思路图是"三列式"，也就是纵向地将"研究思路或研究脉络""研究内容或研究提纲""研究方法"分为三竖列，横向地将思路与内容、方法分别进行关联和对应。

图 5-1 是一个示例，申请人可以根据自己的课题内容进行绘制和美化。

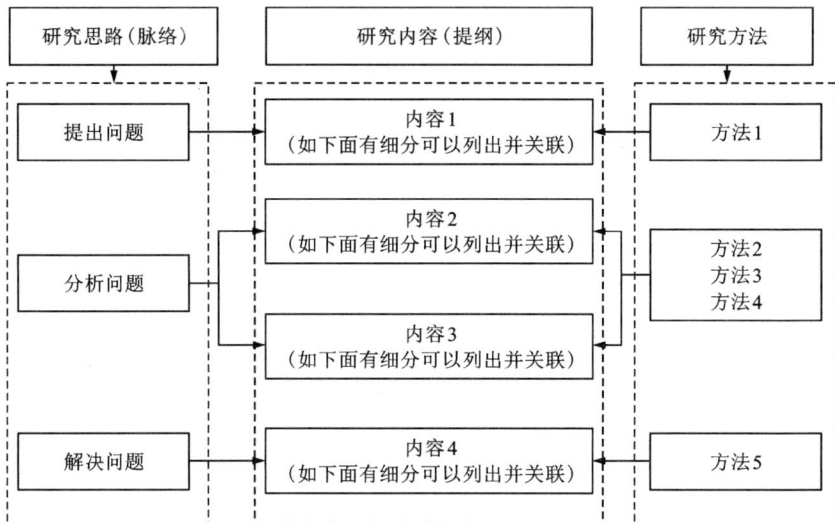

图 5-1　框架思路图示例

行文至此，需要提醒读者的是，"研究对象、主要目标、重点难点、研究计划及其可行性"最好在申请书中单独——解答和呈现，尽量不要混在"框架思路"中去写，免得发生"漏项"的误会。下一章将专门介绍重点、难点、研究计划、可行性的写法。

此外，还需注意，"研究内容"陈述时相对常见且合理的顺序是：研究对象、主要目标、框架思路、重点难点、研究计划及其可行性。

第六章

重点难点、研究计划及其可行性

一、重点、难点的写法

1.重点和难点的含义

重点和难点有联系也有区别，甚至有的重点也可能就是难点，如何区别两者，如何提炼，如何表述，成了困扰申请人的"辨析题"。

什么是重点？

重点就是整个课题总框架中最重要、最主干的部分，或者是所有内容中研究意义最大、价值最大、作用最大、对课题影响最大的部分。重点也可以理解为"课题拟解决的关键问题"。重点一般都与研究对象直接相关，重点是研究内容中的"承重墙"。

什么是难点？

难点就是整个课题总框架中最不容易、最难解决，或者做起来非常费力气、费时间、费成本的部分。难点一般与解决方法直接相关，提出难点就是为课题"诉苦"。

2. 重点的常见问题

(1)把框架思路重复一遍。这种情况十分常见，初次写作申请书的老师很容易将同样的内容(经过简单的删减和变换)，反复放到研究意义、框架思路、重点、难点等位置。

(2)把容易完成的研究环节当作重点。这个问题一方面反映申请人不善于"读题"，也会暴露出申请人对自己的研究课题没能深入理解。

(3)把地位不重要的研究环节当作重点。道理同上。

(4)对自己课题的关键问题抓不准。道理同上。

(5)点化过少，表达方式太过泛泛，或者写得太多太长。重点处的写作忌长篇大论，忌展开细致分析，忌使用复杂句讲述冗长的道理。

(6)与上一条相反，点化太多，条目数量和层级太多。每一条重点下面又分为第二级、第三级内容，例如：1下面分为1)、2)，之下又分为a，b，c。

(7)重点数量太多(超过6个)，过犹不及。

3. 如何提炼重点

关于重点的数量，有些人喜欢遵循"3点原则"，即3个重点、3个难点、3个创新点、3个意义。"3"这个数字确实在申请书里具有一定的魔幻力量，因为它不多不少，恰到好处。然而，我们不需要严格遵照它去寻找重点，如果我们的重点数量是4~5个，却为了"三点原则"而刻意压缩删减，那就非常教条了。

那么，究竟几条重点好呢？本书认为3~5条都是可以的，超过6条就是太烦琐，反而显得压根没找到重点；2条较为少见，因为它会给人一种"混沌"感，即有可能很多条重点被申请人混到一起说了。

对于重点的条目数如何确定，本书认为深层次的问题在于我们是否深入理解了自己的课题。一个成功的申请书，它的撰写者一定会自信地拍着胸脯说"没有人比我更了解它"。确实，申请人对自己的课题应该是最了解的，因此如果在关键细节处抓不准，不仅"露怯"，更无法获得评委的信任，即无法使评委认同申请人有能力完成课题。那么，我们就更不应该盲目遵循"三点原则"，或者使用工具方法确定重点的数量,这些方式未免流于表象,功利了些。

本书认为,申请课题不该有急功近利的心态,申请书写作时不该对自己不了解的问题和细节置之不理。每一个申请人都应该踏踏实实地在脑海里预先构思几遍研究的全部环节,设想出可能出现的一切问题(此处可以在草稿纸上多勾画几次思维导图,并不断强化各处细节)。就像为了完成一部动画作品,导演会带着前期设计人员精密地设计"故事板",把人物的表情、动作、镜头的运动、镜头长短、背景的变化,灯光的布置等,一个画面一个画面、一个场景一个场景地预先设计、预先描画、预先演练。只有这样做出来的作品才可以充分符合前期设定的要求,才能够在制片的成本管理和流程管理上实现最优化,也只有通过精细规划、严格执行,才可以出精品。

一个科研项目就像一部艺术作品,申请书就像作品的"故事板",道理是相同的。而撰写项目申请书的人就是这个艺术作品的总导演。"总导演"当然应该十分清楚自己项目实施的每个环节,并在充分理解重点和难点区别的基础上,将重点一一展示出来。

在此,本书强调,研究重点与研究对象直接相关。申请人围绕研究对象和主要目标设计了研究的框架思路,而框架中的每一部分、每一个段落都是针对研究对象展开的,它们就像是搭建起房屋的墙壁。其中,发挥关键环节作用、对框架思路起支撑作用、发挥"承重墙"作用的,自然就是重点。当然具体执行时,可以把框架思路每个板块中的每一段落的核心内容都提炼为重点,列出来之后再依据重要性,将这些"备选重点"从高到低排序,删掉相对不重要的条目,最终留下3~5个重点。

也有学者提出"重点应该具有承前启后的作用,**承前**,即某个重点应该是呼应了前人应做但未做的问题;**启后**,即申报的课题尝试做出的某个事,恰能呼应学术同行的需求,或者解答学术同行的某个疑惑,给今后以借鉴,给未来以希望",这一主张也为我们提炼重点带来了灵感。

4.如何表述重点

表述重点的原则有4个:
原则1:条目数为3~5条。
原则2:使用**阿拉伯数字**排序,使重点数量一目了然。

原则3：建议按照**重要性由大到小**排列，每一条重点单独一段，排第一的最重要者可以适当多写一点。注意是建议，而非必须，有的申请书对应框架思路的顺序列出重点，也是可以的。

原则4：以十分简明的语句，点化成行；可适当使用非完整句，目的是使语句含义鲜明、一目了然。

表述重点的用词可以使用1~4字的词或短语，如：

最、很、重、更、尤、紧、颇等。

必须、必要、必需、第一、根本、首要、非常、关键、核心、基本、极其、紧迫、紧要、焦点、迫切、全面、深重、枢机、险要、突出、要害、要紧、尤为、尤显、重点、重任、重心、重在、重大、中坚、中心、主导、主干、主体、核心、注重等。

重要性、紧迫性、关键性、主体性等。

不可或缺、不可缺少、必不可少、尤为重要、举足轻重、难能可贵、燃眉之急、事关重大、无可比拟、至关重要、重中之重等。

在具体选词时，可以依据上述样例编纂，但是尽量不要使用效果太强烈、太夸张的词，以免破坏申请书"高冷"的气质。

如下有关"重点"写法的"案例1"是笔者2013年立项的国家社科基金艺术学青年项目，作为刚毕业的新鲜"青椒"，笔者当时保守地采用了"三点原则"，规规矩矩地拟出了相对规范的小标题，而且对如何完成"重点"提出了解决方案。同时，该申请书并没有按照重要性排序，而是对应着研究内容的板块阐述重点。

"重点"案例1

5. 拟突破的重点

[1] **广泛借鉴、量体裁衣**。本课题以我国文化产业发展为前提和出发点，力求为我国文化产业园的建设和发展量身打造一套风险管理体系及数学模型。因此，要求本课题在研究进程中必须时刻贴近我国文化产业发展的实际需求，因地制宜，量体裁衣。但另一方面，本课题的研究还需要广泛借鉴国外成功、失败的经验，在对这些国外案例的处理上必须充分考虑其区域经济、地理位置、文化类型等方面的制约因素，"削骨剔肉"，最终获得对我国有直接借鉴作用的关键要素。

[2] **主体分类、确定优先**。本课题需要根据我国的经济制度，通过对海量案例的处理，精确地对不同风险管理主体的特点、利益侧重点等进行概括，进而以该结论为参照系，制定针对不同主体的要素优先性原则。

［3］**选对路径、构建模型**。该重点在于如何通过实验，寻找出一条适合建立风险管理模型的研究路径。因为文化产业园风险管理体系中一部分要素可以通过定量研究的方法处理，而另一部分要素目前只能进行定性分析。所以，通过什么样的研究路径才能最终建立起符合定性研究和定量研究双重要求的风险管理模型，将是本课题最大的重点。当前设想是，一方面选择恰当的运算方式；另一方面是在模型验证阶段反复测试、科学归纳。

"重点"案例2虽然也采用了"三点原则"，凝练出三个重点。但没有使用小标题，而是开门见山地介绍哪三个工作是对本课题极其重要的，也简洁地介绍了解决方案，这种方式也值得尝试。

"重点"案例2

2.4 研究重点

2.4.1 走访利沃夫玻璃博物馆，收集古玻璃制作流程资料和馆藏玻璃制品的资料；收集利沃夫教堂玻璃的资料；收集利沃夫国立艺术学院玻璃系传承资料；走访利沃夫最古老的玻璃工坊，研究技艺如何传承，考证艺术审美的变迁，查证历史遗存的资料证据，收集与世界各地玻璃艺术家联络与沟通的方式，整理与政府合作举办每年文化节等庆典的资料；拜访利沃夫各界的玻璃从业者，访谈玻璃艺术家、匠人、学徒、老师、学生、商人、策展人、收藏家等相关人士，收集资料。

2.4.2 在调研的基础上有针对性地研究实际案例，分析生态实况，梳理历史、技法、流派、从业者的延续脉络，理清发展进程，完成利沃夫手工玻璃活态传承模式数据库的建立。

2.4.3 从技术层面、商业层面、政策层面落实创新研究的模式，真正实现活态传承的运行，实现可持续发展的要求，符合"一带一路"涉及斯拉夫语系的国家玻璃手工艺经济发展与中国合作、交流的真实需求。

总的来说，上述两个案例在语气上都没有夸张地渲染"重要""紧迫"的氛围，却能使人看得出内容的重要性，这符合本书提倡的"高冷"气质。

5. 难点的常见问题

（1）难点的体量不够大、地位不够重要。常见的问题是，把一个十分微小的环节当作难点，从体量、分量上看，它可能是微不足道的，或者影响较小的，所以不适合当作难点。

（2）特意夸大了难度，显得言过其实。

（3）难度太大，超过了所申请项目级别的要求。国家社科基金一般项目的经费在 20 万左右，可是如果申请人所陈述的难度需要 100 万经费才能勉强完成，而且没有其他降低成本的替代方案，那么这个课题是无法获得审批通过的。

（4）难点的选择过于泛泛，不够具体，或与框架思路的紧密度不够。

（5）难点的写作和表述中，词汇不够鲜明，看上去无关痛痒。

（6）难点的条目过多，令评委对项目的可行性产生怀疑。

6. 如何提炼难点

前文说过，提出难点就是为课题"诉苦"。那么"苦"从何处来？

"苦"可以来自研究的多个层次、多个角度：认识层面、理论基础、科学指导、思想提炼、研究方法、资料检索、材料发掘、成本控制、条件限制以及各类不可控因素。例如，**"在有限时间内……""在有限的成本内……""没有……则可能无法……""存在多种不可控因素……""在现存的文献中较难……""由于时间久远，可借鉴和参考的资料十分有限……""……对经费的要求颇高"**等。

明白了难点的出处，再来看如何从框架思路中提取"备选难点"，再如何筛选出真正的难点。

首先，分析研究内容框架思路的每个板块中每个段落所涉及的问题，结合上文提到的层次和角度，看看它们是否有符合要求的"苦"。当然，这些"苦"必须与研究的框架思路密切相关，且是"绕不过"的研究要点，即没有替代方案。

接着，用这个方法，将每一段落都尝试转化为"备选难点"，再根据难易程度排序，将明显不太难的问题直接删去，保留 2~4 个即可。

另外，以往有过国家社科基金重大项目申请书只提出 2 个重点、1 个难点，且都没有详述解决方案的情况，因此当选题特别优秀时，可以突破某些写作规范。

7. 如何表达难点

表述难点的原则有 4 个：

原则 1：条目数为 **2~4 条**，即小于等于重点条目数，难点数量一定不能多于重点。

原则 2：使用阿拉伯数字排序，使难点数量一目了然。

原则 3：可按照难度由大到小排列。

原则 4：以十分简明的语句，点化成行；使用完整句时，要尽量写简单句，适当使用标点符号突出主语或谓语；也可适当使用非完整句，动宾短语最宜，少用状语和宾语，目的是使语句含义鲜明、一目了然。

表述难点的用词可以使用 1~4 字的词或短语，如：

空、缺、难。

不便、不够、不易、吃劲、繁重、繁难、费力、费时、复杂、高深、棘手、艰难、艰苦、艰巨、艰深、空缺、困难、麻烦、难保、难处、难行、难懂、难关、难度、难解、难免、难题、疑难、障碍、严重、重荷等。

不好解决、不易解答、不易实现、工作量大、积重难返、极其困难、矛盾重重、难以承担、难以处理、难以预料、难以应对、任重道远、尚待解决、陷入困境等。

不可控、仍需进一步加强、仍需进一步拓展、仍需进一步深化等。

同样在具体写作时，尽量不要使用效果过于强烈、过于"苦不堪言"的词汇，以免夸张的词汇破坏申请书的氛围，而且给人言过其实的印象。因此，适当"诉苦"即可。

如下关于"难点"的案例，首先用小标题介绍了难点在于何处，然后用段落简要介绍了为什么难。同样在词汇的使用上，没有十分夸张的"诉苦"。

> **"难点"案例**
>
> 2.5 研究的难点
>
> 2.5.1 资料收集的难度
>
> 由于欧洲玻璃历史、艺术流派、传承技艺以及商业活动等方面的资料在国内基本上是一片空白，即使在网络上也很难能找到相关书籍、论文等资料，需要与俄罗斯、乌克兰、捷克等地的相关从业者联系，大部分资料必须赴国外实地考察收集。
>
> 2.5.2 语言的隔阂
>
> 斯拉夫语系国家涉及俄罗斯、乌克兰、捷克等多个国家，分别涉及俄语、乌克兰语、捷克语等，还有艺术上无法绕开的法国、德国、意大利等国家，又涉及英语或法语、德语或意大利语等，在翻译过程中不仅仅需要语言能力，对玻璃艺术方面的专业素养要求也很高。
>
> 2.5.3 西方经验与中国现状的契合
>
> 国外的手工玻璃的活态传承经验如何与中国的现实情况、政策需求、非遗技术的保护相结合。

本书认为，有些申请人在篇幅有富余的情况下，会在重点、难点之后再用**简洁的语句介绍一下预设的解决方案**。这种方式是值得提倡的。笔者此前接触过的成功案例中，对于重点和难点，有的只是简单陈述，有的则是给重点、难点分别补充了解决方案。这两种方式都是可以的。只是要切记，**解决方案不要写得太复杂，不要长篇大论**。

二、研究计划的撰写要点

1. 研究计划和基本思路的区别

研究计划是依据基本思路撰写的，这两个板块经常被混淆，其实两者在三个方面存在明显区别。基本思路和研究计划的对比示例见表6-1。

其一，基本思路在陈述"时"的方面采用分步骤的方式，而研究计划需要明确写出每个研究步骤执行的**时间段**。

其二，基本思路从条目分类和内容的表达上都比研究计划要更加概括，所以相对来说前者的陈述语言更加抽象，陈述对象更为宏观，后者则会用具体的语言描述微观上如何操作。

其三，基本思路强调的是研究方案的规划，而研究计划偏重解释如何执行。

表6-1 基本思路和研究计划的对比示例

案例中的基本思路	案例中对应的研究计划
第1步 建资料库：收集尽可能多的图片与文字信息，整理走访者的口述资料，根据内容分类，建立资料库，为接下来梳理利沃夫手工玻璃所处的艺术生态做准备	2020.01—2021.01 赴利沃夫当地走访调查，收集利沃夫手工玻璃的所有资料，并开始翻译工作。发表论文《××》
	2021.02—2021.10 完成所有资料的翻译、分类、对比、分析工作。发表论文《××》

注：本书刻意隐去了论文名称。

2. 研究计划的编写方式

如下文"研究计划"案例可见，研究计划有一定的编写格式，其原则是以清晰的结构使评委对关键信息一目了然。其结构可以为"时段+标题+计划内容"或"时段+计划内容"。

"研究计划"案例
2020.01—2021.01 赴利沃夫当地走访调查，收集利沃夫手工玻璃的所有资料，并开始翻译工作。发表论文《××》。
2021.02—2021.10 完成所有资料的翻译、分类、对比、分析工作。发表论文《××》。
2021.11—2021.12 用已有资料和初步研究结果，请国内的相关专家教授给予咨询、建议等帮助。利用计算机技术建立数据库和模型。
2022.01—2022.10 根据丰富的数据库和模型资料，展开与同类别工艺中的不同种类的遗产、遗存、艺术技术、艺术品的对照研究。发表论文《××》。
2022.11—2023.09 构建艺术生态视域下乌克兰(利沃夫)手工玻璃技艺的活态传承模型。
2023.10—2023.12 查异补缺，完善研究。发表论文《××》。

首先，**时段的写法**。格式上看可以是：2022 年 1 月至 2022 年 5 月；2022 年 1 月—2022 年 5 月；2022-01—2022-05；2022.01—2022.05；202201—202205 等。通常撰写研究计划时，受排版和字数所限，申请人会选择使用相对更紧凑的编写格式，因此 2022.01—2022.05 和 202201—202205 这两种格式更常见。从时间段的编辑看，需要精确到年和月，但不需要给出具体日期，而且整个研究计划的完结时间一般是某一年的结束，例如 2025.12。对于月份跨度的设计要结合研究需求，不能脱离实际。例如一项研究周期为 3 年，从 2023 年 1 月开始到 2025 年 12 月结束，其中"2023.01—2024.06 前期资料搜集整理"，就十分不合理，因为不可能一项研究时间过半了才完成前期工作。或者研究中明显最耗时或最重要的板块被分配了很短的时间，这也是极不合理的。同时，笔者还常见到一种错误，即明明申请 2023 年度课题，时间安排却从 2021 年开始，或者明明已经写到了 2024 年，结果中间穿插了 2021 年，这属于撰写过程中"马虎"，但也是十分常见的小错误，需请诸位读者注意规避。

其次，**标题的写法**。由"研究计划"案例可以看出，标题不是必选项，即便能凝练出标题，也不宜超过**6 个字**。因为标题字数一旦多起来，就会与其详细阐述相重叠，从而使研究计划的陈述变得啰唆。

再次，**计划内容的写法**。计划内容要注意比基本思路更细、更具体、更微观，更需体现出课题组采取什么实际手段、如何执行。例如"研究计划"案例中，"2020.01—2021.01 赴利沃夫当地走访调查，收集利沃夫手工玻璃的所有资料，并开始翻译工作。发表论文《××》"（此处本书隐去了论文名称），可以看到，赴乌克兰利沃夫考察和发表论文是申请人在描述为了执行基本思路案例 1 中的第 1 步"建资料库"所采取的具体举措（实际行动），而且"建资料库"在研究计划中是用两个时间段配合完成的，其中第二个时间段也与基本思路案例 1 中的第 2 步"数据对比"产生了一定的交集。所以研究计划并不需要教条式地与基本思路一一对应，可以根据实际开展情况或现实条件进行适当的调整和融合。

最后，研究计划条目数量至少应与基本思路的条目数量保持相对接近，而不能太过于概括。比如，笔者也常见一类研究计划的写作方式："2023.01—2023.06 前期准备，2023.07—2025.06 中期研究，2025.07—2025.12 后期结项"，这三个阶段跨度大，又太概括，所以属于无效撰写。

此外，可以将研究计划以**表格**或**甘特图**的形式列出。再次强调：形式不是重点，重点是研究计划设置得科学且具有可行性。

三、可行性包括哪些方面

1. 从哪些角度思考研究的可行性

国家社会科学基金项目的研究"可行性"是在"研究内容"板块，表述为"研究计划及其可行性等"；国家社科基金思想政治理论课研究专项的"可行性"在"思路方法"板块，表述为"研究计划及其可行性等"；国家社会科学基金艺术学项目没有明确要求写研究的可行性。

"可行性"用来解释课题**研究方案符合实际且是可以执行**的。撰写可行性的原则应是实事求是，夸大可行性不仅是学术上的不诚信行为，也是为自己的研究"挖坑"。在实事求是的基础上，可以从如下角度思考可行性：

(1)**课题组的理论储备和研究经验是否满足研究要求？** 一种情况可通过课题组前期成果积累来体现，比如积累了哪些与课题有关的代表性成果(专著、论文、奖项、课题、重要会议论文)，但是注意不要写得太细，因为一方面放到活页里可能会有泄露个人信息之嫌，另一方面容易跟申请书的"研究基础"部分相重叠。另一种情况是，考察课题组是否之前已完成对一些关键性理论的学习；是否掌握了课题所需的研究方法；是否积累起足够的研究经验(一些定性研究的方法，如扎根理论、历史研究、现象学等对研究者的经验和能力要求较高，需前期积累起大量的实践经验)；是否就一些复杂的操作对课题组成员进行过培训或锻炼。

(2)**研究所需的资料积累情况如何？** 如果完全是"积累为零"的状态，则不利于课题申请；而如果课题组前期已经展开一部分研究，完成了一小部分工作量，不仅积累了数据也积攒了经验，那么这种情况就对课题申请有利。关于前期已完成的工作量，很多申请人习惯将这部分信息在研究内容中予以透露，本书建议，即便前面已经提过，此处也应该呼应上文简要地提一下可行性；而如果前期根本没有做任何工作，没有已完成的工作量，此处则不要虚言。

(3)**研究方案是否经得起考验？** 这里可以写研究方案经过了专家论证，初期取得了一些实践检验并获得了优化，也可以依据某个经典的理论框架或者被验证为可行的实验框架而展开。

（4）当前国内外研究进展是否为本课题的展开提供了足够的支撑？此处类似学术史梳理的环节，但是并不需要具体展开，只需将前面学术史梳理环节的结论简要呈现。

（5）该研究是否有迫切的现实需求或可进一步拓展的空间？以此表明该研究正在被现实迫切需要或在未来有很大的发展空间、有前途、有生命力。

（6）时间是否充裕？一方面可以介绍课题组所在单位可保障研究所需的时间；另一方面可以介绍负责人和成员每年能有几个月的时间用于投入本课题的研究工作。

（7）课题组成员架构是否合理？第一是指分工是否合理，是否紧密围绕课题的关键环节，是否有能力全方位解决课题的各项难题而不留死角。第二是指成员资历是否足够，如团队成员是否获得过与本课题有关的奖项、人才称号等。第三指的是课题负责人和团队成员是相关领域科班出身，接受过系统严格的专业训练，相较"半路出家"具备明显的优势。另外，应用类研究要有行业相关人员，这也体现出成员的专业性。

（8）研究展开过程中所需的社会资源是否能够得到？比如一些必要的合作渠道，或者团队长期与哪些企事业单位有合作关系等，以便保障课题顺利执行。

（9）是否"软硬兼具"？指课题组是否具备丰富的软件和硬件基础。软件方面，包含图书资料、其他研究资源、专家咨询库等。硬件方面，主要指团队积累了什么样的仪器设备，或者可以免费使用什么样的实验设施。比如，项目团队挂靠在某个重点实验室，可以使用实验室的各种设备存储、处理数据以及展开实验等。对这些软硬件设备需要实事求是，如果写在活页里，注意隐去所在城市和单位的信息。

可行性的条目数不宜过少，比如3条以内可能会显得研究可行性偏弱，而超过6条会偏多，也不合适。我们可以结合自身的实际情况，从上文列出的9个方面的提示中思考自己课题的可行性。然而需注意的是，从上述对研究可行性内涵和思考角度的拆解来看，其中一些内容会与申请书的研究基础部分有所交叉。所以撰写可行性时，尽量不要让可行性与后文的研究基础产生过多的重合。撰写时未必一定按照上述9个方面去铺陈，可以根据自身特色做一些概括和归纳，比如：

1. 具有权威性(从成员、成果、行业地位等角度抽取与权威性有关的要点)。

2. 具备资源优势(从资料、合作渠道、地理区位、实验条件等角度抽取与资源优势有关的要点)。

2. 可行性的撰写误区与诊断

(1)可行性的撰写流于套路化和表面化，未能贴切地体现自身课题的独特性。举两个例子："课题组所在单位拥有规模较大的图书馆，藏书量××本……""课题组成员年轻，有活力，且均为博士以上学历，团队结构合理，对展开本课题充满热情和期待"。这两个例句是笔者在多年观察中积累的，如果用当前网络用语去形容，那么第一个例子属于"万金油"，第二个例子则属于典型的"废话文学"。第一个例子关于图书馆，任何申请书的可行性和条件保障都可以使用，甚至有很多申请书会把本校图书馆简介直接拿来用。关于图书馆藏书量，一般是实在没有什么可写的情况下才会使用。当然假如是一项研究需要在大量古籍文本的分析基础上才能展开，那么详细介绍下本单位图书馆相关书籍资料的数量是完全没问题的，所以这要视自身课题特点来写。第二个例子介绍团队的情况，说得不痛不痒，诸如"年轻""活力""学历""期待""热情"都无法有效地与课题所面临的挑战挂钩，而且"团队结构合理"这句确实经常会在申请书中看到，没有任何佐证信息的自我判断，只能被理解为无效陈述，所以这个例子体现的是"废话文学"的特征。此类误区是当前撰写可行性时最常出现的情况，它可能源于申请人缺少课题撰写的经验，也可能由于无法很好地平衡此环节对于字数少、信息量大的要求，这个隐藏的又常见的错误类型，值得初次申请课题的老师注意。

(2)对可行性思考得不全面，没能系统性地把课题全部重要环节的可行性展示出来。评委在阅读申请书时，会自然而然地对课题中涉及的一些重要步骤产生疑惑，对课题组是否能有效处理关键挑战或是否具备一定的优势而存疑。那么，可行性就是集中解答这一问题的主要窗口。所以，如果我们不能在可行性中回应评委的疑惑，就容易遭到否定。本书建议相对保险的做法是，一方面结合上文提示的9个方面思考可行性，另一方面参照课题的重点和难点，从可行性的角度一一对应回答，然后根据具体特点适当排序或合并同类项，最后用小标题点睛。当然，前提还是需要我们对自身课题的研究方案、重点、难点有足够深刻的认识。

（3）可行性陈述得太多太细。如上一条所述，可行性是对评委可能产生的某些疑问进行解答的，其撰写数量以4~6条为宜，每一条尽量限定在2~3句话，无须大量地铺陈和论述，否则喧宾夺主。

（4）过于夸张，缺乏针对性。撰写可行性需要实事求是，而且要实打实地针对选题内容来回答，如果在可行性中列举团队完成了很多与本课题不相关的科研项目或论文，即使数量很多，级别很高，也都属于无效陈述。

综上，如果想全面地凝练可行性，建议**从课题的研究背景及必要性、学术史梳理、重点、难点中寻找灵感**。

第七章

创新之处、预期成果、参考文献

一、创新之处

必须强调的是，当前国家社科等项目对"创新之处"的描述是："在学术观点、研究方法等方面的特色和创新。"许多老师因此产生误会，从而先逐项介绍本课题的学术观点是什么，研究方法有哪些，再介绍课题有什么特色，最后介绍课题的创新点。该理解一定是错误的。本书的理解是，就研究方法来说，很难创造出一种新的方法，因此如果每个申请书都声称自己从无到有地创新了研究方法，那显然是不可信的。为此，从更加实事求是的角度看，创新之处是一种广义的创新，它包含了特色、新颖、原创等内涵。至于提示语中所提到的"学术观点、研究方法"，并非让我们在此处介绍课题的学术观点和研究方法，而是一种写作思路，即评委需要看到课题是否在学术观点、研究方法，以及其他层面存在一定程度的特色或创新。那么假如我们只是使用了相对传统的研究方法，但我们的研究对象、学术观点、理论框架等都足够新颖，也不必担心，实事求是地写就可以了。所以，本书主张"学术观点、研究方法"是一种提示，而非硬性规定必须且只回答这两项。

1. 创新之处的含义

对创新性的探索，一直是国家社科基金项目关注的方向。对于创新的理解，我们可以参考常听到的对于课题价值的四个等级。其中，最理想的是"**新问题、新方法**"；次之是"**新问题、旧方法**"；又次之是"**旧问题、新方法**"；最没价值的是"旧问题、旧方法"。从这四个等级可以看出，我们对于"新"的理解主要落到研究的问题和使用的方法上。也有专家提出，创新就是"**人无我有，人有我新，人新我特，人特我全**"。其实这句话里恰好包含了特色与创新的含义。将上述诀窍拆解，重新排列组合之后，可以得到如下多种创新之处：

（1）创新可以是对既往研究成果的**纠错**；

（2）创新可以是在既往研究成果的基础上添加新的内容，是一种新的**补充**或新的**拓展**，或使之更加全面；

（3）创新可以是从新的角度看待旧有问题，继而提出**新的思路**；

（4）创新可以是为了解决问题而**新发明**了某种技术方法；

（5）创新可以是**引入**了本领域没用过的，但是其他领域使用成熟的技术方法；

（6）创新可以是创造出新的事物（不是指方法）去解决旧有的悬而未决的问题；

（7）创新可以是**创造或发明出新的事物**（不是指方法）去解决众所周知的新问题；

（8）创新可以是**发现**了一个被人忽视的问题并去**解决**它。

按照这一思路，可以将上述条目进行多种排列组合，从而形成申请书的多个创新点。

2. 常见问题

（1）创新点数量过少或过多。过少，指的是2个及以下；过多，指的是超过6个。理想的创新点数量应控制在3~4个（5~6个都极少见）。

（2）描述创新点的语句太烦琐，大段的文字令评委难以迅速看懂。

（3）对每一个创新点进行描述的文字太少，仅用几个短语或简单句，太玄奥、太深邃，令人看不懂。

（4）描述得太笼统，以致创新性没有说服力。例如"目前很少有研究者关注……""某问题目前研究成果尚少……""某问题鲜有人涉猎……"。

（5）用词夸张，信口说大话。

（6）用词太空泛，或者误将形容"主要目标"的词放于此处，令人看不出是创新点。例如"探索……""发掘……""形成……""建立……"。

（7）创新点太小或者不重要。

3. 从何处提取

（1）创新点最常见的出处是对国内外研究的简评。这里涉及一个"**草蛇灰线，伏延千里**"的手法。在国内外研究简评的地方总是会提到针对本课题的对象，直接研究成果和相关研究成果目前进展到什么程度，有哪些不足。这些不足之处就是允许我们创新的焦点，是我们新的研究的突破点。所以在创新点的位置，需要对应前面简评中提到的不足，一一列出创新点。

（2）从研究价值中提炼创新点。有人认为，从价值中提取的创新点，需要更往细处和实处去解释创新在何处，而不应像价值的写法那般相对宏观，这一点确实值得注意。另外也应注意，很多会铺设线索的申请人，会使线索在国内外简评、价值和创新点三个地方分别对应，因此需要注意使用合适的描述性语言，切勿混淆表述。

（3）从框架思路中提炼创新点。研究的方案、思路有可能是前人没有使用过的，会存在超前之处，所以可以成为创新点的候选方案。

（4）从研究重点中提炼创新点。所要研究的内容中某些问题和环节如具有重要地位或重大意义，一般是可以提炼出创新点的。

（5）从研究难点中提炼创新点。既然可以克服一个公认的困难之处，那一定是拿出了新的思路、方法、手段等，所以一定会提炼出创新之处。

（6）从研究方法中提炼创新点。这一点与重点、难点都可能交叉。注意，研究方法可以是本领域首次使用的，而在其他领域成熟有效的手段；也可以是申请人新发明的、全新的方法手段。

4. 撰写的步骤

注意，每一条创新点尽量控制在 1 个小自然段，最多 2~3 行，1 行最佳。
第一步，从上述 6 个可提取创新点的地方抽取并确定被创新的对象；
第二步，限定对象的性质、范围、大小；

第三步，寻找合适的表达创新的词汇，目的是表明创新的情形、状态、程度、目的；

第四步，尝试提炼小标题(可有、可无)；

第五步，修饰、修改整句表述，尽量使用动宾短语或动宾句式，注意不要太夸张，也不要太隐晦。

5. 如何表述

在知道了从申请书中哪些位置可以提炼创新点，并掌握了撰写步骤之后，还需要了解如何表述创新点。

国家社科基金项目申请书里对于创新之处的提示语是"在学术观点、研究方法等方面的特色和创新"，正如前文所述，很多老师会因此误认为仅需从学术观点和研究方法两个方面表述，其实除此之外还有很多方面可以考虑。另外，如果实在想不出哪里创新，不要忘了提示语里有"特色"二字，所以创新不成，退而求其次，提一提哪里有特色也是可以的。

创新之处大多集中关注学术问题、学术观点、研究方法等方面，具体可表述为**新战略、新理论、新思想、新对象、新问题、新技术、新方法、新角度、新思路、新领域、新学科、新材料、新突破、新论证**等。如果不是创新点，而是有特色，可以表述为：……**战略有特色**、……**学术思想有特色**，或……**论证路径特色鲜明**等。

> 1. 创新点不局限于学术观点、研究方法；
> 2. 实在找不出创新点，还可以提炼"特色"。

战略创新，主要集中在国家政治、经济、社会、文化层面，具有指导意义。

学科创新，主要在于推动学科发展，弥补学科不足，促进学科建设和完善。

理论创新，可以表述为提出了新的观点、新的学说，丰富了某种学说或理论，同时注意不要表述成"填补理论空白"，因为已经太俗了，且太空泛。

思路创新，可以表述为新的视角、新的切入点、新的思路，而且能促使研究获得突破性进展。注意，如果仅仅是换了一个新的视角，而研究没有突破性的进展，那所有"新视角"就没有意义了。很多申请书都在此处有过失误，仅仅是简单地说视角很新，或者思路很新，但又对这种"新"能带来什么(与旧视角相比，突破性进展在哪里），避而不谈。

思想创新，可以表述为产生了新的观点、新的思想，通常是在实践的检验中升华出来的。

对象创新，可以表述为定位、选取了新的研究对象，从而开辟了新的领域；或者对已有的领域和问题作出更加全面系统的分析概括，总结规律性的认识。

问题创新，可以表述为发现了新的问题，发掘了新的资源、新的材料，从而产生了新的认识。

方法创新，可以表述为使用了新的技术方法展开新的论证。上文已提到过，可以是全新发明的方法，也可以是首次运用且在其他领域行之有效的方法。

其实也可以表述为成果创新，但是任何研究成果都是广义上的新事物，如果一定要说自己的研究成果有创新之处，那就要好好地讲出一番道理来。比如，成果的形式是创新的：对某一个特定的选题，当其他同类研究的成果都集中于专著等文字记载的形式时，某位申请人选择了使用多维立体的形式，即不仅有专著，还有多媒体展示手段等，这就可以被认为是成果形式的创新。这种创新不是单纯为了眼花缭乱地"赶时髦"，而是源于对成果形式单一且无法适应时代发展的反思。因此，对于成果形式的创新是可以探讨使用的，但条件是旧有的成果形式确实存在很大的局限性。

常见的写法是直接列出，如"**理论新：……**""**方法新：……**""**思路新：……**"。这种写法比较短平快，后面的"……"代表的是用一句话解释新在哪里。

也可以尝试另一种写法，先用四个字左右的短语作为每一条创新点的小标题，再用一句话进行阐释。这个小标题，既可以用于指出"新在哪"，也可以用于表达新在何处甚至指出它的作用。这一类四字短语可以直接从词典中选取，如：吐故纳新、正本清源、革旧从新、面目一新、根治顽疾、别出新意、领异标新……也可以另行设计。

选用修饰词时，尽量寻找形象的词汇，从而给评委一种可视化的感觉。可以参考如下词语：打开、缔造、独创、标新、创新、更新、出新、革新、新立、新兴、变革、变动、变更、变化、补充、冲破、初创、创办、创建、创立、创设、创始、创造、改革、改观、改换、改变、揭露、揭示、揭发、揭破、开创、开辟、首创、突破、添补、完满、完善、完整、增补、增加、扭转、独辟蹊径、独树一帜……

尽量不要使用可视化效果不明显，或者语义不够鲜明的词。例如经常会用到的：展示、明确、确定、清楚、确保、建立、真切……这些词虽然可用，但是有的被人用得太频繁，不够新颖；有的是可视化方面稍有欠缺，语义上不能充分展示创新的鲜明效果。

如下文"创新之处"案例中，第一个创新点就是人们常会使用的"视角（点）创新"。很多申请书在写视角创新的时候并没有接着回答"换一个视角能带来哪些突破"，而案例恰用一句话回答了"视点是什么""能带来哪些突破"这两个问题。

视点是什么？

……可以运用一定的"管理模型"……

能带来哪些突破？

……解算庞大的文化产业园风险管理体系。

"创新之处"案例

[1] **研究视点新颖**。本课题认为文化产业园的风险管理可以运用一定的"管理模型"，即通过定量研究的方式解算庞大的文化产业园风险管理体系。

[2] **研究对象创新**。当前我国尚没有从风险管理角度去研究文化产业园规划和发展的成熟理论，而本课题将首次系统、全面地阐释风险管理理论对文化产业园的作用方式，因此，本课题的研究对象也是创新点之一。

[3] **实证研究数字化**。针对海量的调研数据和不同主体的优先性原则，本课题将结合先进的计算机统计和运算方法，进行数字化的实证研究。这种研究方法更为严谨、科学，将有效提升本结论的准确性。运用适当的统计方法归纳调研数据、使用正确的运算方式计算参数，这是本课题的另一个创新点。

二、预期成果

预期成果需要填写：成果形式、宣传转化及预期学术价值和社会效益等。

此处虽然是略写，前者看似简单，却容易出错；后者则经常使申报经验尚浅的青年学者摸不清该怎么写。为了阐述的连贯性和避免无端重复，申请书里"成果形式、宣传转化、预期学术价值、社会效益"可以放到一起写，也可以逐条阐述。但本书认为，成果形式和宣传转化放到一起写会比较方便。

1. 成果形式与宣传转化

国家社科基金项目申请书的数据表里对预期成果形式的提示是：**专著、译著、论文集、研究报告、工具书、电脑软件、其他**。

填写成果形式和使用去向时需要注意三个原则：**丰盈、具体、可行**。

其中，"丰盈"是丰富充盈之意，表示成果数量和形式的丰富性、多样性；

"具体"指的是需要适当地填写细节，不能太过宏观、抽象；还表现在数量的具体上，比如几部专著及大概字数、几篇报告及大概字数、几篇论文、几项专利、几个产品、几个数据库及其容量等。

"可行"指的是要切实可行。难度和量上，不可以天马行空、胡思乱想，肆意夸大和忽悠。

填写成果形式的时候常出现的问题有：

（1）直接照搬申请书数据表中的"最终成果"一栏的内容，比如只写了"专著，25万字"；或者不写字数，只写"研究报告"。这样看上去比较"高冷"，但不符合此处的填写要求，因为信息量太少。本书建议，**成果形式、拟定的题目或主题方向、字数，三者缺一不可**。为什么一定要写题目或主题呢？因为这样会显得申请人经过了审慎的计划，但如果担心写成明确的题目后无法修改，那么写成主题方向，倒是个不错的选择。

（2）预期成果种类少，比如预期成果和最终成果加一起只是1本专著，或者1本专著加1篇论文，或者全部加一起就2篇论文，这会使评委质疑课题组的科研能力。（**这里说的是预期成果和最终成果加一起**）

（3）与上一条相反，写的成果太多，而且写的成果难度大或者工作量大。这会给评委一种"被忽悠"的感觉。这种做法不仅不具有可行性，也有失诚信。

（4）成果排列混乱，并且掺杂了很多冗余信息，使评委无法迅速抓住要点。

基于上述常见问题，在撰写成果的时候可以分层次，比如分为："**中期成果和最终成果""中期成果和终期成果""阶段性成果和最终成果**"，这三种表述方式其实含义相同，只是具体用词不同。

"宣传转化"是2024年新增的内容。宣传转化涉及如何将研究成果推广到社会中，使其产生更广泛的影响。例如可以通过媒体、期刊发表、收入论文集、学术会议宣读、政策建议、公众讲座等方式进行宣传，以及将研究成果转化为政策建议、实际应用等。其实"宣传转化"类似于以前的"使用去向"，只是更加突出了"宣传"的意味，鼓励成果和观点以更为灵活的方式面向社会转化。例如，一些研究的过程中可能会创作出影视类作品，这些作品则可以通过自媒体账号面向社会推广；一些研究过程中积累了很多数据和观点，由此开设微信公众号，定期面向公众传播等。

以"阶段性成果和最终成果"这种表述为例：

◇ **阶段性成果和宣传转化**

最常见的是几篇学术论文。这些论文的选题可以来自研究框架思路中提炼的某些具体问题、重点、难点，也可以来自文献综述，通常可以形成2~3篇论文，且需要标注清楚论文拟定的名称，不需要提供期刊名称。阶段性成果的级别建议不用定得太高，所以阶段性成果的宣传转化不必写成"CSSCI、核心"这种，而只需写成"**学术期刊发表、学术会议宣读、收入论文集**"等，不备注级别是为了不给自己挖坑。成果的字数可以列一个大致区间（可以"字"或"万字"为单位）。

阶段性成果　　1.《××综述》（6000~8000字），学术期刊发表；

2.《××影响因子的分析》（6000~8000字），学术会议宣读；

3.《××的实证研究》（6000~8000字），收入论文集。

阶段性成果也可以是数据库、产品、专利、作品等，但比较少见。写法同上，其宣传转化的形式可以更加灵活。

◇ **最终成果和宣传转化**

根据国家社科基金项目申请书数据表中的提示，最终成果可以是：**专著、译著、论文集、研究报告、工具书、电脑软件、其他**。

如果是专著、译著、论文集，需要写出**拟定的名称和字数区间**，不需要提供出版社的名称，但是建议提供**出版社的级别：一般或权威出版社**。对于论文集，建议论文数量不要太少（有的申请人只计划了3篇论文，这是非常不够的），可参考目前市面上已出版的相近领域论文集在篇幅、字数上的大致体量。

如果是**研究报告**，不仅要提供**拟定的名称和字数区间**，也要写清楚**呈报的机构**，因为活页中不允许提及所在地区等信息，所以为了避免违规，活页里需要隐去该机构名称中的地区信息。

如果是工具书、电脑软件、其他，这三种不能独立作为最终成果，通常是配合其他成果一起出现。如果"其他"指的是要发表几篇论文，那么需要标注计划发表的期刊级别，即 CSSCI 期刊或核心期刊。

◇ 在数量分布上，**最保守的情况**是：

一般项目和青年项目的**阶段性成果**可以是 2~3 篇论文，或 2~3 个其他形式的成果；重点项目阶段性成果为 3~4 篇论文或 3~4 个其他形式的成果。目前很多老师都是"单打独斗"的局面，如果安排太多阶段性成果，自己可能吃不消。但是有的课题组人员比较充足，能力强，凝聚力也强，就可以多安排一些阶段性成果。

一般项目和青年项目的**最终成果**最保守的情况是 1 部专著，或 1 部译著，或 1 部论文集；如果有能力，建议在这类较厚重的成果基础上增加：1 份报告，或 1~2 篇论文，或 1 个数据库，或 1~2 个专利，或 1 部作品，或 1 本工具书，或 1 个电脑软件……当然也可能是 1 部论文集匹配 1 个电脑软件，或 1 本译著匹配 1 本工具书……总之匹配方式有很多，但别忘了，最后干完全部活的可能就是你自己，所以一方面不要显得成果太单薄，另一方面也请量力而行。另外，重点项目的最终成果数量应在上述情况下适当增加，同时适当提高成果的发表或出版级别。

有一个问题值得注意，很多申请书在阶段性成果里写出了 3 篇论文（写清了题目和级别），结果到最终成果，又把这 3 篇论文重复了一遍。这种现象并不少见。

需注意，阶段性成果和最终成果是两件事，切勿混到一起。

关于成果形式和宣传转化如何放到一起展示，可参考如下示例（表 7-1）。

表 7-1　成果形式与宣传转化示例

	成果形式及拟定名称（或立题方向）	宣传转化
阶段性成果	论文《××综述》 （6000~8000 字）	学术期刊发展（面向……领域……人群） （一般指供某个领域内的学者之间进行交流）
	论文《××影响因子的分析》 （6000~8000 字） （如果是立题方向，则可写成： 学术论文，关于"××影响因子 的分析"，6000~8000 字）	学术会议宣读（面向……领域……人群） （一般指通过会议宣读，与业内学者交流互鉴）
	《××的实证研究》 （6000~8000 字）	收入论文集（面向……领域……人群） （一般指供某个领域内的学者之间进行交流）
最终成果	专著《××研究》 （20~25 万字）	权威出版社出版（面向……领域……人群） （除了上述供某领域学者交流之外，此处面向的 人群还可以是研究生，专著可用作其教材、教辅）
	研究报告《××的报告》 （5 万字）	呈递给××部门（不要写成"相关部门"）
	论文《××的分析》 （6000~8000 字）	核心或 CSSCI 期刊（面向……领域……人群） （一般指供某个领域内的学者之间进行交流）

注意：

示例中反复提到论文成果"面向……领域……人群"，这句话不是必选项，很多申请书的"宣传转化"就只写"学术期刊发表""学术会议宣读""收入论文集""微信公众号发布""公开发行"等就可以了。

2. 预期学术价值和社会效益

2024 年之前，国家社科基金项目申请书只要求写"预期社会效益"，通常大家会专注于写项目对经济发展和社会发展所带来的贡献。有些老师会发愁自己的成果究竟能在何种程度上带动地方经济发展,困惑于无法给出具体的发展数据;有些老师做的是基础理论研究,更偏重于学术上的贡献,可能对现实中的关怀不是很多。于是新改版的"预期学术价值和社会效益"可被认为是一种面向不同研究方向、研究特点的包容与优化。

其中,"预期学术价值"要求阐述研究成果在学术领域的贡献,比如对现有理论的补充、新的学术观点的提出、研究方法的创新等,对偏重于强调学术贡献的课题最为友好。"社会效益"指的是研究成果对社会的潜在影响和价值,例如对政策制定的参考、对特定行业或领域的改进、对公众知识的普及等,对应用型的研究尤为友好。

在撰写时,两者最好要兼顾着回答,但可以根据自身选题特点有所偏重。以下对两者的写法做出解答。

许多老师会疑惑此处的"**预期学术价值**"和"选题依据"里的学术价值有何区别,甚至可能会重复撰写。笔者认为,结合其后面的"社会效益"去理解,此处的"预期学术价值"更多指向的是一种体现在学术领域的**效益**。因此,**价值具体、指向性强**,应该是此处撰写的关键词。

例如,结合前述第四章的案例"城市可持续发展的多维度分析与策略研究",我们在"选题依据"里学术价值的描述中有这样一句:

为城市可持续发展搭建多维度分析框架,提供新的理论视角和方法论。

如果将之结合"价值具体、指向性强"的原则改写为"预期学术价值",可以得到:

研究所构建的"多维度分析框架"将为城市规划、环境科学和社会学等相关专业的发展提供理论指导和实践工具,不仅将丰富相关学科的理论体系,也为教学活动提供了鲜活的案例和教材资源。**专著成果**或可直接服务于研究生教育,特别是在城市规划与管理、环境政策分析等领域,为学生提供实际操作的方法论训练,增强其解决复杂城市问题的能力。

此处,我们将"选题依据"的学术价值具象化地指向了多种学科门类,为相关专业的发展提供了指导和工具,而且从研究生教育的角度关注了学科发展。从这个案例中也能看出,"选题依据"的学术价值更偏向于宏观,以及偏向于对比已立项的项目;而此处的"预期学术价值"关注的是对相关学科、专业发展的具体贡献。

还有一个可供区别的窍门,就是前者的学术价值可以围绕研究的某个方法论、要创新的某个理论(类似此处的多维度分析框架)、形成的某个观点等相对抽象的内容,而后者的"预期学术价值",其主语可以是撰写的专著、发表的论文、研发的软件、创作的影片等,即具体的、实实在在的成果。

至于"**预期社会效益**"的写法也经常让人摸不着头脑,有些人将之与研究的价值相混淆,有的则是对预期社会效益不重视。首先,我们要了解纵向科研课题的预期社会效益可以有哪些种类。

所谓社会效益,广义上指的是研究成果对社会环境、人民生活、政治发展、科学研究、文化发展等方面发挥作用或价值。其实,不仅如此,纵向课题也是可以产生经济效益的,尤其是经济、管理等学科。此外,很多交叉学科也可以探讨经济效益,比如文化产业。因此,这里的社会效益是可以包含经济效益的。

接下来,看看对于效益的理解和表达,申请人往往会有哪些误区。

(1)对效益描述得太笼统,没有细分领域。

(2)对效益的理解仅限于本学科,没有拓展到更广阔的领域,思维不发散、视野不开阔。

(3)与上一条相反,思维太发散,试图与不相关的事物产生效益关联,从而变得牵强。

(4)明明可以产生经济效益却没有写。

假设一个课题研究的是"'一带一路'背景下中俄青年学生的文化交流",对效益的描述则是:促进中国文化发展,促进中国文化走向世界。

这种表述的错误至少来自两个方面:

其一,描述的语言太过简单,效益太宏观又太笼统。没有细分"中俄""青年学生"这两层含义所能产生的效益。比如可以仔细考虑,这一题目是否为国际化人才培养、青年人才就业、对外汉语教学、文化产业等提供相应的效益?这样进行发散性的思维训练,"大开脑洞",就可以将效益真正细分到不同领域,自然也就可以产生不同类型的社会效益和经济效益了。

其二,表述有问题,更像是意义而非效益。表述效益应该使用如下风格的句式:"为……**献计献策**""为……**提供**……**参考**""为……**提供**……**依据**""为……**提供**……**参谋**""为……**提供**……**建议**""为……**提供对策,增强**……**的影响**""**帮助**……**及时止损**""**协助**……**规避误区**""为……**节省成本**""为……**开辟新的就业渠道**""为……**开辟新的生产经营模式提供参考借鉴**"等。

上述表达方式，有的不仅可以描述社会效益，也可用于描述经济效益。申请人可以依据样例衍生出更多适合自己课题的表达方式。

又假设一个课题研究的是"西北地区民族特色文化旅游产品设计范式"，而对效益的描述则是：促进西北地区文化旅游发展；为丰富西北地区民族文化的理论体系提供新借鉴。

这种表述的错误至少来自三个方面：

(1)第一条效益关注的面太过笼统，没有细致分析可以对文化旅游的哪些具体问题提供帮助。

(2)把第一条效益局限在了狭义的社会效益。细想来，如果形成系列产品的设计范式，可以降低成本，提升产品的设计美感，就很有可能为文化旅游产品的生产经营者带来经济效益。

(3)第二条效益属于学术价值，而且写得泛泛，其实与该课题的主旨大意相去甚远，有牵强附会之嫌。然而这种误区却广泛存在于很多申请书里，值得我们警惕。

由上述常见问题和假定案例可以看出，编写"预期社会效益"的"雷区"有很多。因此，申请人需要注意如下几个要点：

(1)对效益可以更加广泛地从政治价值、战略意义、国家利益、文化作用、科学价值、学科价值、理论价值、思想价值、应用价值、实践意义、经济效益、战术作用、实用价值等方面提取。

(2)确定上述大方向之后，还要依据课题主旨，充分想象自己的成果付诸应用后会对哪些**"效力对象"**发挥哪些具体作用，同时删除与主旨大意无关的**"效力对象"**。

(3)写作时应该对效益的重要性进行排序，把最重要的放到最上面。

(4)表达上，每一条效益一句话，不要太简洁或太啰唆；同时要与对价值的表述明确区分开，不要混为一谈。

总之，再次强调，在思考"预期社会效益"时一定要关注其广义的内涵，即一定要思考：我的课题会不会产生经济效益。如果有，就一定要写。

三、参考文献

1. 参考文献的作用

参考文献虽然在申请书和活页里的位置都较靠后,可它的重要性是人所共知的。参考文献的编写,考验申请人的学术传承、科学态度、科研能力、对课题的理解程度和准备程度,也考验课题的基础、质量、价值。

好的参考文献能帮助申请人体现出哪些特征呢?

(1)**学术深度**。参考文献的水准高低可以体现出申请人在前期酝酿选题时所涉猎的理论深度。

(2)**权威性**。参考文献中的重点核心期刊、权威论著,可以体现出申请人所依据理论的权威性,从而展现选题的理论高度。

(3)**前沿性**。参考文献应以最新文献为主,由此体现出申请人选题的前沿性。

(4)**全面性和丰富性**。参考文献数量多、语种多、类型多,代表申请人具有开阔的理论视野,而且在前期积累资料时做了大量全面的准备工作。其课题论证的可靠性、可行性也由此获得了佐证。

2. 常见问题

摘选参考文献时稍不留神就会出现很多明显的问题。

(1)参考文献的主题单一。例如一个课题要研究实验动画短片的创作,结果大部分参考文献都是讨论"动画剧作"这一具体的主题,而忽略了构成"实验动画短片创作"的其他环节。

(2)参考文献的类型太过单一。例如参考文献类型全部为专著,缺少期刊文献,或反之。

(3)参考文献与文献综述的关系严重脱节。虽然不需要把综述中提到的所有论文都放到参考文献里,但至少要列出前面提到的重要文献或有代表性的文献。

（4）生硬地将每一位评委的论文列出，利用参考文献阿谀评委。

（5）文献没有权威性、代表性。领域内代表人物、代表作未被提及。

（6）文献的层次低，例如列出了很多教材、"百度百科""维基百科"、工具书或者启蒙性、科普性文献。

（7）文献不具有国际视野，只有国内文献，没有外文文献，或反之。

（8）参考文献数量太少。

（9）文献排列混乱，不能突显重要文献。

（10）撰写参考文献时不规范，例如字号改小、字体变化、随意加粗、缺少编号、符号不规范等。

（11）画蛇添足般将 CSSCI、北大核心、国家级出版社等信息标注在参考文献里。

（12）受困于常规的文献表述方式，在有限的字数里大量充斥符号、日期、人名等，令人眼花缭乱，且浪费字数限额。

（13）把自己的前期成果列为参考文献（也许您真的参考了，但也不建议列出）。

3. 如何选用参考文献

（1）参考文献数量安排上，国家社科基金项目申请书要求列出"开展本课题研究的主要**中外**参考文献（**略写**）"，所以应该以课题论证为主，不必罗列太多文献，本书建议**10~20 篇**即可。

（2）参考文献种类选择上，常见的参考文献类型包括**期刊论文、专著、论文集析出、报纸、报告、学位论文**等。在选择的优先性方面，由于要考虑体现出文献的前沿性和时效性，而刊登周期较短的期刊要比出版周期较长的专著更符合要求。因此，**期刊论文应是首选**。如果某个申请书的参考文献里大量都是专著，甚少或干脆没有期刊论文，那就证明这个板块的撰写是不合格的。优先性上，排在期刊论文之后的相继是：论文集析出、专著、一般报纸文章、学位论文。如果是**国家级重要报刊发表的文章**，例如《人民日报》《光明日报》刊登的文章，其**优先性是可以被提到最前面的**。然而优先选择并不代表单一性的选择，参考文献中专著和论文的比例应该均衡，不能全是专著或全是论文。此外，教材、科普文献、科普书籍、百度百科、维基百科等就不要考虑了。国家社科基金项目尽量少用学位论文，可少量使用博士论文作为参考文献，硕士论文就不要考虑了。另外，近年来越来越多的老师将**领导人重要讲话**也纳入参考文献，这是可以的，同时可当作**优先级最高**的参考文献放在文献列表的首位。

> 文献种类的优先级：
>
> 领导人重要讲话>国家级重要报刊发表的文章>期刊论文>论文集析出>专著>一般报纸文章>学位论文。

（3）期刊论文的选择上，重要期刊、核心期刊的文章是首选，但并不需要在文章名字后面额外标注是什么级别（评审专家自然知道期刊级别）。其中，专业类期刊要比非专业类期刊更理想。要尽量选择一手文献，因此综述类论文就不要列出来了，毕竟一看名称就知道是二手文献。

（4）专著的选择上，以经典或前沿为最佳。新版专著要比旧版理想。外文专著也是很好的选择。出版社级别越高的专著越要优先选择。

（5）外文文献的选择上，其数量要占比 1/5 以上，同时注意论文的作者，不要让外文期刊的作者全部来自国内，否则难免有文献来源的片面性之嫌。

（6）参考文献的时效上，并不是要一股脑全部选择近两年的文章或专著，而是可以适当使用旧的、经典的文章、专著。

（7）参考文献与文献综述的关系上，申请书文献综述里会涉猎大量的文献。受字数限制，能列出的参考文献数量要少于前面文献综述时使用的文献数量，如何筛选就成了困扰申请人的问题。原则上，参考文献贵在精，而不在数量庞大。因此，文献综述中的精华，即重要的、有代表性的文献成为我们的首选。同时注意对文献综述每个段落、每个分类、每个主题的文献"雨露均沾"，这样才不至于使参考文献的主题过于单一。

4. 参考文献如何排序

有的申请书会**按字母顺序排列**，出版社一般会要求专著后面的参考文献按照此方法排序，但这种方法不适合在申请书里用，因为无法兼顾文献种类的优先性，也无法突显重要文献，总的来说就是，参考文献的重要性被打乱了，因此不推荐按字母顺序排列。

有人按照**全部文献的发表年限倒序或正序排列**，这和上一种排法的问题一样，无法突出重要文献，但仍有很多人在用。

有人把**全部权威或重要的文献**(无论是论文还是专著)**放在前面**，然后把不太重要的全部列在后面，这个方法也比较常见，能突出重要性，但是文献类别上，看着会有一点点乱。

注：文献的权威性或重要性，指文献内容权威或重要；也可指发表期刊的级别高；还可指出版社的级别高。

有人会把领域专家的文献放在前面排列，把不重要的文献作者放后面，就有点像是**按照作者"番位"排序**，这种方法有谄媚之嫌，而且还不一定排得对，因此不提倡使用。

还有人**基于文献种类的优先级分类排序**，比如先把论文排出来(内部结合权威性和重要性排列)，再把专著排出来(内部结合权威性和重要性排列)，这种方法兼顾了优先性、重要性、相关性，是笔者常用的，亲测有效，力推！

另外，不需要一定采用**中文在前**、**外文在后**(**或反之**)的方式，外文文献也可以参与到上述排序的阵营里。

其实，排参考文献就像"套娃"，多种排序法**相互嵌套**着使用，如果**基于文献种类的优先级分类排序**，那么无论是论文板块还是专著板块，内部排序都需要考虑：文献的权威性重要性、作者"番位"、时间顺序、字母顺序……究竟按哪个顺序排呢？笔者经过多年排列组合的尝试，对常见文献排序方式进行了测评：

> 常见文献排序方式测评结果：
>
> 基于文献种类优先级分类排序>不分种类，把全部权威或重要文献放在前面>按发表年限倒序或正序排列>按照作者"番位"排序>按字母顺序排列

参考文献没有标准排法，并不是选择了上述排序中最不推荐的方式就一定出错，多尝试几种排序法，选择最适合自身课题、看着最整洁、最不会出错、最能表达自己意图的方式即可。

5. 如何使布局美观

有专家指出，参考文献的格式需要美观、整洁，让人一目十行，而且格式并不是一定要局限于标准的文献编写规范，可以视具体情况<u>灵活处理</u>。

如果文献的作者超过 2 人，可以从第二个名字起省略，并用"等"字代替（也可以不省略）。文献的篇名不需要使用书名号。出版社不用列出所在地。按照文献重要性排序，不必按照时间排序。<u>中文使用宋体，外文用 Times New Roman</u>。

◇ **最全的版本是：**

作者. 专著题名［M］. 出版地：出版社，出版年，起止页码.

作者. 文章题名［J］. 期刊名，年，卷（期）：起止页码.

<u>最后面的"。"或"."可以省去</u>。

◇ **起止页码在申请书里是可以省去的。**

如：

1. 陈潭. 大数据时代的国家治理［M］. 北京：中国社会科学出版社，2015.

2. Bonnie ANardi, Vicki L O Day. Information ecologies：using technology with heart［M］. Cambridge：The MIT Press, 2003.

3. 马琳. 我国现阶段档案服务机构类型及问题分析［J］. 档案学研究，2014（4）.

4. David Bridge. Information governance and assurance：reducing risk, promoting policy［J］. Archives and Records, 2015（1）.

◇ **可以做一些改动，比如把"年"提前。**

如：

1. 邢福义，2002，汉语语法三百问［M］，北京：商务印书馆

2. 杨静，2018，现代汉语情感定语异指的认知研究［J］，现代外语研究（2）：25-29，36

◇ **可以进一步瘦身，只留下：作者、题名、出版社/期刊、时间。**

如：

1. 唐圭璋编《词话丛编》（全五册），中华书局，1986

2. 资中筠：《启蒙与中国社会转型》，社会科学文献出版社，2011

◇ 译著还可以把"国籍"提前；受字数所限，甚至可省去译者名字。

如：

1.（美）麦金太尔：《追寻美德》，译林出版社，2003 年版

2.（法）孟德拉斯：《农民的终结》，社会科学文献出版社，2005 年版

◇ 不一定只使用左端对齐，还可使用两端对齐，且省略符号。

如：

1. 高森远　简论民族文化的内涵与创新　贵州民族学院学报（哲学社会科学版）　2009（2）
2. 李宗桂　文化自觉与文化发展　　　　中山大学学报（社会科学版）　　　　2004（6）

还有的老师习惯使用**表格的方式**列举参考文献。只要美观整洁，文献分布合理，重点突出，一目了然，这些方法都可以尝试使用。

> 提示：在美观度和文献之间，我们还是要以文献为主。切忌为了布局美观而删除重要文献。

第八章

申请书其他部分

国家社科基金项目申请书的其他部分，指的是除去"课题设计论证"之外，还需要填写的"数据表""研究基础""经费概算"板块。注意，**本章题目"研究基础"指的是大板块，与"课题设计论证"里的"研究基础"相比，前者更大，能涵盖后者。**

一、数据表

申请书的撰写就像一场大型的"整合式营销"，不停地利用各种细微之处向评委展示我们申请书的优势。申请书的第一部分是数据表，是这场"营销"的开篇。它虽然看着工作量不大，但其中暗藏很多细节值得我们注意，因此数据表也是颇令人耗费精力的板块。

一般来说，我们在不断修正申请书内容的同时，可以像"绣花"一样，细致地一点点修缮数据表。如果撰写课题论证及申请书其他部分时，修改了课题名称、预期成果形式和字数、结项时间、经费总数，不要忘记回过头来在数据表中修改，以保持前后文信息一致。绝对不要把填写数据表的工作留到最后，因为当时间非常紧张时，我们往往会忽视数据表中的细节。

这场"营销"，申请人不能做"虚假宣传"，因此填写数据表时需要做到三点：**仔细、如实、规范**。请注意，拿到申请书后，不要马上填写，而是应该先阅读申请书的"填写《数据表》注意事项"。它对很多细节都做了明确规定，防止我们走错路、走弯路。

1. 课题名称

申请书在数据表的前一页明确规定了课题名称：应准确、简明地反映研究内容，一般不加副标题，**不超过 40 个汉字（含标点符号）**。

有时，申请人想把课题中所有的亮点都体现在题目里，结果题目就超了字数，或者不得不加副标题。但近年来我们发现，复杂冗长的题目，往往不能获得评委的青睐。根据多年的申请经验，本书建议大家考虑简洁的题目，同时不要使用副标题，也不要使用冒号、破折号，少用逗号，可使用引号。课题名称整体居中最美观。

2. 关键词

"填写《数据表》注意事项"规定：按研究内容设立。最多不超过 3 个主题词，词与词之间空一格。

从营销的角度看待关键词的功能，它是帮助受字数所限的课题名称体现"卖点"的。所谓"卖点"就是同时满足以下三个条件的"点"：申请人最想告诉评委的；评委最想知道的；课题最与众不同之处。关键词不需要再从内容中提炼概括，而是需要我们从题目和课题论证中直接提取。应注意：

（1）不要超过限定数量。

（2）关键词不要太长、太复杂。

（3）关键词从题目中提取时不要带上"研究"二字。

（4）关键词要选择有代表性的、核心的，兼具"卖点"功能的词，可依据与主题相关度选择最接近的 3 个词。

（5）关键词的表述要简洁明晰。

（6）布局时可使用整体居中的方式，这样最为美观。

3. 项目类别

项目类别分得很细致，表格中是"A. 重点项目 B. 一般项目 C. 青年项目 X. 西部项目"。类别的选择要参照申请人的年龄和前期积累，选择适合自己的。其中值得注意的是，此处需填入 1 个字符。如，选"一般项目"就填"B"，而不是把类别的全称填进表中。填入后，字符应于框格内居中放置。

4. 学科分类

"填写《数据表》注意事项"规定：粗框内填 3 个字符，即二级学科代码；细框内填二级学科名称。例如，申报哲学学科伦理学专业，则在粗框内填"ZXH"，细框内填"哲学伦理学"字样。跨学科课题填写与其最接近的学科分类代码。

学科分类代码千万不要自己"百度"，可以从项目指南公布时的 Excel 附件"数据代码表"中直接查到。此处有两个值得注意的问题：

(1)**封面**的"学科分类"要求用**汉字**填写，且要求的是"**一级学科**"；数据表中要求的是填写"**二级学科**"，先在小框里写代码，再在长框里写汉字。

(2)跨学科课题应填写与之距离最近的学科分类。例如文化产业的课题基本都是跨学科的，有的课题有管理学、民族学、艺术学的内容。如果申请人自己的研究专长是以管理学为主，或者是管理学出身的，前期积累的成果也多半为管理学期刊的论文和管理类专著，那么可以选择"管理学"之下的二级学科"文化艺术管理（GLX）"。另外，由于在二级学科之间进行跨越也具有一定优势，很多艺术类专业的申请人在选择学科分类时会盲目地选择"H 艺术文化综合研究"。例如，一个研究纪录片创作的课题，虽然纪录片中会包含很多文化内容，但没必要为了跨二级学科而把自己的课题归为"艺术文化综合研究"。一旦报错了类型，很可能由于自身学科跨度不大而折损了申请书的竞争力。

本书建议，不要盲目跟风跨学科，应实事求是地依据自己选题特点选择学科类型，从而维护自身的学科竞争优势。

5. 研究类型

目前，数据表中的研究类型分为：**基础研究**、**应用研究**、**综合研究**、**其他研究**。要搞清楚分类，就要首先明确两个最基本最常见的类型：基础研究和应用研究，二者的特点对比见表 8-1。

（1）基础研究

基础研究指的是为获得关于现象和可观察事实的基本原理及新知识而进行的实验性和理论性工作，它不以任何专门或特定的应用或使用为目的。多为基于理论假设，认识现象或事实，揭示规律，获取新知识、新原理、新方法的实验性和理论性研究，反映学科建设中重要的基础理论问题，体现较高的学术价值。基础研究的周期最长可达5年，较应用研究的周期长一些。

（2）应用研究

应用研究指为获得新知识而进行的创造性的研究，它主要是针对某一特定的实际目的或目标。应用研究大多基于实践中发现的问题，将基础研究发现的新知识、新理论等用于特定目标的研究，反映经济社会发展中重大的现实问题，体现较高的应用价值。应用研究侧重于国家急需的、对政府决策提供参考的重要理论和实际问题，强调时效性，如果选择了应用研究，注意研究的周期要在3年之内。

表 8-1　基础研究与应用研究的特点对比

	基础研究	应用研究
主攻问题	基础性、事关久远的问题	解决社会热点问题，破解现实难题
侧重点	旨在发现和开拓新知。关注现象或事实，重视结果，扩充知识	旨在解决问题。重事实、重实践、重视结果、重视过程，重视实证性和可操作性
研究内容	分析对象的特性、结构和各种关系。深化认识，解释本质，揭示规律	使理论在实践中得到运用与检验；为解决实际问题提供科学依据；以理论研究为支撑，探索经验的普遍规律，并上升为科学理论
研究目标	提出和检验各种设想、理论、定律，不以直接的应用为目的	提出富有建设性的对策、建议等。具备鲜明的前瞻性、战略性、可操作性
时效性	不强调时效	周期短，强调时效，有很强的针对性和目的性
研究周期	上限是5年	上限是3年

（3）综合研究，顾名思义就是糅合了基础研究和应用研究双重特点的研究

类型,对研究问题的急迫性、研究内容的复杂性以及对研究结论的时效性有了更高的要求,难度可想而知。

(4)其他研究,指的是上述三种研究之外的类型。

6.课题负责人信息

课题负责人(除个别位置,本书仍旧统称为申请人)的姓名、性别、民族、出生日期、身份证号码等要依据真实情况填写,并反复校对核实。行政职务、专业职称、最后学历、研究专长、最后学位、担任导师的填写类型都应该从"数据代码表"里查找,并填写代码和汉字。不要留下空白。有,则依照"代码表"填写;无,则填"无"。

7.所在省市、所属系统、工作单位

(1)所在省市

"填写《数据表》注意事项"规定:按代码表规定填写。地方军队院校不按属地填写,一律填写"军队系统"。

(2)所属系统

"填写《数据表》注意事项"规定:以代码表上规定的七类为准,只能选择某一系统。

(3)工作单位

"填写《数据表》注意事项"规定:按单位和部门公章填写全称。如"北京师范大学哲学系"不能填成"北京师大哲学系"或"北师大哲学系","中国社会科学院数量与技术经济研究所"不能填成"中国社会科学院数技经所"或"中国家社科院数技经所","中共北京市委党校"不能填为"北京市委党校"等。

8.课题组成员

"填写《数据表》注意事项"规定:必须是真正参加本课题的研究人员,不含课题负责人,不包括科研管理、财务管理、后勤服务等人员。

由这条规定可见,很多申请人不是很理解课题组成员的填写范围,也经常会出现一些错误。除此之外，申请人常犯的错误还包括：

(1)成员过少或没有；或者数据表中没有的成员，却在"条件保障"中出现。

(2)填写的成员"超项"。副高级以上职称是被**限项**的，因此填写前务必搞清楚成员目前参与项目或拟参与项目的数量，以及自己是否在未经告知的情况下被写进了其他人的申请书里。

(3)成员职称低、水准低，或成员里学生太多，使人质疑项目的可行度和水准。

(4)成员大量为有行政职务的人员，非专职科研人员，这会令评委质疑是否有足够的人力投入到耗时耗力科研任务中。

(5)成员研究专长明显与课题不相关。

(6)高于课题负责人职称的成员过多，使人质疑课题负责人是在虚挂专家的名字充数。

(7)跨地区成员过多，这样会使人质疑团队是否能有效协作。

成员的组合有多种方式，<u>以 9 个成员为例</u>，**假设申请人是副教授**，无论青年项目还是一般项目，成员中教授 1~2 个即可，不可过多；副教授 2~4 个都可以，其余根据需要安排讲师或助教。**假设申请人是讲师**，无论青年项目还是一般项目，教授、副教授加在一起不宜超过团队成员总数的 1/3，其余多安排一些讲师比较好，且讲师可以是学历比较高的，如年轻博士，这样能体现出团队的凝聚力，且很年轻有活力。

> 小技巧：笔者认为，与自己职称级别相同的成员占成员总数的 1/3~1/2 会比较合适；如果大家职称都不高，就找高学历的成员。

另外，也要注意成员单位应该写到**二级单位**。

课题组成员的招募，还是应该在同事、同门和同道中寻找一些方向相近、愿意一起干事业的人。招募的成员最好有相关领域的前期积累，这样也可以丰富我们的申请书内容，提高申请书含金量。

本书不推荐利用申请书的成员名额送人情。设想一旦项目获得立项，下一步是需要脚踏实地做科研攻关的，如果团队中没有一个能帮助自己的人，结果是很悲摧的。相反，如果我们前期设计选题时，与团队成员一起探讨、一起打磨，众人拾柴火焰高，申请书的质量也会比一个人独自琢磨出来的要高。

对于一些热门的招募对象，由于职称高，往往会被限项。至少需要提前半年与之打招呼，千万不要临近提交申请书之前再询问对方是否乐意加入。因为很有可能这些热门的招募对象早已经被别人"预定"了。**所以，职称高的成员要尽早拉入伙！**

9. 预期成果

数据表中，预期成果的可选项是：**A. 专著 B. 译著 C. 论文集 D. 研究报告 E. 工具书 F. 电脑软件 G. 其他**。

"填写《数据表》注意事项"规定：（预期成果）指最终研究成果形式，可多选。例如，预期成果为"专著"填"A"，选"专著"和"研究报告"填"A"和"D"。字数以<u>中文千字</u>为单位（很多老师会看错计量单位而填错）。结项成果原则上须与预期成果一致，如计划用少数民族语言或者外语撰写成果，请在论证中予以说明。

预期成果可选择**1~2项**，太多则降低课题的可行性。注意，数据表里只需要填最终成果。

选择成果形式要参考自己的研究类型、课题的特点，也要考虑自己未来五年内职业规划所需要的成果积累。常见的成果形式可以有如下组合：

专著；专著+研究报告；论文集+研究报告；论文集；论文集+译著；论文集+工具书；专著+其他；研究报告+工具书；研究报告+译著；研究报告+电脑软件；研究报告+其他；译著；工具书；电脑软件；其他。"其他"可以是专利、作品等其他形式。

10. 申请经费和计划完成时间

"填写《数据表》注意事项"规定：以**万元**为单位（很多老师会看错计量单位而填错），填写阿拉伯数字。申请数额可参考该年度申报公告。

申请的经费往往是等于或少于立项批下来的经费，因此很多人习惯写到该项目类别的经费上限。

计划完成时间，基础研究一般填写3年，也有人填3~5年，这可以依据填写指南和项目的难度具体考虑。如果课题确实需要5年去完成，但申请人又担心写5年不会获批，因此不得已跟风写了3年，最后只得申请延期。本书不建议申请人把延期当成自己的必选项，我们应该把项目的难度考虑周全，设置合理的研究周期计划。如果是应用研究，那它的上限就是 3 年，所以数据表里考虑写 2~3 年。计划完成时间最好写整月，即写到某个月的最后一天，例如 12 月 31 日，而非 12 月 30 日；但是也不要犯常识性错误，比如写出了 9 月 31 日。国家社科基金项目申请书的数据表填写示例见表 8-2。

表 8-2　国家社科基金项目申请书的数据表填写示例

课题名称		不超过 40 字不加副标题						
关键词		关键词 1　　关键词 2　　关键词 3						
项目类别	B	A.重点项目　　B.一般项目　　C.青年项目　　X.西部项目						
学科分类	GLX	文化艺术管理						
研究类型	A	A.基础研究　　B.应用研究　　C.综合研究　　D.其他研究						
课题负责人	××	性别	女	民族	汉	出生日期	1983 年 1 月 8 日	
行政职务	无	无	专业职称	B	副教授	研究专长	GLX	文化艺术管理
最后学历	A	研究生	最后学位	A	博士	担任导师	B	硕士生导师
工作单位		××大学管理学院				联系电话	××	
身份证件类型	居民身份证	身份证件号码		××		是否在内地(大陆)工作的港澳台研究人员	（是/否）	

	姓名	出生年月	专业职称	学位	工作单位	研究专长	本人签字
课题组成员	××	1980.05	副教授	博士	××大学管理学院	文化旅游管理	
	××	1982.05	副教授	博士	××大学管理学院	文化产业政策	
	××	1983.01	副教授	博士	××大学管理学院	市场营销	
	××	1984.02	副教授	硕士	××大学艺术学院	工艺品设计	
	××	1986.10	讲师	硕士	××大学艺术学院	数字艺术设计	
	××	1989.11	讲师	硕士	××大学人文学院	文化旅游管理	
	××	1995.01	助教	硕士	××大学人文学院	文化旅游经营	

预期成果	A	A.专著　　B.译著　　C.论文集　　D.研究报告　　E.工具书　　F.电脑软件　　G.其他		字数/千字	250
申请经费/万元		20	计划完成时间	2025 年 12 月 31 日	

二、研究基础

1.学术简历

此部分需要填写课题负责人的主要学术简历、学术兼职，在相关研究领域的学术积累和贡献等。

(1)课题负责人的学术简历

关于学术简历，需要了解三个问题：什么是学术简历、学术简历中的常见问题有哪些、用学术简历展现什么。

首先，学术简历用来反映负责人的**学术经历和学术专长**，着重介绍各学术活动所在阶段的时间和地点。所谓学术活动指的是学历学习、学位攻读、学术进修、访问学习、师从导师、参与的团队、涉猎的领域、开展的合作研究、进行的学术交流和学术管理等。

由于注重时间和地点信息，可以用如下形式展示：

2002年—2006年，××大学××学院××系××专业本科。2006年—2009年，××大学××学院××专业硕士研究生。2009年—2012年，××大学××学院××专业博士研究生，并进入××实验室××科研攻关团队。2012年—2013年，赴××国××大学访问交流。2014年起，进入××大学××学院××系任教至今，并进入××实验室，现任副教授，硕士生导师。

注，不一定必须从本科写起，从博士或硕士写起也可以，这里没有硬性规定。笔者认为，如为了突显"科班出身"，或跨学科的课题为了突显项目负责人也有跨学科的经历，那么从本科开始写起，是个不错的主意。

其次，学术简历中的常见问题包括：①捏造学术经历；②审错题，写成了学术成果举例；③重复数据表中已经填写的大量信息，如姓名、年龄、性别、民族、籍贯、政治面貌、通信地址等；④文字过多过细，甚至夹叙夹议；或者太过简单，完全没有亮点；⑤与本课题有关的经历介绍得少，不相关的经历介绍得多。

最后，应该用学术简历展示什么？

学术简历在文字表述上主要展示各阶段学术活动的时间和地点。其背后的功能在于：

①展示学术传承，课题负责人是否为"**科班出身**"；其学科基础、"**童子功**"是否扎实，是否一脉相承。

②展示课题负责人是否具有科研能力，是否有广泛的学术交流能力。由于不倡导学术"近亲繁殖"，所以曾经在多个学校学习、交流的简历对课题负责人更有助益。

③从学术简历体现课题负责人所经历的学校、机构、团队是否在领域内具有实力和影响力，从而判断课题负责人的学术能力。

（2）学术兼职

学术兼职的写法应实事求是，不可夸大造假。可被认为学术兼职的岗位见表8-3。

表8-3　学术兼职一览

机构	兼职
本单位内各机构的学术委员会	主任委员、副主任委员、委员、特约研究员、兼职研究员
外单位学术机构、社会团体	大学客座教授、名誉教授、讲座教授、兼职教授
理事会	理事长、副理事长、常务理事、理事
国内外专家委员会、协会、学会、研究会	会长、副会长、秘书、会员
中外学术期刊	顾问、学术指导、主编、副主编、编辑部主任、编委、特约编委、栏目主持人、审稿人；编委会主任、副主任、委员
各类学术委员会	主任、副主任、成员
各类指导委员会	主任委员、副主任委员、委员
各类评议组、工作组、专家组、协作组	组长、副组长、成员
国际国内学术会议组委会	主任、副主任、成员

(3)学术积累和贡献

此处写作的主要原则在于：**内容求实、条理清晰**。

学术积累指的是课题负责人为研究本课题所做的学术准备工作。以课题申请人自己负责产出的积累为主，参与他人项目而产出的积累为辅。此处可以写课题负责人自己的学术积累，包括已取得的学术成就、已掌握的文献资料。可分为：**论文、专著、课题、奖项、参加的会议**。

学术贡献指的是负责人在相关学术领域，已经解决的难题，作出的推进或发现，创立的理论，甚至创建的学科；也包括在某个领域所处的领先地位，完成了怎样的人才培养等。可围绕专著、论文、奖项、课题、重要国际国内会议、研究报告、设计方案等学术成就展开。例如，**介绍课题负责人出版专著多少部；发表××级别论文多少篇；获得各级奖项多少个；完成的课题项目产生了哪些学术、社会、经济贡献；获得人才称号多少个**。由于还有一个"承担项目"板块需要填写，所以此处项目信息不要挨个罗列，仅选取产生了一定贡献的标志性项目即可。

2.研究基础

国家社科基金项目"课题设计论证"板块的"研究基础"的写作要求是：

申请人前期相关代表性研究成果、核心观点等。【前期相关代表性研究成果限报5项，只填成果名称、成果形式(如论文、专著、研究报告等)、作者排序、是否核心期刊等，不得填写作者姓名、单位、刊物或出版社名称、发表时间或刊期等。申请人承担的已结项或在研项目、与本课题无关的成果等不能作为前期成果填写。】

申请书中，"研究基础"板块的"研究基础"环节的写作要求是：

申请人前期相关代表性研究成果及其与本研究的学术递进关系。

同时该板块下方的说明里写着：前期相关代表性研究成果限报5项，成果名称、形式(如论文、专著、研究报告等)须与《课题论证》活页相同，活页中不能填写的成果作者、发表刊物或出版社名称、发表或出版时间等信息要**在本表中加以注明**。与本课题无关的成果不能作为前期成果填写；合作者注明作者排序。

以上文字摘自2024年国家社科基金项目申请书表格原文。大的"研究基础"套着小的"研究基础",表8-4为"研究基础"在不同板块里的写作区别。

"课题设计论证"板块的"研究基础"只需要**"前期相关代表性研究成果"****"核心观点"**,而"研究基础"板块的"研究基础"还需要额外加一个**"与本研究的学术递进关系"**,以下依次介绍这三个内容该怎么写。

(1)前期相关代表性研究成果

这一部分用于考察课题负责人的**前期积累、科研能力和科研经验**。如果课题负责人前期基础较好,积累了数十篇文章,在此则可筛选仅与本课题相关的成果,而且无论哪个板块的前期成果,**都只能写5项!**如果前期积累不多,也可以考虑把稍微关联一些的研究基础一并罗列,但从题目上看绝对不能差得太远。有人会问"已发录用通知的论文写不写上",笔者认为文章充裕的情况下不**建议写**的,因为佐证材料比较薄弱,不如**已发表**的有说服力。但如果前期相关成果实在太少了,又不想错过本次申报机会,那就只能写上了,有总比没有好。

另外注意,**能填写什么,不能填写什么,要注明什么!**

表8-4 "研究基础"在不同板块里的写作区别

	申请书"课题设计论证"板块和活页里	申请书"研究基础"板块里
能填写	成果名称、成果形式(如论文、专著、研究报告等)、作者排序、是否核心期刊等	成果名称、成果形式(如论文、专著、研究报告等)、作者排序、是否核心期刊等
不能填写	作者姓名、<u>单位</u>、刊物或出版社名称、发表时间或刊期等。<u>申请人承担的已结项或在研项目</u>、与本课题无关的成果等	<u>申请人承担的已结项或在研项目</u>、与本课题无关的成果等
要注明	—	成果作者、发表刊物或出版社名称、发表或出版时间等信息

注意,这里有两个小区别,其一,申请书"课题设计论证"板块和活页里有"单位"二字,指作者单位信息不要写,但是申请书"研究基础"板块里没有"单位"二字,即没说让我们注明"单位",既然没说,为保险起见,就别写。其二,活页里提到"<u>申请人承担的已结项或在研项目、与本课题无关的成果等不能作为前期成果填写</u>",所以申请书的"课题设计论证"里也对应着不要写项目信

息，不过这也容易理解，因为申请书有专门可以写"承担项目"的地方。即便如此，也需要提醒申请人注意。

"研究基础"什么位置该写什么，不该写什么，确实有些绕，请各位老师一定审好题！

（2）核心观点

在 2014 年以前，"观点"也在国家社科基金项目申请书"主要内容"之后出现过，指的是研究内容所含有的观点，它可以是**拟申报课题最终想获得的几个重要结论**，也可以是**拟申报课题的假设或某种预测**。简要地说就是：**拟出现的见解，或将要秉持某个见解去做某事**，体现的是"**一般将来时**"的语义。

在 2015 年以后，"观点"从原来的位置消失，出现在"研究基础"里，被放在"前期相关研究成果"后面。其含义是**前期成果所含有的观点**，是拟申报项目之前，申请人积累的成果中已经得出来的观点。因此是**已经发表的见解**，是"**过去完成时**"的语义。但是很多申请人会将课题的核心观点写于此，而且只写本课题的核心观点（即只写"一般将来时"），这种写法不妥，所答非所问。

我们需要分析一下，为什么会设置这个环节？

这个环节是与"课题负责人前期相关代表性研究成果"相伴出现的，所以它是为了体现申请人的**学术积淀**、本课题与申请人学术领域的关联。

鉴于此，本书建议，此处可包含两个内容，即融合"过去完成时"和"一般将来时"：

其一，**概述前期成果的核心观点**（"过去完成时"）；

其二，**概述本课题的核心观点**（"一般将来时"），并**阐述二者相关性**，以此来表示本课题**前期是有积淀的**，且与自身研究领域是一脉相承的！

至于观点如何表述，请参考本书"艺术学单列学科申报要点"中"课题论证"里的讲解。

（3）学术递进关系

"学术递进关系"指申请人前期相关代表性研究成果与本研究之间的逻辑联系和发展脉络。强调前期研究成果如何为本研究提供**理论基础**、**方法论支持**或者**数据支撑**，以及本研究是如何在前期研究的基础上进行**扩展**、**深化**和**创新**的。解答"学术递进关系"的目的是展示申请人前期研究成果与本研究之间的紧密联系和递进性，以此证明本研究的可行性和必要性。

阐述思路有如下五条路径：

①**问题的深化。**

解释本研究在问题探讨上是如何基于前期研究成果进一步深化的，即前期研究解决了哪些问题，本研究又将解决哪些更深层次的问题。

②**方法论的发展。**

解释本研究在方法论上是如何继承和超越前期研究的，是否采用了新的研究方法或者对前期方法进行了改进。

③**理论的拓展。**

解释本研究在理论构建上是如何在前期研究的基础上进行拓展的，是否提出了新的观点或者对现有理论进行了补充和完善。

④**实践应用的推进。**

解释本研究在实践应用上是如何基于前期研究的成果进行推进的，是否将前期的研究成果应用于新的实践领域或对实践问题提供了新的解决方案。

⑤**数据和资料的累积。**

解释本研究在数据和资料的收集上是如何利用前期研究成果的，是否在前期研究的基础上进行了更广泛的数据收集或者对数据进行了更深入的分析。

3. 承担项目

申请书中明确写道："负责人承担的各级各类科研项目情况，包括项目名称、资助机构、资助金额、结项情况、研究起止时间等"。

填写时，项目级别越高越好，没有高级别项目时也可以把低级别项目写进去。一般的校级项目没有太多含金量，但如果是重点大学的校级项目还是可以写的。如果项目很多，则精选与本课题相关的、级别高的。

填写时，仅包含五项：项目名称、资助机构、资助金额、结项情况、研究起止时间；无须再写其他。其中，结项情况包括**已结**、**在研**、**待结**这三种状态。

4. 与已承担项目或博士论文的关系

申请书中明确写道："凡以各级各类项目或博士学位论文（博士后出站报告）为基础申报的课题，须阐明已承担项目或学位论文（报告）与本课题的联系和区别"。

新入职的青年教师可能在博士学位论文(或博士后出站报告)的基础上申请国家级项目,因此需要填写这个板块。撰写时,可以从研究的对象、内容、方法、学科属性、价值、创新点等方面阐明关系。

注意,应当从**题目**上就有效区别博士学位论文(或博士后出站报告)与本次拟申请课题的不同。例如,前者可能是对某个问题的初步研究,有待进一步细化或者在实际应用中获得验证和升华,那么它的进阶版就是这次拟申请的题目。这需要在题目上就把二者的区别甚至是进阶关系体现出来。比如笔者的博士学位论文题目是《文化产业园风险管理体系构建研究》,后来国家社科基金青年项目的题目就是《文化产业园风险管理体系的实用性研究》。从构建体系开始(博士论文),到完善体系以及尝试使之具有实用性能(课题),这就是从博士学位论文到课题的进阶关系。同时,阐述的时候,也要从研究内容、方法、价值、创新点等多方面简要解释两者的异同和进阶关系。

三、经费概算

国家社科基金项目资金来源于中央财政拨款,是用于资助哲学社会科学研究,促进哲学社会科学学科发展、人才培养和队伍建设的专项资金。国家社科基金项目的经费都是"额控"的,需要严格遵照前期计划执行。经费概算不仅"约定"了项目开展后,经费具体的使用去向,且不得超额;也反映了课题负责人是否有能力合理规划项目。经费概算需要:①遵守最新版《国家社会科学基金项目资金管理办法》[①](财教〔2021〕237号)及相关规定;②遵守所在单位科研部门和财务部门的相关规定和具体操作办法,为此应仔细查阅学校相关文件,甚至亲自到上述两个部门咨询调研。③需要根据项目实际需求,实事求是设计方案。

最新版文件规定,根据预算管理方式不同,国家社科基金项目资金管理分为预算制和包干制。

改版的申请书"经费概算"表格界面如表 8-5 所示,表格中直接经费只涉

[①] 关于印发《国家社会科学基金项目资金管理办法》的通知. http://www. nopss. gov. cn/n1/2021/1110/c431036-32278518. html

及三个开支项目，即业务费、劳务费和设备费，本书也据此对我们申报时常见的问题进行说明提醒。

表 8-5　根据修订后文件改版的"经费概算"表格界面（2024 版）

	序号	经费开支科目	金额/万元
直接费用	1	业务费	
	2	劳务费	
	3	设备费	
间接费用			
合计			

1. 直接费用的开支范围

新版《国家社会科学基金项目资金管理办法》明确了项目资金由直接费用和间接费用组成。其中，直接费用是指在项目实施过程中发生的与之直接相关的费用，主要包括：

（1）业务费：指在项目实施过程中购置图书、收集资料、复印翻拍、检索文献、采集数据、翻译资料、印刷出版、会议/差旅/国际合作与交流等费用，以及其他相关支出。

本书参考之前的经费文件，对上述一些费用类别的含义进行如下解释：

购置图书、收集资料、复印翻拍、检索文献费用之前属于资料费，指在项目研究过程中需要支付的图书（包括外文图书）购置费，资料收集、整理、复印、翻拍、翻译费，专用软件购买费，文献检索费等。

采集数据费用，指在项目研究过程中发生的调查、访谈、数据购买、数据分析及相应技术服务购买等支出的费用。设计调查问卷、案例分析的费用也属于此类。

印刷出版费用，指在项目研究过程中支付的打印费、印刷费及阶段性成果出版费等。

会议/差旅/国际合作与交流费，指在项目研究过程中开展学术研讨、咨询交流、考察调研等活动而发生的会议、交通、食宿等费用，以及项目研究人员出国及赴港澳台、外国专家来华及港澳台专家来内地开展学术合作与交流的费用。召开会议应该严格控制规模、数量、支出标准和会议周期，一般小型会议可以实现的就不要召开费用高的大型会议。前些年出国参加国际会议可以持有因私护照并报销，但是最近几年它被归属于因公出国，各单位都是在前一年的年底提前向上级单位报备，有的省市不允许临时申报出国计划，因此需要提前一年做好规划。申请因公出国的流程通常要花费3个月时间，所以，这一部分计划起来要考虑好时间周期和可能产生的额外成本。（注：申请人要等到因公出国的流程走完之后，拿到批件和公务护照再买机票，而机票有可能由于时间的临近而价格提升很多。）

（2）**劳务费**：指在项目实施过程中支付给参与项目研究的研究生、博士后、访问学者和项目聘用的研究人员、科研辅助人员等的劳务性费用，以及支付给临时聘请的咨询专家的费用等。项目聘用人员的劳务费开支标准，参照当地社科研究从业人员平均工资水平，根据其在项目研究中承担的工作任务确定，其由单位缴纳的社会保险补助、住房公积金等纳入劳务费科目列支。支付给临时聘请的咨询专家的费用，不得支付给参与本项目及所属课题研究和管理的相关人员，其管理按照国家有关规定执行。

（3）**设备费**：指在项目实施过程中购置设备和设备耗材、升级维护现有设备以及租用外单位设备而发生的费用。应当严格控制设备购置，鼓励共享、租赁设备以及对现有设备进行升级。

从《国家社会科学基金项目资金管理办法》（财教〔2021〕237号）可以看出，不鼓励花大价钱购买硬件设备，如果能租赁、免费使用则更好。因此设备购置费不宜设置太高比例。但可以考虑购买一些花费不高的耗材以及小的计算机辅助设备，比如原版软件、录音笔、存储卡、优盘、移动硬盘、数据线、硒鼓等。

注意，文件规定：**直接费用只提供基本测算说明，不需要提供明细**。项目负责人应当在收到立项通知之日起30日内完成预算编制。无特殊情况，逾期不提交的，视为自动放弃资助。项目预算经项目责任单位、所在省区市社科工作办或在京委托管理机构审核并签署意见后，提交全国哲学社会科学工作办公室审核。未通过审核的，应当按照要求调整后重新上报。跨单位合作的项目，确需外拨资金的，应当在项目预算中单独列示，并附外拨资金直接费用支出预算。间接费用外拨金额，由项目责任单位和合作研究单位协商确定。

2.间接经费的额度

间接费用是指项目责任单位在组织实施项目过程中发生的无法在直接费用中列支的相关费用。主要包括：项目责任单位为项目研究提供的房屋占用，日常水、电、气、暖等消耗，有关管理费用的补助支出，以及**激励科研人员的绩效支出**等。

间接费用由项目责任单位统筹安排使用。项目责任单位应当建立健全间接费用的内部管理办法，公开透明、合理合规使用间接费用，处理好分摊间接成本和对科研人员激励的关系。绩效支出安排应当与科研人员在项目工作中的实际贡献挂钩。项目责任单位可将间接费用全部用于绩效支出，并向创新绩效突出的团队和个人倾斜。项目责任单位不得在间接费用以外，再以任何名义在项目资金中重复提取、列支相关费用。

间接费用基础比例一般按照不超过项目资助总额的一定比例核定，具体如下：50 万元及以下部分为 40%（**按经费上限算，重点项目的 40%是 14 万，一般和青年项目的 40%是 8 万**）；超过 50 万元至 500 万元的部分为 30%；超过 500 万元的部分为 20%。

项目成果通过审核验收后，依据结项等级调整间接费用比例，具体如下：

（1）结项等级为"优秀"的，50 万元及以下部分可提高到不超过 60%；超过 50 万元至 500 万元的部分可提高到不超过 50%；超过 500 万元的部分可提高到不超过 40%。

（2）结项等级为"良好"的，50 万元及以下部分可提高到不超过 50%；超过 50 万元至 500 万元的部分可提高到不超过 40%；超过 500 万元的部分可提高到不超过 30%。

（3）结项等级为"合格"，或以"免于鉴定"方式结项未分等级的，间接费用比例不再提高。

3.包干制项目资金管理

包干制项目无须编制项目预算。包干制项目负责人在承诺遵守科研伦理道德和作风学风诚信要求、经费全部用于与项目研究工作相关支出的基础上，本着科学、合理、规范、有效的原则自主决定资金使用，按照《国家社会科学基金项目资金管理办法》（财教〔2021〕237号）第10条规定的开支范围列支，无须履行调剂程序。对于项目责任单位为项目研究提供的房屋占用，日常水、电、气、暖等消耗，有关管理费用的补助支出，由项目责任单位根据实际管理需要，在充分征求项目负责人意见基础上合理确定。对于激励科研人员的绩效支出，由项目负责人根据实际科研需要和相关薪酬标准自主确定，项目责任单位按照工资制度进行管理。项目责任单位应当制定项目资金包干制管理规定。管理规定应当包括资金使用范围和标准、各方责任、违规惩戒措施等内容，报全国哲学社会科学工作办公室备案。

4. 负责人必须杜绝的行为

根据《国家社会科学基金项目资金管理办法》（财教〔2021〕237号）规定，项目责任单位和项目负责人应当依法依规管理使用项目资金，不得存在以下行为：①虚假编报项目预算；②未对项目资金进行单独核算；③列支与项目任务无关的支出；④未按规定执行和调剂预算、违反规定转拨项目资金；⑤通过虚假合同、虚假票据、虚构事项、虚报人员等弄虚作假，转移、套取、报销项目资金；⑥截留、挤占、挪用项目资金；⑦设置账外账、随意调账变动支出、随意修改记账凭证、提供虚假财务会计资料等；⑧在使用项目资金中以任何方式列支应由个人负担的有关费用和支付各种罚款、捐款、赞助、投资、偿还债务等；⑨其他违反国家财经纪律的行为。

项目负责人使用项目资金情况应当自觉接受有关部门的监督检查，这也是广大读者需要注意遵守的规则要求。

四、自查清单

笔者建议初次申报国家社科基金项目的老师制作一个"Check List"（自查清单），该清单包含最容易出现的问题或可能遗漏的细节，就像出门旅行前对照清单检查自己是不是所有的东西都装进皮箱一样。那么，我们的"Check List"（自查清单）长什么样呢？请参考表8-6。

表 8-6　自查清单

撰写前		
	问题	**建议**
选题	选题是否与历年立项课题"撞车"	题目"撞车"不一定是完全一模一样的修辞，但是还应该查阅近年来立项清单，看自己的选题是否与已立项课题太过相似
成员	副教授以上核心成员是否确定加入	职称高的老师作为成员是有条件的，会被限项，动笔之前一定尽早拉入伙
撰写时		
	问题	**建议**
封面	封面信息中题目、学科分类、项目类别等是否与后文题目一致？填表日期是否符合规定	反复前后对照，同时检查日期的"年"是否为当年，月、日是否符合申报公告要求的时间范围
数据表	"项目类别""学科分类""所在省市""所属系统"等信息填写方式是否符合规定	申请书的"填写《数据表》注意事项"
人员信息	负责人和团队成员信息是否准确	年龄、职称、学历、身份证信息、单位信息、专业领域、承担的工作等需要再三确认，尤其身份证信息
限项	负责人和团队成员是否限项	首先必须与团队成员反复确认是否符合申报规定；其次，有的项目申报系统可以在输入团队成员身份证信息后自动检测是否限项，建议系统刚开放时就把成员身份证信息输入
经费	填写的经费总数是否符合要求？经费概算填写是否合理合规	仔细阅读最新版《国家社会科学基金项目资金管理办法》

续表 8-6

撰写时		
	问题	建议
活页中会导致取消参评资格的信息	是否在未察觉的角落透露了与个人有关的信息	不要错过申请书和活页表格下方的"说明"。例如国家社科基金项目的活页要求：**活页文字表述中不得直接或间接透露个人信息或相关背景资料，不得填写作者姓名、单位、刊物或出版社名称、发表时间或刊期等**
限制的信息数量	填报的成果数量、参考文献数量等是否符合要求	不要错过申请书和活页表格下方的"说明"。例如国家社科基金项目的申请书和活页都要求：前期相关代表性研究成果**限报 5 项**
不符合要求的信息	活页中是否填写了与课题无关的信息？或是否填写时不符合规范	不要错过申请书和活页表格下方的"说明"。例如国家社科基金项目的活页要求：申请人承担的已结项或在研**项目**、与本课题**无关的成果**等不能作为前期成果填写。申请人的**前期成果不列入参考文献**
申请书和活页"提纲"	所撰写的项目论证等内容是否符合申请书和活页"提纲"的要求？比如，是"框架思路"还是"研究内容"？"基本思路""研究方法"是单独列出来的吗？等等	不要犯经验主义错误，把以前的本子直接拿来用，应**下载当年最新版的申请书和活页**，仔细阅读填写提纲及其提示语。不提供申请书下载的项目（如艺术学项目），需要尽早登录申报系统查看撰写要求
申请书和活页不一样的地方	申请书和活页是可以完全一样的吗	一些项目的活页和申请书构成也许有细微差别，依然需要仔细对照填写提纲及其提示语
错别字	论证文字中是否有错别字？语句是否通顺	仔细反复多次阅读，建议配合大声朗读的方式，更有助于发现错别字和语句不通顺的地方
项目信息	承担项目的信息是否符合填写要求？是否有信息遗漏？格式是否一致	需要仔细对照填写提纲和提示语，也需要仔细检查自己写的每一个条目，绝对不能简略带过

续表8-6

撰写时		
	问题	建议
参考文献	参考文献格式是否一致？尤其中文和外文文献的格式	仔细核对每一条文献格式，尤其关注外文文献的格式是否与中文文献一致
编号统一	使用的序号形式统一吗	检查是否通篇使用了同样的编号形式，比如一、（一）、1、（1），或1、1.1、1.1.1……，同时检查编号是否连续、是否重复、是否有遗漏等
排版统一	是否存在首行缩进问题？每个板块排版形式是否一致	通篇检查排版，比如有的小标题首行缩进，有的没缩进，这些也需要统一
字体、字号、符号及其他	是否简洁美观？是否能让人一目了然？是否让人眼花缭乱	尽可能减少太多种字体和字号的使用，也不要用太多加粗、波浪线、下划线等辅助形式
检查校对	需要每天检查校对一遍吗	如果完稿早，建议每隔1~2天阅读检查一遍，修改时不要越改越偏，每修改一次，之前的版本也要保留。因此建议对文件命名时标注修改日期。不要用"修改版""最新修改版"等方式命名
录入系统时		
	问题	建议
系统字数	Word文档计算的字数可能跟系统计算的字数不一致，系统计算的是字符数。即便是字符数，也有"计空格"和"不计空格"的区别，Word文档节省字符数的方式也可能和系统不一样	谨慎起见，尽早将文稿录入系统，以测试是否超出规定字数和超出多少字数。每次修改后，都在系统里录入一遍，检测的同时不断摸索如何在系统里节省字符数。文稿基本成型后，可直接在系统里修改，以此更便捷地控制字数
文档美观	如在申报系统里录入文字信息，那么系统生成的PDF文档或打印出的文档可能与之前看到的布局不一致	正式提交前，多次预览PDF文档，对照预览结果反复修改系统中的格式；打印时使用PDF而不要使用Word文档打印，这样不会出现格式错乱

续表 8-6

录入系统时		
	问题	建议
佐证材料	佐证材料是否信息正确？图片清晰？图片排版是否合理？（有些课题需要粘贴或上传立项、结项证明等佐证材料）	挨个检查佐证材料，如需要粘贴进申请书里的，还要考虑排版的美观性
文档上传	有的申报平台不需要在系统里输入文字，但要求直接将 Word 文档上传	注意查看对文档版本的要求，是否要开启"宏"，是否不能切换 WPS 软件处理。上传后再下载查看文档是否有问题

系统提交后		
	问题	建议
截止日期	涉及的各类截止日期可包含：系统关闭日期、各省级单位受理申报的截止日、各省级单位向上提交资料的截止日、学校科研处受理申报的截止日	以校科研处受理申报的截止日为主要参考，因为其截止日通常定得比系统关闭时间早，很多项目需要省级单位先筛选，所以必须跟着学校规定的时间线走。一定不要拖延到最后一刻
系统确认	许多申报系统需要申请人所在学校在系统里确认	提交后要及时联系学校科研处，并在系统中密切关注科研处是否及时确认了申报信息
打印文档	需打印几份文档？纸张尺寸用 A4 还是 A3？是否正反面？装订在哪一侧	阅读申报公告，同时结合所在学校科研处的要求
资料邮寄	是否需要申请人自行邮寄	阅读申报公告，同时结合所在学校科研处的要求

第九章

艺术学单列学科项目申报要点

一、艺术学单列学科项目一览

艺术学单列学科项目主要涉及：国家社会科学基金艺术学重大项目、国家社会科学基金艺术学项目、国家社会科学基金后期资助项目（包含艺术学科）。

> 本书建议：凡是国家级课题的重大项目，都值得我们关注，因为重大项目的选题代表了相关领域近年来重点关注的方向，能启发我们写论文和申报课题。

1. 国家社会科学基金艺术学重大项目

公告发布及申报截止日周期：每年 1—3 月。

批准单位：文化和旅游部全国艺术科学规划领导小组。

招标单位：全国艺术科学规划领导小组办公室。

招标对象：主要包括文化艺术和旅游领域重点研究机构、高等院校以及社科研究机构等。投标要以单位名义进行，多单位联合投标须确定一个责任单位。鼓励跨地区、跨单位联合投标，鼓励理论工作部门与实际工作部门合作开展研究。

招标数量和资助额度：2024 年度共发布 20 个重大项目招标选题（最终立项 17 项），每个招标选题原则上只确立 1 项中标课题。资助额度根据研究的实际需要确定，一般为每项 60 万~80 万元。2023 年度共发布 19 个重大项目招标选题，最终立项 15 项。2022 年度共发布 20 个重大项目招标选题，最终立项 18 项。2021 年发布 35 个重大项目招标选题，立项 27 项；2020 年度共发布 31 个重大项目招标选题，立项 28 项。

投标资格要求：

投标责任单位须具备下列条件：在文化艺术和旅游研究领域具有较强的科研力量和深厚的学术积累；设有专门负责科研管理工作的职能部门；能够为开展重大项目研究工作提供良好条件。

投标课题组须具备下列条件（以 2024 年招标公告为例）：

其一，遵守《中华人民共和国宪法》和法律，遵守国家社科基金各项管理规定；在相关研究领域具有深厚的学术造诣和丰富的科研经验，社会责任感强，学风优良；首席专家具有正高级专业技术职称或厅局级（含）以上领导职务，每个投标团队的首席专家只能为一人。

其二，在研的国家社科基金各类项目，马克思主义理论研究和建设工程重大项目及其他国家级重大科研项目，教育部哲学社会科学研究重大课题攻关项目的负责人，不能作为首席专家参加本次投标。申请其他国家级科研重大项目及教育部哲学社会科学研究重大课题攻关项目的负责人，同年度不能投标国家社科基金艺术学重大项目。

其三，首席专家只能投标一个项目，且不能作为子课题负责人或课题组成员参与本次投标的其他项目。子课题负责人具有副高级（含）以上专业技术职称（职务）或者具有博士学位，在本次招标中只能参与一个投标项目，已担任 2 个在研的国家社科基金重大项目的子课题负责人不得参与本次投标。课题组成员最多参与两个投标项目。在研的国家社科基金重大项目、重大研究专项项目和教育部哲学社会科学研究重大课题攻关项目的负责人，不得作为子课题负责人参与本次投标。

其四，首席专家对投标项目负统筹协调的首要责任，每年须举办至少 2 次核心人员（须含子课题负责人）研讨会或相关学术活动，首席专家及子课题负责人须承担实质性研究工作，原则上子课题负责人不得调整。

其五，文化和旅游部机关工作人员不能申请或者参与申请国家社科基金艺术学重大项目。

申报方式：网上填报。全国艺术科学规划项目管理平台（网址：https://yskx. mct. gov. cn）。

2.国家社会科学基金艺术学项目

公告发布及申报截止日周期：每年1—4月。

批准单位：文化和旅游部全国艺术科学规划领导小组。

选题要求：申报国家社科基金艺术学项目，要体现鲜明的时代特征、问题导向和创新意识，着力推出代表正确方向、体现国家水准的研究成果。基础研究要密切跟踪国内外学术发展和学科建设的前沿和动态，着力推进学科体系、学术体系、话语体系创新，具有主体性、原创性和较高的学术思想价值；应用研究要立足党和国家事业发展需要，聚焦文化艺术发展中的全局性、战略性和前瞻性的重大理论与实践问题，具有现实性、针对性和较高的决策参考价值。

申请人条件：遵守《中华人民共和国宪法》和法律；具有独立开展研究和组织开展研究的能力，能够承担实质性研究工作；具有副高级（含）以上专业技术职称（职务）或者具有博士学位。不具有副高级（含）以上专业技术职称或者博士学位的，可以申请青年项目。青年项目申请人的年龄不得超过35周岁（1989年3月15日后出生）。申请人填报课题组成员有关信息资料前，必须征得本人同意，否则视为违规申报。申请人可以根据研究的实际需要，吸收境外研究人员作为课题组成员参与申请。全日制在读研究生不能申请。在职博士后可以从所在工作单位或博士后工作站申请，全脱产博士后从所在博士后工作站申请。文化和旅游部机关工作人员不能申请或者作为课题组成员参与申请。

项目设置：重点项目、一般项目、青年项目，同时设立西部项目，对边远贫困地区和少数民族地区特别是西部地区研究项目给予一定倾斜。西部项目不专门申报，从西部地区研究人员申报的项目中评审产生。

项目资助额度参考标准：项目资助额度参考标准为：重点项目35万元，一般项目、青年项目、西部项目20万元。最终确定的资助额度在适当范围内上下浮动。

是否限额申报：是。

完成时限：基础理论研究一般为3~5年，应用对策研究一般为2~3年。

申请人资格限定条件：

（1）课题负责人同年度只能申报一个国家社科基金艺术学项目，且不能作为课题组成员参与其他国家社科基金艺术学项目的申请；课题组成员同年度最多参与两个国家社科基金艺术学项目申请；在研国家级项目的课题组成员最多参与一个国家社科基金艺术学项目申请。

（2）在研的国家社会科学基金项目、国家自然科学基金项目、教育部人文社会科学研究项目及其他国家级科研项目的负责人不能申请新的国家社会科学基金艺术学项目（以2024年申报公告为例，要求结项证书标注日期在2024年3月15日之前的可以申请，或在3月15日前已向全国艺术科学规划领导小组办公室提交结项材料的，可以申请本年度项目。后者具体日期以各地中级管理单位寄出结项材料时间为准）。

（3）申请国家社会科学基金项目、国家自然科学基金项目及其他国家级科研项目的负责人同年度不能申请国家社会科学基金艺术学项目，其课题组成员也不能作为负责人以内容相同或相近选题申请国家社会科学基金艺术学项目。

（4）申请教育部人文社会科学研究项目的负责人同年度不能申请国家社会科学基金艺术学项目。

（5）不得通过变换责任单位回避前述（1）~（4）条款规定，不得将内容基本相同或相近的申报材料以不同申请人的名义提出申请。

（6）凡在内容上与在研或已结项的各级各类项目有较大关联的申请课题，须在申请时注明所申请项目与已承担项目的联系和区别，否则视为重复申请；不得以内容基本相同或相近的同一成果申请多家基金项目结项。

（7）凡以博士学位论文或博士后出站报告为基础申报国家社会科学基金艺术学项目，须在申请时注明所申请项目与学位论文（出站报告）的联系和区别，申请鉴定结项时须提交学位论文（出站报告）原件。

（8）不得以已出版的内容基本相同的研究成果申请国家社会科学基金艺术学项目。

（9）凡以国家社会科学基金艺术学项目名义发表阶段性成果或最终成果，不得同时标注多家基金项目资助字样。

（10）预期成果需达到国家级项目应有体量。

申报方式：网上填报。全国艺术科学规划项目管理平台（http://yskx.mct.gov.cn）。

二、立项分析

　　艺术学在国家社科基金项目中属于单列学科，由全国艺术科学规划领导小组组织申报。在项目设置上，艺术学项目从 2005 年起设立西部项目；从 2007 年起，将原"全国艺术科学规划课题"统一更名为"国家社会科学基金艺术学项目"，并将评审立项周期由每两年一次改为一年一次。同时取消原自筹经费项目类别，分设委托项目、重点项目、一般项目、青年项目和西部项目五大类。在国家社科基金项目中，艺术学项目申报与其他学科略有不同，例如，活页要求论证字数不超过 4000 字。申请人需要登录全国艺术科学规划项目申报管理系统填报。

　　艺术学课题指南又细分了"艺术基础理论""戏曲与曲艺""戏剧与影视""音乐""舞蹈""美术与书法""艺术设计"和"文化艺术综合"八大类。符合这八大类的项目均可申报，尤其是"文化艺术综合"类，指南中设有很多跨学科的题目，其他学科的老师也可视情况申报。

1. 立项数据

　　2021 年，全国艺术科学规划领导小组共受理 31 个省（自治区、直辖市）600 余家单位申报项目 3954 项。经过资格审查、匿名通讯评审、线上会议评审、网上公示等环节，221 个项目获得立项资助，整体立项率为 5.6%[①]，该数据可作为近年来申请该项目的参考依据。

　　暂以 2015 年至 2024 年立项数据为例，"选题宝"对此进行了一些统计分析。如表 9-1 所示，国家社科基金艺术学单列学科在这段时间共立项 2207 项，其中累计重点项目 135 项，累计一般项目 1471 项，累计青年项目 382 项，累计西部项目 219 项。立项数呈整体上升趋势，2017 年较之前有较大幅度增长，随后回落到 220 项左右并持续了 4～5 年的时间，直到 2023 年立项数超过 230，2024 年更是创造新高，达近 10 年来最高 255 项。

---

① 全国哲学社会科学工作办公室. 国家社会科学基金年度报告・2021［M］. 北京：学习出版社，2022.

表 9-1　国家社科基金艺术学项目历年立项数（2015—2024 年）

	总数/项	重点项目/项	一般项目/项	青年项目/项	西部项目/项
2015 年	184	7	112	49	16
2016 年	196	5	137	37	17
2017 年	249	8	167	52	22
2018 年	220	8	155	46	11
2019 年	214	8	152	34	20
2020 年	214	14	145	35	20
2021 年	221	17	151	29	24
2022 年	219	18	142	32	27
2023 年	235	20	150	36	29
2024 年	255	30	160	32	33
近 10 年合计	2207	135	1471	382	219

图 9-1 所示为 2015—2024 年国家社科基金艺术学项目立项总数变化趋势。

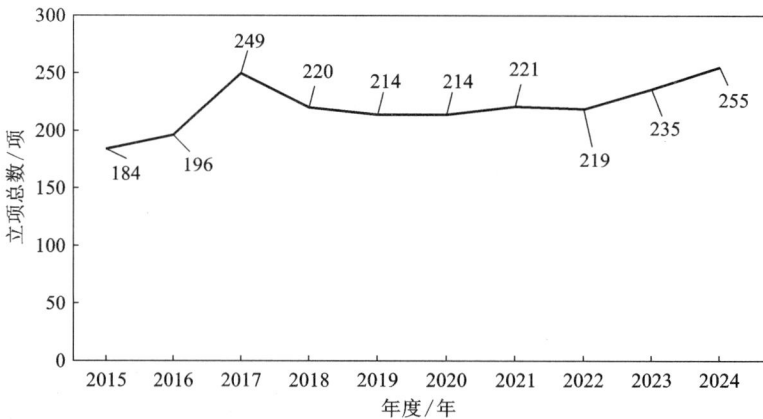

图 9-1　2015—2024 年国家社科基金艺术学项目立项总数趋势

2.立项类别分布情况

在立项类别上，如图 9-2 所示，"一般项目"是最多的一类，数量占比达到 66.65%；其次是"青年项目"占 17.31%，"西部项目"占 9.92%，"重点项目"占 6.12%。近年来，"重点项目"立项数和所占比重持续提升，"青年项目"立项数有下降缩减的趋势，其中 2024 年尤为明显。

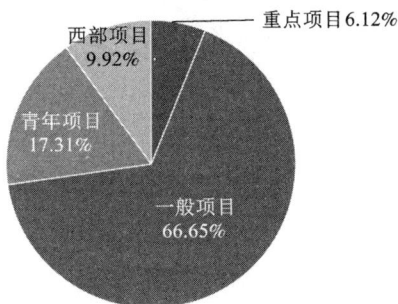

图 9-2　国家社科基金艺术学项目立项类别分布(2015—2024 年)

3.立项单位

2015—2024 年，国家社科基金艺术学项目立项最多的单位有哪些？请看表 9-2。

表 9-2　国家社科基金艺术学项目立项最多单位排名(2015—2024 年)

排名	立项单位	立项总数/项
1	中国传媒大学	53
2	中国艺术研究院	44
3	南京艺术学院	39
4	中国美术学院	33
5	清华大学	31
6	上海大学	28

续表9-2

排名	立项单位	立项总数/项
7	苏州大学	23
	浙江传媒学院	23
	四川美术学院	23
8	中央美术学院	22
9	南京大学	21
10	福建师范大学	20
	东南大学	20

4. 立项高频词

图9-3所示是2015—2024年度国家社科基金艺术学单列学科立项题目的高频词，从图中可以看到"艺术、文化、传统、丝绸之路、音乐、图像"等关键词是立项重点。这里呈现的"高频词"是在立项题目中出现大于等于10次的词。

图9-3 2015—2024年度国家社科基金艺术学单列学科立项题目的高频词

扫一扫

> 如果您想跟踪艺术学项目最近更新的立项统计分析，请扫描左边二维码。

三、申请书提纲及注意事项

国家社科基金艺术学单列学科项目有单独的申报系统，系统对申报时间和审核时间的要求都是非常严格的，申请人需要提前做好充分的准备。比如在临近申报截止的日期，网络平台会出现拥堵的现象，不如错峰填报，提前完成所有信息的录入。

1. 数据表

数据表设置的栏目包括：项目名称、主题词、项目类别（国家社会科学基金艺术学重点项目、国家社会科学基金艺术学一般项目、国家社会科学基金艺术学青年项目）、学科分类、研究类型、负责人和主要参加者的各项信息。其中，申报艺术学项目不需要单独下载学科代码表，因为系统会提供学科分类的选项。系统中，"主要参加者"表格里最多可以填写 10 人。注意，需要填写每个成员的身份证号码。预期成果的相关信息不出现在数据表中，但会出现在申请书第五部分"预期研究成果"的表格里。

2. 课题论证

正如前文介绍的，课题论证的提示语如下：

1. 本课题国内外研究现状述评及研究意义。2. 研究的主要内容、基本思路和方法、重点难点、主要观点及创新之处。3. 项目负责人与所申报课题相关的前期研究成果，主要参考文献（两类限填 20 项）。

从中可以看出，在论证的板块设置上与国家社会科学基金项目基本相近。区别在两处，一处是："限 4000 字以内"，其实指的是 4000 个字符，超出规定字符数，系统会自动提示。因此真正写出来的文字应该是**3700 字左右**。这就大大限制了论证的篇幅，需要申请人"惜字如金"，甚至需注意符号的使用，难度很高。另一处是，前期研究成果和主要参考文献这两类一共限填 20 项。申请人常会因为读题不仔细而在此处出现失误。

首先，要注意的问题是字数限制。

打磨出"完美的 4000 字符"，是艺术学项目申请书里最难把握的部分。述与评的比例大体为 4∶1。按照这个比例，述和评在艺术学项目申请书里约占 845 字。其中，文献的"述"应占 676 字左右，"评"则约占 169 字，艺术学项目的研究内容，字数应是 731 字左右，可见文字空间实在有限。但是，**写申请书不是写"八股文"，大约了解字数分配的比重即可，不宜硬性遵守，还是要根据自身课题的特色和需求灵活处理。**

下文所示艺术学项目"研究内容"案例摘自笔者 2013 年立项的国家社会科学基金艺术学青年项目的申请书，其中研究内容的字数为 634 字（646 字符）。该课题的前期研究基础是博士学位论文，有一定的资料积累，也完成了大致 1/3 的工作量。因此在研究内容板块里，渗透了前期成果的价值、作用、内容和特点。同时，采用了较为对仗且简洁的小标题。在布局上比较保守，采用了三段式。在文字的分布上，三个段落也较为均衡，第一段 150 字，第二段 215 字，第三段 233 字。

艺术学项目"研究内容"案例

本课题的研究工作将建立在前期成果的基础上，重点研究如下三方面内容：

[1] **深度探索，完善体系**。即对前期成果进行要素补充。文化产业园的风险管理是一个浩大的体系，其中涉及了文化、政治、经济、社会，由宏观到微观、由上至下各个层面的各种因素，虽然前期成果对风险要素类型的把握已经较为全面，但是各层要素的深度还有待进一步挖掘。因此，本课题的第一个任务是对风险管理要素进行"深度探索"。

[2] **主体分类，确定优先性**。风险管理的主体是多样的，既可以是园区管委会也可以是某些集团、企业；既可以是政府相应的立项审批部门，也可以是区域经济的规划者。由此决定本课题所建立的风险管理模型中要素的优先性必然应该带有主体性特征。而本课题的研究基础目前仅搭建出风险要素管理体系，未能进一步依据不同主体，解决相应的要素优先性问题。因此本课题在充分完成"深度探索"工作的基础上将按照风险管理的主体进

行分类，并针对各类主体提出相应的要素优先性原则。

[3] 建立模型，验证模型。本课题的第三个任务，也是结论的产生和验证过程。本课题将以不同主体的要素优先性原则为出发点，通过对大量调研数据的统计、运算，获得相应的控制参数，并采取科学的运算方法，建立风险管理模型。在验证阶段，则是一方面选取现实中文化产业园成功和失败的案例，将相应参数代入其中，验证模型结论的准确性，并分析误差范围；另一方面，利用本模型协助一些文化产业园项目的规划论证工作，验证模型的可行性。最终通过对验证阶段的总结，修改完善本模型，使之具备科学严谨的应用价值。

作为段首的这句："本课题的研究工作将建立在前期成果的基础上，重点研究如下三方面内容"，逗号前面半句目的是表明本研究有大量的前期基础；后半句是提示研究内容有三段。虽然占了 32 个字的空间，但因为这句话具有一定的功能，所以不算浪费字数。

艺术学项目时时刻刻都要求申请人"**惜字如金**"，能用简单句的，绝不用复杂句；能对大量重复的主语进行"约分"省略的，绝对要省略；不完整句式可以明确表达的，一定要用不完整句式……

但不能因此而省略功能性的语句，不能因此把语言变得晦涩或者残缺。要想掌握好这个度，没有 20~30 遍的修改和打磨是不行的。因此本书建议申请人把写作申请书的工作提前 4 个月以上，完稿后也建议每隔 2 天重新阅读一遍申请书，每次阅读时一定能挑出很多之前看不到的问题。如此精雕细刻，至少能在语言表达上实现"完美的 4000 **字符**"。

其次，要注意的是：前期研究成果和主要参考文献，两类限填 20 项。

关于这个数字，本书每年都会遇到申请人咨询：这是指两者加到一起等于 20 项？还是指各 20 项？答：**总共 20 项**。其实，这不代表大家不会读题，而是表示大家不敢相信居然要求填这么少的文献。

对于参考文献，在精而不在多。那么在艺术学项目申请书里，对精的要求就更高了。因此请记住本书在前述章节中提出的关于参考文献的建议。一定要有最新的文献、最权威的文献、有外文文献、有经典文献；有论文也要有专著，论文比例可以高于专著比例，专著新版要比旧版理想（在有限的数量中要满足上述全部要求，想想就头疼）……

最后，要注意"主要观点"的出现。

国家社科基金项目申请书要求写"本课题的研究对象、主要目标、重点难点、主要目标等",而艺术学项目要求写"**研究的主要内容、基本思路和方法、重点难点、主要观点及创新之处**"。虽然艺术学项目申请书没有强调必须写"研究对象""主要目标",但是本书建议,在文字数量允许的情况下,这些内容是需要用尽量简洁的文字补充齐全的。

关于"主要观点",读者也许会有下述三个疑问:

(1)"主要观点"的功能是否代替了"研究对象"和"主要目标",是两者内容的整合?

(2)"主要观点"是比国家社科基金项目申请书多出来的一个板块?

(3)"主要观点"与国家社科基金项目申请书中研究基础里提到的"核心观点"是一样的吗?

问题(1):否,"主要观点"是拟出现的**见解**或课题的**假设**、**预测**。

问题(2):否,如前文所述,国家社科基金项目申请书把对观点的考察融入了框架思路里。

问题(3):否,国家社科基金项目申请书的写法融合了"过去完成时"和"一般将来时"。

艺术学项目申请书里,"主要观点"的位置是在"重点难点"后面,"创新之处"前面,因此它是课题的**观点**、**假设**、**预测**,应该按照"**一般将来时**"语义写作。表述方式上可参考如下案例:

艺术学"主要观点"案例

(6)主要观点:

本课题认为,当政府或企业试图制定文化产业园的建设规划和发展规划时,可以通过运用"文化产业园风险管理模型"获取园区规划设计的最佳模式,而这种最佳模式是以降低文化产业园发展和运营风险为最终目标的;并且,政府的立项审批工作也可以运用这一模型,全面评估项目的可行性。本课题正是要实现这一科学设想,力图构建一套实用性强、科学严谨的"风险管理模型"。

上述案例中,拟申报课题主要围绕着一个科学假设而展开研究,因此这个科学假设——构建一套"风险管理模型",利用模型和数据评估文化产业园的风险,就是它的主要观点。其中**"可以通过""可以运用"**表达了"一般将来时"的

语义，"**科学设想**"这几个词强调了这是一种研究"假设"，所以符合"**主要观点**"的表达规范。

在提炼观点时，不仅可以参考上述方式，形成一个总的、核心的观点；也可以在研究内容的每一个段落，根据内容，各自提炼出一条观点。因此，"主要观点"可以是 1~4 条。观点数目切忌繁多。排列应按**逻辑顺序**，可按照**研究内容的顺序**一一列出。在字数允许的情况下，也可以采用**总－分**的方式，即先总体介绍课题的核心观点，再分条罗列围绕核心观点的 3~4 个小观点。

提炼观点的方法类似从研究内容中逐条提炼重点和难点，有时候它们的内容会交叉，但在表述上是有明显区别的。既然"观点"指的是打算形成的见解，预设会出现的结论，那么应该选用具有类似含义的词，例如：比作、当作、预示、证明、呈现、显露、符合、适应、匹配、解决、克服、避免、防止、导致、引起、使得、给予、寄予、激发、推动、防止、避免、超越……

3. 完成项目研究的条件和保证

此板块的提示语如下：

负责人和主要成员曾完成的重要研究课题（省、部级以上课题必须注明立项单位、立项号、结项时间、结项号等信息）；本课题前期成果；与本课题相关的研究成果；研究成果的社会评价（引用、转载、获奖及被采纳情况）；完成本课题研究的时间保证、资料设备等科研条件。

此部分类似国家社科基金项目申请书的"研究基础"。需要注意的是，此处没有"4000 字"字样，但实际上**系统还是默认 4000 字限制**。写作时，请参考本书在前面章节里对可行性和研究基础的讲解，并应严格按照要求中的提示，主要研究课题的信息不要有缺失。除"立项单位、立项号、结项时间、结项号"这些信息之外，还应该在系统里上传能证明这些信息的支撑材料，即结项书、立项通知单等。如果项目组成员有一些项目信息填写进了申请书，却无法提供支撑材料，那么必须忍痛割爱，删掉这个信息。否则可能会因缺少支撑材料而无法确定项目的真实性，以致影响申请书的诚信。同时建议把支撑材料的**图片进行排版、合并**，毕竟是艺术学项目，还是要讲究一些设计感和美观度的，好过各种色调各种大小的图片散乱分布于申请书中。

4.预期研究成果

艺术学项目的预期研究成果是在申请书第四部分，以表格形式出现的，需要填写不多于10项的阶段性成果，以及不多于3项的最终成果。

注意：

（1）不要将阶段性成果重复写进最终成果的表格里。

（2）要拟定阶段性成果和最终成果的名称。本书建议，这些阶段性成果的拟定名称要能够反映出研究内容中每一个阶段的主要工作。

（3）阶段性成果的排序要遵照基本思路和研究内容的逻辑顺序。

（4）最终成果的排序可以将最主要的、体量最大的成果放在首位。例如一部专著和一篇论文，则把专著放在最终成果的第一行里。

（5）成果形式要结合课题的特点呈现多样化。例如，阶段性成果中，可以有论文、研究报告、数据库、专利、作品等多种形式，论文不需要全部都在核心期刊上发表。

（6）承担人/参加人必须都是数据表中提到的团队成员，不可以多出来谁，也不能少掉谁。承担人的研究专长要与承担的阶段性成果相对应，切忌风马牛不相及。可以是多人承担同一个阶段性成果。

5.经费预算

国家社科基金艺术学项目经费预算也按照2021年已发布的新的《国家社会科学基金项目资金管理办法》，预算科目已变更。根据新办法要求，需要在表中标"＊"科目下填写预算内容，其他科目直接填写"0"。

6.使用申报平台的小建议

笔者对国家社科基金艺术学项目的平台比较熟悉，也被"虐"过很多次，所以对于申报系统与申请书格式之间的"恩怨情仇"深有感触。其实，无论是本书中提到的哪一个项目的申报系统，我们都需要注意一个问题，有时候把文档里调整得很规范的文字拷贝进申报平台后，选择暂存，所看到的画面很不错，但是这并不是最终效果。比如字号、字体、字间距、图片大小、文字与图片的距离、文字段落之间的距离、参考文献的布局等，拷贝到系统后都可能与先前文档里的格式产生很大的区别。因此建议多次导出 PDF 文档预览（**注意不要点"提交"**），这样我们会发现更多系统生成格式的不理想之处，并及时对照调整。

这些细琐经验都是在多次使用申报平台的基础上积累出来的，此处也建议申请人不要拖延到提交截止日期前的 1~2 天再使用系统，这样真的可能因为对系统不熟悉而影响申请书的布局效果，从而使申请书给评委的印象大打折扣。

另外申报平台对字数的计算多为字符数，所以我们在 Word 文档里计算的字数跟平台的字数有出入。比如，我们好不容易在 Word 里删删减减到 4000 字，心满意足的同时也觉得实在不能再删了。这时候我们把文字拷贝到系统里，会发现字数超了许多，此刻的你一定是崩溃的。因此在文档里不要只看"字数"，而应该看"字符数"。此处也建议尽早将文字拷贝进申报平台暂存，不要拖到最后，因为时间太紧，我们可能没办法很精细地删减字数。

其实笔者还有许多碎碎念，更多信息参见本书"申请书其他部分"的"自查清单"。

第十章

教育学单列学科项目申报要点

一、项目简介

1. 基本情况

国家社科基金教育学单列学科项目其实就是我们通常所说的**全国教育科学规划项目**，项目类别包括国家社科基金教育学重大项目、国家社会科学基金教育学重点项目、一般项目、青年项目和西部项目；教育部重点项目、青年项目，以及一些年份设置的教育部专项项目等。

申报公告一般比年度项目晚半个月左右，申报截止时间也相对晚一些，例如 2024 年申报公告是在 4 月 30 日发布的，申报平台开放时间是 5 月 10 日至 5 月 31 日。该项目对于选题的高度、成果的水准有很高的要求。

以 2024 年申报公告为例，"要体现鲜明的时代特征、问题导向和创新意识，着力推出代表正确方向、体现国家水准的研究成果。基础研究要密切跟踪国内外学术发展和学科建设前沿动态，着力推进学科体系、学术体系、话语体系创新，具有主体性、原创性和较高的学术思想价值；应用研究要立足党和国家事业发展需要，聚焦教育发展全局性、战略性和前瞻性重大理论和现实问题，具有现实性、针对性和较高的决策参考价值"。

从公告的要求可见，如果想申报此类项目，需要超越我们长期形成的教改思维，真正去做高屋建瓴的、具有一定战略高度又有现实指导意义的研究。

2. 项目类别

如前文所述，该项目在类别设置上包括国家重大项目、国家重点项目、一般项目、青年项目、西部项目；教育部重点项目、青年项目，有些年份会设置教育部专项项目等。

例如，2024 年设有教育部港澳台教育研究专项，另单独发布公告新增"高校毕业生就业研究专项"和"教育考试研究专项"。

又以 2024 年度为例：

国家重点项目应围绕科教兴国战略、教育改革发展重要理论和实践问题、教育学科重要基础和前沿问题开展原创性研究，鼓励学科交叉。申请人应具有较好的前期研究基础，预期成果体量和质量应高于一般项目。申报重点项目评审未通过的，原则上不转立为一般项目。

国家一般项目应立足教育学科的历史、理论、方法和应用，面向教育改革发展需求和教育学科建设与发展实际，体现申请人的学术素养，围绕对于推进教育理论创新和学术创新具有支撑作用的一般性基础问题、对于推动教育改革发展实践具有指导意义的专题性应用问题，开展具有教育学科视角的创新性研究。

国家青年项目旨在加强对青年人才的扶持和培养，发挥青年学者优势，推进知识创新、理论创新、方法创新和应用创新。

国家西部项目立足西部地区实际和优势，资助推进西部地区教育高质量发展，开展铸牢中华民族共同体意识教育、周边毗邻区域国别教育研究等方面的项目，支持西部地区教育学科建设、人才培养和科研能力提升。

教育部重点项目旨在支撑教育改革发展，注重教育政策研究，支持教育实践创新，推动教育实践经验的理论化体系化。

教育部青年项目旨在加强对青年人才的扶持和培养，涵养教育学术人才队伍，拓展教育学术视野，鼓励研究方法创新。

指南分为重点条目和重要方向两类。申报国家重点项目必须从相应条目中选择，自拟选题不予受理。如确有需要，可对选题进行适当微调，但不得大幅压缩或改变研究内容。每个选题原则上只确立 1 个立项项目。申报其他类别项目可以自拟选题。

3. 申报条件和资助额度

全国教育科学规划项目各类别项目的申报条件及资助额度见表 10-1。

目前对申请人的条件要求是:

(1)国家重大项目申请人须具有正高级专业技术职称(职务),能够担负起课题研究实际组织者和指导者的责任。

(2)国家重点项目和一般项目:具有副高级以上(含)专业技术职称(职务)或具有博士学位。申请人可根据自身研究基础、前期成果、项目论证质量、预期研究成果体量等,选择申报重点项目或一般项目。

(3)青年项目、教育部重点项目、港澳台研究专项:不作专业技术职称(职务)或博士学位要求。

(4)青年项目:男性申请人年龄不超过 35 周岁(1989 年 5 月 31 日后出生),女性申请人年龄不超过 40 周岁(1984 年 5 月 31 日后出生)。

(5)西部项目:符合上述(2)和(4)条件,且申请单位位于内蒙古自治区、广西壮族自治区、海南省、重庆市、四川省、贵州省、云南省、西藏自治区、陕西省、甘肃省、青海省、宁夏回族自治区、新疆维吾尔自治区等 13 个省(自治区、直辖市)和新疆生产建设兵团,以及其他参照西部项目执行的部分单位。

课题组成员须征得本人同意并签字确认,否则视为违规申报。申请人可以根据研究的实际需要,吸收境外研究人员作为课题组成员参与申请。全日制在读研究生不能申请(学历、学位证书标注日期均须在 2024 年 5 月 31 日之前)。符合申报要求的在站博士后人员可申请,其中全脱产博士后须从所在博士后工作站申请,在职博士后可以从所在工作单位或博士后工作站申请。

可见申报条件与国家社科基金年度项目的申报条件基本一致,但是它给"年龄超过 35 周岁的男性申请人以及年龄超过 40 周岁的女性申请人,又不具有副高职称或博士学位"的老师们提供了一个可以申报的**教育部重点课题**,这对于广大"大龄硕讲"老师们是非常友好的。

资助额度方面,国家社科基金教育学重大项目为 60 万元、重点项目为 35 万元、一般项目为 20 万元、青年项目为 20 万元、西部项目为 20 万元。教育部重点项目为 8 万元、青年项目为 5 万元,**其他专项课题资助额度不等**。其中国家项目与国家社科基金年度项目其他学科的资助额度基本一致，教育部项目比我们一般认为的教育部人文社科项目的资助额度略少一些。

表 10-1　"全国教育科学规划项目"各类别的申报条件及资助额度

项目类别	申请人条件	资助额度/万元
国家重大项目	正高或厅局级（含）以上领导职务	60
国家重点项目	副高及以上职称或博士学位	35
国家一般项目	副高及以上职称或博士学位	20
国家青年项目	不作专业技术职称（职务）或博士学位要求，男性不超过 35 周岁，女性不超过 40 周岁	20
教育部重点项目	不作专业技术职称（职务）或博士学位要求	8
教育部青年项目	不作专业技术职称（职务）或博士学位要求，男性不超过 35 周岁，女性不超过 40 周岁	5

4. 完成时限

国家重大项目一般应在2~5年完成，应用性研究周期为2~3年，基础性研究最长不超过 5 年；其他类别项目：基础理论研究一般为3~5年，应用对策研究一般为2~3年。相对来说，给重大项目的研究时间是比较短的，"选题宝"检索发现，很多立项两年内的国家重大项目已经发表了多篇论文成果，研究进展可观。

5. 细分学科

全国教育科学规划项目包括以下 19 个学科分类，分别是：

教育基本理论、教育心理、教育信息技术、比较教育、德育、教育政策与领导、教育发展战略、基础教育、高等教育、职业技术与成人教育、教育经济、体育卫生美育、民族教育、教育史、课程与教学、学前与特殊教育、教师教育、教育评价、工程教育与科学教育。符合以上学科内容的选题都可以申报，跨学科研究的重点项目要以"靠近优先"原则，选择一个为主学科申报，同时列出 1~2 个相关学科。国防军事教育学科的项目申报评审工作由全军军事教育科学规划办公室负责另行组织。

6. 结项要求

根据 2017 年 7 月修订的《全国教育科学规划课题结题鉴定细则》，可知各类项目最终成果的基本要求如下：

国家重大、国家重点课题应出版学术专著 1 部，并在 CSSCI 来源期刊或 SSCI、A&HCI 等国际索引期刊发表论文 3 篇以上，并至少提交 2 篇决策咨询报告。

国家一般课题、西部课题应出版学术专著 1 部，并在 CSSCI 来源期刊或 SSCI、A&HCI 等国际索引期刊发表论文 3 篇以上。

国家青年课题应出版学术专著 1 部，并在 CSSCI 来源期刊或 SSCI、A&HCI 等国际索引期刊发表论文 2 篇以上。

教育部重点课题应在北京大学图书馆中文核心期刊上发表论文 3 篇以上，或出版学术专著 1 部。

教育部青年专项课题应在北京大学图书馆中文核心期刊上发表论文 2 篇以上，或出版学术专著 1 部。

教育部规划课题(近几年没有设立)应在公开刊物上发表论文 1 篇以上，或出版学术著作 1 部。另有要求：课题负责人至少为一篇代表作(著作、论文)的第一作者或独立作者。

该项目的结项要求并不低，尤其是国家项目，既要出版 1 本学术专著，又要发表相关数量的核心期刊论文；相比较，教育部项目的结项要求低一些，发表相应数量的核心期刊论文或出版学术专著都可以。

7. 项目评审

"全国教育科学规划项目"的评审程序与国家社科基金年度项目基本一致，活页论证字数不超过 7000 字，要按规定的方式列出同期相关研究成果，不得出现任何可能透露申请人身份的信息，又特别强调了：中小学和幼儿园申请人申报课题，实行单列单评。

8. 限项情况

该课题实行限额申报，2024 年度的港澳台研究专项、高校毕业生就业研究专项、教育考试研究专项实行不限额申报，而对申请人或成员的限项情况也比较严格，例如：在研的国家社科基金项目、国家自科基金项目、教育部人文社科课题及其他国家级科研项目的负责人不能申请新的全国教育科学规划项目，同一年同时申请的更不可以。

二、立项分析

我们对 2015 年至 2024 年全国教育科学规划项目(含国家社科基金教育学单列学科项目+教育部级项目)立项情况进行了整体、全面的分析，全国教育科学规划项目在 10 年间共立项 4895 项，其中，国家重大项目和国家重点项目每年立项数很少，国家一般项目和教育部重点项目是"主力军"，每年立项数较多，也是申报群体最多的类别。

2021 年，一般项目申报 2225 项，青年项目申报 344 项。[①] 经专家评审、社会公示和全国教育科学规划领导小组审批，共有 208 项一般项目立项，56 项青年项目立项(以上数据是指国家社科基金教育学单列学科项目，不含教育部重点项目、青年项目、专项项目等)。由此推算 2021 年一般项目立项率为 9.34%，青年项目立项率为 16.28%。由于一些数据缺失，该项目的平均立项率不得而知。上述立项率可作为重要参考。

1. 立项数量

图 10-1 所示为 2015—2024 年全国教育科学规划项目每年的立项数量变化情况。

---

① 全国哲学社会科学工作办公室. 国家社会科学基金年度报告·2021[M].北京：学习出版社，2022.

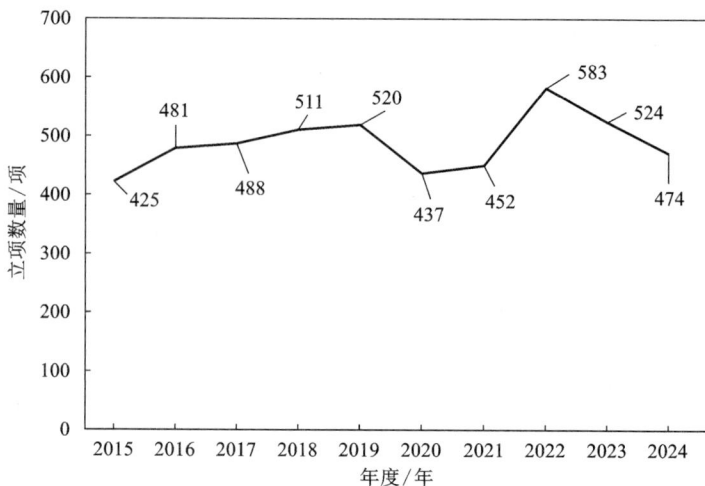

图 10-1　2015—2024 年全国教育科学规划项目立项数量变化

2. 立项类别分布情况

2015—2024 年累计立项：国家重大项目 68 项，国家重点项目（含委托）119 项，国家一般项目 2072 项，国家青年项目 573 项，西部项目 116 项，教育部重点项目（含专项）1296 项，教育部青年项目（含专项）602 项，教育部专项41 项，另有教育部一般项目 6 项，培育项目 2 项。图 10-2 更加直观地呈现了各类别项目的分布情况。

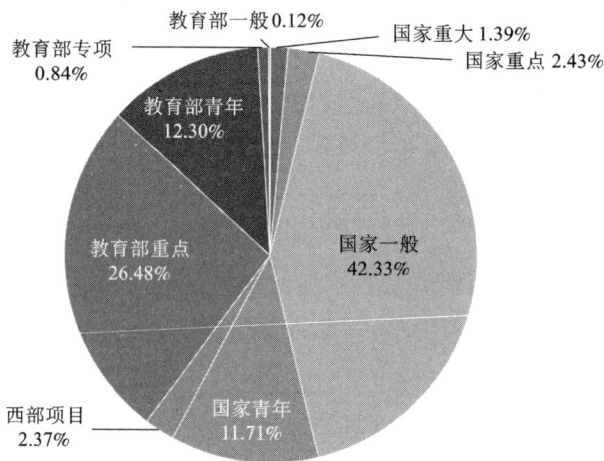

图 10-2　2015—2024 年全国教育科学规划项目类别分布

3. 立项单位

表 10-2 列出了 2015—2024 年，获得全国教育科学规划项目立项总数排名前 10 的单位，基本被师范类大学占据了。

表 10-2　全国教育科学规划项目立项最多单位排名（2015—2024 年）

排名	立项单位	立项总数/项
1	华东师范大学	178
2	北京师范大学	139
3	东北师范大学	116
4	陕西师范大学	91
5	中国教育科学研究院	77
6	华中师范大学	72
7	西南大学	67
8	华南师范大学	60
	沈阳师范大学	60
9	湖南师范大学	58
10	南京师范大学	57

4. 立项高频词

图 10-3 所示为 2015—2024 年全国教育科学规划项目的立项题目高频词，具有比较鲜明的教育学特点。这里呈现的"高频词"是在立项题目中出现大于等于 10 次的词。

图 10-3　2015—2024 年全国教育科学规划项目立项题目高频词

扫一扫

如果您想跟踪全国教育科学规划项目最近更新的立项统计分析，请扫左边二维码。

三、申请书提纲及注意事项

以 2024 年为例，申请人需在网络上申报项目，申请人需先利用全国教育科学规划项目申请书做好第三"课题设计论证"和第四"研究基础"两部分的准备；其他部分可以于平台开放后在平台上直接填写，以免造成重复劳动；在平台上填写好第一至第二、第五至第六部分后，导出申请书，再粘贴上第三至第四部分内容，完成申请书的填报。最后打印申请书，签名、加盖单位公章后，全文扫描在一个文档中，跟 PDF 版本的活页一起再提交到平台上。

1. 数据表

"数据表"中需要填写的信息很多，其中有几项值得注意，要思考清楚并谨慎填写。以 2024 年的数据表为例：

申请书上可填写的学科分类都是限报 1 项的，跨学科的项目，须选为主的学科填写。可选项包括：教育基本理论、教育心理、教育信息技术、比较教育、德育、教育政策与领导、教育发展战略、基础教育、高等教育、职业技术与成人教育、教育经济、体育卫生美育、民族教育、教育史、课程与教学、学前与特殊教育、教师教育、教育评价、工程教育与科学教育。

可填写的项目类别为 7 项，也是限报 1 项，这包括：国家重点项目、国家一般项目、国家青年项目、国家西部项目、教育部重点项目、教育部青年项目、港澳台教育研究专项（教育部重点）。

申请书中的主要参加者必须真正参加本项目研究工作，不含项目申请人，最多不超过 9 人。

预期成果指公开发表的专著或研究论文。本年度对各级各类项目成果不作硬性规定，由项目申请人自行确定项目研究成果的形式（可选项包括：论文、教材、编著、专著、译著、咨询报告、其他）、数量和级别（可选项包括：C 刊、核心刊、SSCI、A&HCI、SCI、其他期刊；专著无需填写级别）。但仍建议结合本章"项目简介"中"结项要求"进行规划，免得因为成果数量少、级别低而被其他申请书"PK"下去。

2. 主持的相关重要研究项目

全国教育科学规划项目申请书在"数据表"之后要求填写"申请人和项目组主要成员近五年来主持的相关重要研究项目"，但只能填写省级以上相关的立项项目信息，所以申请人在正式申报前需要攒一些省级项目的主持经历；如果没有，需要吸纳一些有相关省级以上项目主持经历的团队成员，因此可见对于选择哪些成员合作，是需要提前思考并和对方商量好的，而不能是申报快结束的时候随便拉人入伙。

3. 项目设计论证

申请书中"项目设计论证"的提纲除"研究基础"外，内容与活页一致：

申请书中"项目设计论证"的提纲
1.[**选题依据**]　国内外相关研究的学术史梳理及研究进展（略写）；相对于已有研究特别是全国教育科学规划同类项目的独到学术价值和应用价值。
2.[**研究内容**]　本项目的研究对象、主要目标、重点难点、研究计划及其可行性等。（框架思路要列出提纲或目录）
3.[**创新之处**]　在学术观点、研究方法等方面的特色和创新。
4.[**预期成果**]　成果形式、宣传转化及预期学术价值和社会效益等。（略写）
5.[**参考文献**]　开展本项目研究的主要中外参考文献。（略写）

4. 研究基础

申请书中"研究基础"的提纲如下：

申请书中"研究基础"的提纲
1.**学术简历**　申请人主要学术简历，在相关研究领域的学术积累和贡献等。
2.**研究基础**　申请人前期相关代表性研究成果及其与本研究的学术递进关系。
3.**承担项目**　申请人承担的各级各类科研项目情况，包括项目名称、资助机构、资助金额、结项情况、研究起止时间等。
4.**与已承担项目或博士论文的关系**　凡以各级各类项目或博士学位论文（博士后出站报告）为基础申报的课题，须阐明已承担项目或学位论文（报告）与本课题的联系和区别。（略写）

前期相关研究成果限报 **5 项**，成果名称、形式（如论文、专著、研究报告

等)须与"项目论证"活页相同,活页中不能填写的成果作者、发表刊物或出版社名称、发表或出版时间等信息要在本表中加以注明。与本项目无关的成果不能作为前期成果填写;合作者注明作者排序。

5. 预期研究成果

"预期研究成果"的表格有 5 个空行,即最多可填 5 项。注意,项目申请人自行确定预期研究成果的形式、数量、级别等,**一经立项,不得擅自变更**。项目申报时承诺的研究成果为项目评审时的重要参考和项目结题时必须达到的要求。活页的预期研究成果内容(申请人信息隐匿)必须与申请书内容一致。2024 年港澳台专项的研究年限为 1~2 年,研究成果要求提交决策咨询报告和研究报告。

6. 经费概算

自 2022 年开始,经费概算按照《国家社会科学基金项目资金管理办法》(财教〔2021〕237 号)中"项目资金开支范围"进行编制,间接费用按基础比例填报,如表 10-3 所示。

表 10-3 经费概算

	序号	经费开支科目	金额/万元	说明
直接费用	1	业务费		
	2	劳务费		
	3	设备费		
间接费用/万元 (≤40%总经费)				
合计/万元				

7. 论证活页

项目论证活页有三个板块，即：项目名称、预期研究成果以及论证板块，且论证板块总字数不超过 7000 字，写法如前面章节所述。

活页中的论证板块
1. 选题依据：国内外相关研究的学术史梳理及研究进展（略写）；相对于已有研究特别是全国教育科学规划同类项目的独到学术价值和应用价值。
2. 研究内容：本课题的研究对象、主要目标、重点难点、研究计划及其可行性（框架思路要列出提纲或目录）等。
3. 创新之处：在学术观点、研究方法等方面的特色和创新。
4. 预期成果：成果形式、宣传转化及预期学术价值和社会效益等。（略写）

第十一章

国家社科基金后期资助项目

一、项目概述

国家社科基金后期资助项目初设于 2004 年，近年来在不断调整发展，2012 年将"教育学""艺术学"和"军事学"三个单列学科纳入评审对象；2016 年起，实行集中受理申报，一年评审一次，而在这之前是常年受理申报，一般于每年 4 月和 10 月各集中通讯评审一次；2019 年起，国家社科基金后期资助项目增加优秀博士论文出版项目，分设了重点项目和一般项目。2018 年及以前的申报通知里有一句话非常明显"重点支持文史哲等基础学科和社会科学各学科的基础性研究"；2019 年调整为"重点支持文史哲等基础学科、社会科学以及**交叉学科**的基础性研究"；到 2020 年干脆删除了这句话，一些偏应用型的甚至实证研究出现在立项名单中。对于申报成果，明确要求需完成 80% 以上。以博士论文、博士后研究报告为基础申报的，论文完成日期应为 3 年以上（也就是申报当年减 3 年及之前的年份，以 6 月 30 日为界），并在原论文基础上进行实质性修改，且增删、修改内容篇幅须达到原论文字数 30% 以上。"80%""3 年""30%"这几组数字要牢牢记住。

1. 项目类别和资助额度

2018 年及之前，国家社科基金后期资助没有区分项目类别，每项资助额度与国家社科基金年度项目一般项目基本相同，20 万元/项。2019 年起分为重点项目、一般项目、优秀博士论文出版项目（以下简称"优博项目"）。而由 2024 年申报公告可知，优博项目不再属于国家社科基金后期资助项目的下属项目类别，而是与之并列的项目，并新增了优秀学术著作再版项目。

国家社科基金后期资助项目主要资助已基本完成且尚未出版的哲学社会科学研究优秀学术成果。

优秀博士学位论文出版项目主要资助研究深入、创新程度较高的优秀博士学位论文，突出对具有较大发展潜力的优秀青年学者的科研支持。

优秀学术著作再版项目主要资助已经出版但未曾受省部级以上课题资助且在相关学科领域产生较大学术影响和社会反响的著作的修订完善、重印再版。

根据 2024 年的申报公告，重点项目主要资助学术分量厚重、创新性强、对学科发展具有重要推动作用的研究成果，每项资助金额 35 万元左右；一般项目主要资助学术价值较高、具有一定创新性的研究成果，每项资助金额为 25 万元左右。申请重点项目未达到立项要求、但达到一般项目标准的可立为一般项目。优秀博士学位论文出版项目每项资助金额为 20 万元左右。优秀学术著作再版项目每项资助金额为 25 万~35 万元。

此外，2024 年，国家社科基金后期资助项目、优秀博士学位论文出版项目和优秀学术著作再版项目经费管理实行包干制试点。

2. 申报条件

申请人：具有副高级以上（含）专业技术职称（职务），或者具有博士学位。申报成果（以 2024 年的申报公告为例）：

申报后期资助项目的成果需完成 80%以上。以博士论文、博士后研究报告为基础申报的，论文或报告完成日期应为三年以上（根据 2024 年公告：答辩日期为 2021 年 6 月 30 日之前），并在原论文基础上进行实质性修改，且增删、修改内容篇幅达到原论文字数 30%以上。

优秀博士学位论文出版项目的申请人年龄应在 35 岁以下（以 2024 年公告为例：1989 年 7 月 1 日后出生），论文须以中文写作且被毕业院校评定为"优秀"等级，完成日期为 2021 年 6 月 30—2024 年 6 月 30 日（以答辩日期为准）。同等条件下，获得省部级以上优秀博士论文的优先予以支持。

优秀学术著作再版项目今年在哲学、中国文学、外国文学、语言学、中国历史、世界历史、考古学等 7 个人文基础学科试点，出版社申报范围为人民出版社、中国社会科学出版社、商务印书馆、中华书局、北京大学出版社、中国人民大学出版社等 6 家单位。学术著作首次出版时间限定为 2014 年 1 月 1 日至 2023 年 7 月 31 日，且在相关学科领域产生较大学术影响和社会反响。

同时不符合申报条件的情况也需要我们注意：申请人承担的国家社科基金项目、国家自然科学基金项目及其他国家级科研项目尚未结项；属于国家社科基金项目、国家自然科学基金项目及其他国家级科研项目、教育部人文社会科学研究各类项目的研究成果；成果内容涉及国家秘密。

3. 申报材料

2024 年申报公告里对申报材料要求的完整版：

（1）申报后期资助项目：

①申请书 6 份；

②申报成果 6 套（如申报书稿超过 60 万字，需另外报送 6 份成果概要，含 2 万字左右的成果内容介绍，以及全书目录和参考文献），书稿和成果概要均用 A4 纸双面印制、左侧装订成册；

③成果查重报告 1 份；

④博士学位论文或博士后研究报告原文，并附**修改说明 1 份**（本材料仅限以博士论文和博士后研究报告为基础申请的重点项目和一般项目）；

⑤往年申报过后期资助项目的成果，**需附详细的修改说明**。

（2）申报优秀博士学位论文出版项目：

①申请书 6 份；

②申报成果 6 套（如申报书稿超过 60 万字，需另外报送 6 份成果概要，含 2 万字左右的成果内容介绍，以及全书目录和参考文献），书稿和成果概要均用 A4 纸双面印制、左侧装订成册；

③成果查重报告 1 份；

④论文等级证明材料 1 份；

⑤博士学位论文评阅书复印件和答辩决议书复印件各 1 份。

（3）申报优秀学术著作再版项目：

①申请书6份；

②学术著作6套；

③著作出版合同及其他相关证明材料复印件各1份。

4. 结项及出版情况

申请人应按时限完成研究工作，重点项目和一般项目完成时限为1~3年。

以2024年申报公告为例：优秀博士学位论文出版项目要求于2025年8月前完成修改出版，即立项后第二年就要完成修改出版。

后期资助的成果实行先鉴定后出版的方式，鉴定合格后进入出版程序，后期资助项目的研究成果由指定出版机构按要求统一出版，优秀博士学位论文安排集中出版。优秀学术著作再版项目立项后由原出版社按统一要求修订再版。

2024年度申报公告中给出的暂定推荐申报出版机构名单为71家（每年的名单都略有变化，申请时请参见最新申报公告）：

人民出版社（※）、中国社会科学出版社（※）、商务印书馆（※）、中华书局（※）、学习出版社、社会科学文献出版社、中央党校出版社、中央文献出版社、中央编译出版社、中共党史出版社、世界知识出版社、高等教育出版社、法律出版社、经济科学出版社、中国财政经济出版社、中国大百科全书出版社、科学出版社、九州出版社、民族出版社、国家图书馆出版社、教育科学出版社、文化艺术出版社、人民音乐出版社、外文出版社、人民日报出版社、国防工业出版社、军事科学出版社、文物出版社、故宫出版社、当代中国出版社、上海人民出版社、上海三联书店、上海古籍出版社、中西书局、上海远东出版社、上海辞书出版社、上海社会科学院出版社、上海教育出版社、天津古籍出版社、天津人民出版社、福建人民出版社、江西人民出版社、山东人民出版社、湖北人民出版社、湖南人民出版社、广东人民出版社、四川人民出版社、陕西人民出版社

北京大学出版社（※）、中国人民大学出版社（※）、北京师范大学出版社、清华大学出版社、外语教学与研究出版社、中国政法大学出版社、中国传媒大学出版社、复旦大学出版社、华东师范大学出版社、上海交通大学出版社、南京大学出版社、浙江大学出版社、武汉大学出版社、山东大学出版社、吉林大

学出版社、厦门大学出版社、南开大学出版社、中山大学出版社、四川大学出版社、西南大学出版社、兰州大学出版社、安徽大学出版社、西安交通大学出版社

注：加(※)标识者为优秀学术著作再版项目试点出版社。

二、立项分析

2016—2024 年国家社科基金后期资助项目(不含优秀博士论文出版项目)立项总数为 7748 项，自 2019 年设立优秀博士论文出版项目，截至 2024 年该项目累计立项 476 项。2021 年度后期资助项目和优秀博士论文出版项目共申报 4149 项[①]，当年立项 1044 项，平均立项率为 25.16%，该数据可作为近年来申请该项目的参考依据。

1. 立项数量变化

2016—2024 年，国家社科基金后期资助项目立项数呈整体上升趋势，如今的立项数已比 9 年前的立项数增长了 3 倍有余。为了有针对性地比较，图 11-1 中统计的 2019—2024 年的立项数不包括优秀博士论文出版项目。该项目于 2019 年初次分设重点项目和一般项目，当年重点项目和一般项目的立项数占比为 4%，到 2020 年提升为 9%，重点项目增多。2023 年和 2024 年立项名单未区分显示重点项目与一般项目，此处不再做对比分析。

2. 立项学科排名

与国家社科基金年度项目不同，2016—2024 年国家社科基金后期资助项目立项最多的学科是"文史哲"，分别是：中国文学(851 项)、哲学(713 项)和中国历史(712 项)，其他各学科立项数量情况如图 11-2 所示。

---

① 全国哲学社会科学工作办公室.国家社会科学基金年度报告·2021[M].北京：学习出版社，2022.

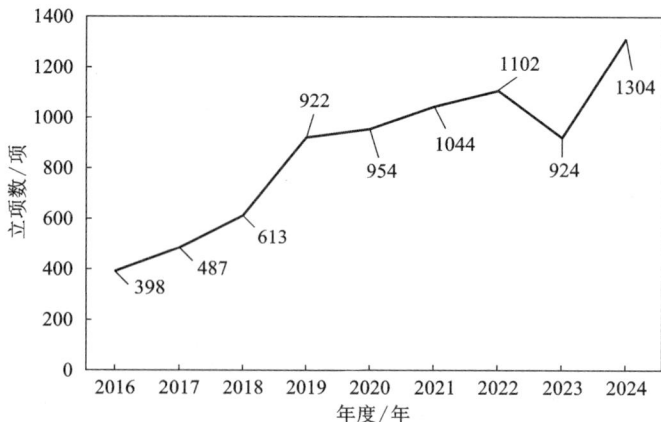

图 11-1　2016—2024 年国家社科基金后期资助项目立项数趋势
（仅为重点项目、一般项目，不含优秀博士论文出版项目）

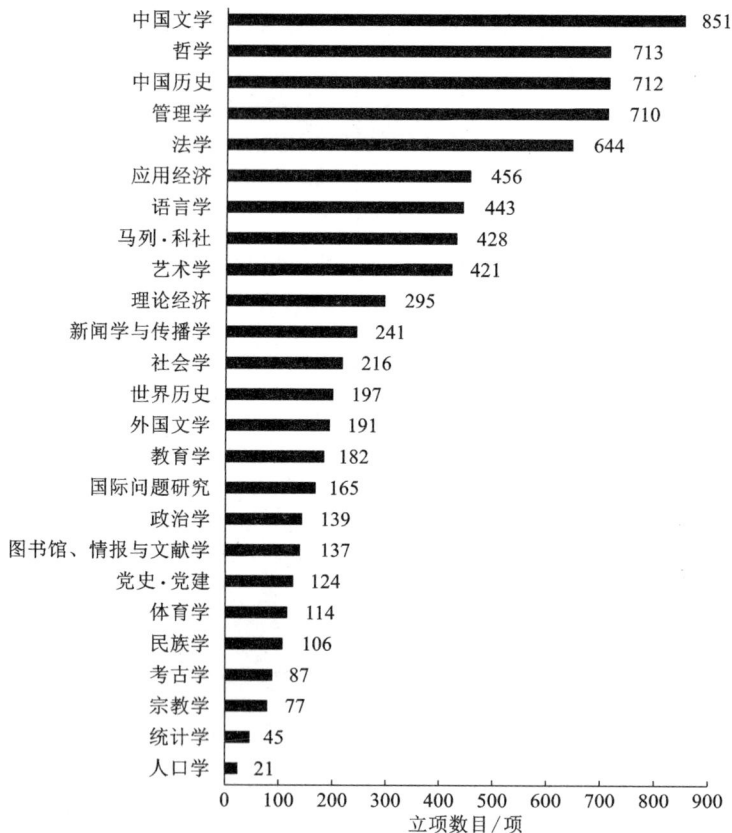

图 11-2　2016—2024 年国家社科基金后期资助项目立项学科分布
（仅为重点项目、一般项目，不含优秀博士论文出版项目）
另：2021 年之后"军事学"未公布具体题目，立项数不可得知，因此未做排名

3.立项单位排名

2016—2024 年,国家社科基金后期资助项目立项最多的单位是中山大学(119 项),其次为"武汉大学(110 项)""四川大学(109 项)",其他单位立项总数均没有超过 100 项,具体排名情况见表 11-1。

表 11-1　2016—2024 年国家社科基金后期资助项目立项最多单位排名

排名	立项单位	立项总数/项
1	中山大学	119
2	武汉大学	110
3	四川大学	109
4	陕西师范大学	99
5	苏州大学	96
6	厦门大学	94
7	山东大学	91
8	北京师范大学	81
8	湖南大学	81
9	华中师范大学	79
10	华东师范大学	78

4.立项高频词

我们对 2016—2024 年立项的 7748 项后期资助项目的立项题目做了高频词统计分析,除了表明研究指向的词之外,立项较多的方向包括"新时代""中国共产党""马克思""汉语"等,这里呈现的"高频词"是在立项题目中出现大于等于 10 次的词。

图 11-3　2016—2024 年国家社科基金后期资助项目立项高频词
(仅为重点项目、一般项目，不含优秀博士论文出版项目)

5.优秀博士论文出版项目立项情况

2019 年起开始设立优秀博士论文出版项目，该项目要求申请人年龄应在 35 岁以下(有具体出生日期要求)，博士论文答辩等级须达到校级"优秀"以上，论文完成日期需要在通知当年起往前推 3 年。同等条件下，获得省部级以上优秀博士论文的优先予以支持，需要注意的是：优秀博士论文出版项目要经博士学位授予单位推荐后申报。

2019 年优秀博士论文出版项目立项资助 89 项，涉及 60 所院校。该项目的立项单位多为"985""211""双一流"院校，上海大学在当年有 5 项立项，是立项总数最多的院校。其次为吉林大学立项 4 项，四川大学、武汉大学、暨南大学、中南财经政法大学各立项 3 项。2019 年对立项题目区分了学科，获得立项最多的学科是"哲学"（12 项），其次是"法学"（11 项）、"管理学"（8 项）。此后的立项名单未再区分学科。

2019—2024 年国家社科基金优博项目共立项 476 项，图 11-4 呈现了国家社科基金优博项目自设立以来的立项数变化情况，整体还是提升趋势。

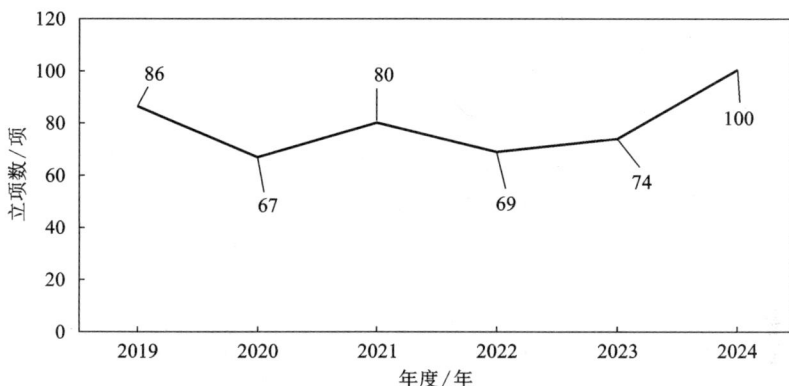

图 11-4　2019—2024 年国家社科基金优博项目立项数趋势

针对 476 项优博项目，按项目负责人所在单位排名情况是：北京大学（13 项）、吉林大学和四川大学（各 12 项）、复旦大学、清华大学、武汉大学、中国人民大学（各 10 项）；按项目负责人博士毕业单位排名情况是：北京大学（31 项）、复旦大学（26 项）、中国人民大学（23 项）。①

我们也对 476 项优博项目的立项题目做了简要分析，图 11-5 呈现的是立项题目高频词，即题目中出现大于等于 2 次的词，该项目的立项题目高频词集中度不是很高。

① 注：2021 年之后开始公布项目负责人博士毕业单位，此处仅统计 2021—2024 年的数据。

图 11-5　2019—2024 年国家社科基金优博项目立项题目高频词

扫一扫

　　如果您想跟踪后期资助项目最近更新的立项统计分析，请扫左边二维码。

三、申报注意事项

1. 什么样的书稿符合要求？

除了要满足本章前述内容中所介绍的申报要求外，还需要从如下三方面审视自己的书稿。

（1）**是否符合当前政策变化**。有的书稿可能是几年前完成的，但政策变化可能会影响书稿内容；文献综述中涉及政策的内容也需要根据最新的政策予以调整；有的书稿内容涉及实证研究，那么也需要当前政策的验证；对策建议类的内容也需要对标最新政策；研究背景要结合当前政策变化。

（2）**是否符合当前研究热点**。对于已经写了很久的书稿，时间跨度难免会有些长，而如果书稿涉及的问题还是当前研究的热点，中标的概率会更高。所以我们需要结合热点重新审视自己的书稿，比如对原有书稿的文献综述进行改动时，要与当前的研究热点相结合；理论架构在完善时需要与当前研究理论相结合；一些研究观点的理论支持需要结合研究热点。

（3）**书稿是否有足够高的质量**。对于质量，我们可以从如下几方面自我校验：书稿的完善程度、研究的主题是否敏感、哪些方面有待深化、是否能加入其他的分析方法、案例研究是否需要更新、对策性建议与当前的对策是否应对、与当前社会发展趋势吻合与否、哪些观点需要改变、参考文献是否需要更改等。

2.如何校对

（1）**校对前的准备**

校对前的准备工作包括：查看书稿的框架；关键词是否正确；理论的适用性；需要补充的地方如文献综述、实证研究、个案研究、政策建议等；研究方法是否得当；数据、观点等是否过时。

（2）**优化目录**

校对需要细化到三级目录。要校对一级标题之间的关系是否具有承接性，二级标题之间的关系是否具有承接性或层次性，三级标题之间的关系是否具有层次性，各级标题之间是否具有对应性、逻辑性。

（3）**优化书稿内容**

①通读书稿，发现问题。关键词是否一致、各章节字数安排是否合理、前后写作的风格是否一致、引用与注释的情况、重要理论和概念阐释的情况、数据引用是否合理、研究框架的合理性等。

②首先，**第一章导论很重要**，校对时要修改好，建议对导论中"问题的提出"（研究背景）的撰写上要遵守严密的逻辑，具体可以参考本书"文献综述与

简评"一章中"研究背景与必要性的'叙事结构'",要阐明引发本研究问题的社会背景(问题)是什么,研究问题为什么重要,现在对这一问题的解决方法存在哪些不足之处,什么理论或方法对解决问题有效,本书的主题是什么。

其次,书稿框架结构设计要合理,校对时要注意**图文并茂、内容尽量全面**。

最后,修改校对主要内容时,要格外仔细检查核对每一章的介绍,不仅要有内容,而且要**关注各内容之间的联系**。

③校对具有**重要支撑作用的理论**。需要详细校对理论与研究对象、理论与研究主题之间的关系;理论的发展及作用等内容要更加突出;由于是书稿,需要知识覆盖得更全面,所以理论的要素要尽量拓展全面。

④如果书中有对策建议类内容,需要注意政策的**针对性、即时性、适用性、可复制性**,在通读相关政策的基础上,优化对策。

⑤注意观点、内容、撰写风格、标题凝练方式、格式规范等的**前后对应**。

⑥要善于使用文档处理软件中的**校对功能**。

⑦尽量写完全书。如果写不完,要把未完成部分控制在**20%以内,列出提纲**,注意前后一致性。

⑧校对时还需注意**逻辑性**,如句子之间、段落之间、章节之间的逻辑,适当使用"**总—分—总**"结构。

⑨个案分析时,要注意检查案例在当下的代表性是**否足够,是否过时**,审慎考虑案例是否需要替换。

⑩对原书稿中的数据进行更新,检查每个图表中的数据是**否使用准确**。

⑪**不合理的内容应该删掉**,不要为了凑字数写很多无关文字。

3. 如何撰写申报成果介绍

申报成果介绍的撰写提示语是:

本成果主要内容(详写)、主要观点、研究方法、学术创新、学术价值;存在问题和需要改进之处,未完成章节情况;下一步研究计划。(此栏目不超过4500字)

(1)"主要内容""主要观点"。**主要内容需详写**,要紧紧围绕成果大纲介绍。成果内容要体现出逻辑性,一定要体现出成果在理论和现实方面的重要性。但是撰写这个板块时要先交代成果研究的背景,也就是要遵照"背景阐述、主要内容、主要观点"的顺序。

对于背景的阐述，第一步介绍研究对象、研究领域优化等方面涉及的政策背景；第二步介绍研究对象、研究领域的意义、积极作用；第三步介绍研究对象、研究领域存在的问题；第四步提出疑问；第五步提出自己的研究主题。

对于内容和观点的写法则可使用两种结构，一种是**按照章节顺序介绍主要内容和观点**；另一种是**概述性段落开头，然后根据研究主要涉及的几个问题展开陈述**。此处可见，主要内容和观点可以分开阐述，也可以根据行文设计放到一起说。

（2）"研究方法""学术创新""学术价值"的要点同前述章节的讲解。

（3）"存在问题和需要改进之处"一般从**文字表述、行文风格、材料的收集和运用、章节的完整性**等方面提出。

（4）"未完成章节情况"。根据自身实际情况，需要**逐个章节介绍**是否已经有了成熟的逻辑思路，当前材料收集和准备到什么程度，文献收集情况如何，尚有哪些问题需要进一步探讨、深化、反思、讨论等。

（5）"下一步研究计划"指的是对未完成章节的撰写或补充，根据撰写需要增加文献或材料，进一步凝练、完善文字表述和行文风格等。

4.如何填写出版社推荐意见

撰写出版社意见至少要有三个板块：

其一，对申报成果基本情况的概述，比如要写出申报成果的名称、章节数、章节名。

其二，要阐述该成果的特点。

其三，要写明"**该成果已经达到出版要求，拟推荐出版**"等字样。

5.如何填写申报成果修改说明

申报重点项目和一般项目：如果以论文或研究报告原文申报，需要附**修改说明1份**（本材料仅限**以博士论文和博士后研究报告为基础**申请的重点项目和一般项目）；如果是**往年申报过**后期资助项目的成果，**需要填写"国家社科基金后期资助项目申报成果修改说明"**（每年随申报公告发出）。

可见，有以上两种情形时需要写修改说明，具体书写时注意：

（1）研究内容和观点上有哪些**深化或创新**。要与原有的成果进行对比，要体现出成果在原有研究的基础上如何进一步丰富、拓展、充实，不仅要有概述，还要有细节的举证。新观点涉及的方面，比如研究理论、研究框架、研究视角、研究假设是如何进一步创新的。新观点的提出对成果的意义或贡献是什么。

（2）是否采用了哪些**新的研究方法**。如果有引入新的研究方法，需要回答三个问题，为什么要使用新方法？该方法在本书中的适用范围是什么？这种方法的引入对于研究成果有哪些价值？

（3）**研究范围、结构的变动**。研究范围指的是研究对象的延伸、研究区域的拓展和研究内容的丰富。结构的变动指的是新增了哪些内容、章节，或者哪些章节内容被进一步丰富。当然还要讲清楚做这两方面变动的原因是什么。

（4）**数据或文献是否更新**。数据更新指的是数据库更新、实施调查所获取数据的进一步充实等。对于解释文献的更新，只需要说清楚更新的情况，而不需要将新的文献都列出来。

（5）如果以博士论文和博士后研究报告为基础申请，一定要把**完成论文、报告的时间**写出来。

第十二章

国家社科基金中华学术外译项目

一、项目简介

国家社科基金中华学术外译项目设立于 2010 年，主要资助代表中国学术水准、体现中华文化精髓、反映中国学术前沿的学术精品，以外文形式在国外权威出版机构出版并进入国外主流发行传播渠道，旨在发挥国家社科基金的示范引导作用，深化中外学术交流和对话，进一步扩大中国学术的国际影响力，提升国际学术话语权，让世界了解"哲学社会科学中的中国"。

以 2023 年为例，该年度中华学术外译项目主要资助我国现当代哲学社会科学优秀成果、近现代以来的名家经典以及国家社科基金项目优秀成果的翻译出版。主要领域包括：①研究阐释习近平新时代中国特色社会主义思想、有助于国际社会了解马克思主义中国化时代化最新成果的优秀成果；②研究当代中国经济建设、政治建设、文化建设、社会建设、生态文明建设等方面取得历史性成就的优秀成果；③研究阐释中华优秀传统文化传承发展，体现中华文明蕴含的丰富哲学思想、人文精神、道德理念，有助于国外了解中国文化和中华民族精神的优秀成果；④创新发展中国理论和学术范式，反映当代中国哲学社会科学"三大体系"建设和建构中国自主的知识体系的优秀成果；⑤研究构建人类命运共同体、全球发展倡议、全球安全倡议、全球文明倡议等重要理念和倡议，以及世界各国共同关注的问题等方面的优秀成果。

最近两年，征集项目选题的通知发布于下半年，项目公告的发布时间大约在 12 月,立项名单公示发布一般要在半年之后。例如 2023 年申报公告发布于 2023 年 12 月,立项名单公示于 2024 年 6 月底,正式名单公布于 2024 年 8 月初。

1. 申请形式

在选题方面,申报成果选题应来自全国哲学社会科学工作办公室发布的推荐选题目录。未列入推荐选题目录但确属优秀的成果申报,从严把握,须由申请人提供证明其学术价值、社会影响和对外译介价值的详细材料(包括两位正高级同行专家签名的推荐意见)。一般性通俗读物等成果不予受理。2021 年,各科研单位、出版机构、专家学者等共推荐书目 3300 余种,经专家评选共有 237 种名家名社作品列入推荐选题目录①。

已立项的中华学术外译项目成果、在国外已出版的成果以及受到"中国图书对外推广计划""经典中国国际出版工程""中国文化著作对外翻译出版工程""丝路书香工程"等项目资助的成果不能申请。同一成果以未受到上述项目资助的其他文版翻译出版可以申请。

在申请形式方面:

(1)项目主要资助中国学者在国内已出版优秀成果的翻译及其在国外的出版发行;版权属于中国的社科类外文学术期刊也可申请资助。

(2)项目资助文版以英文、法文、俄文、阿拉伯文、西班牙文等 5 种为主,德文、日文、韩文等文版侧重于资助中外学界共同认可的名家经典,其他文版主要侧重服务于中外文明交流互鉴和各国互利共赢事业。翻译既要保证忠实于原著,又要符合国外受众的阅读习惯。

(3)申报成果形式为**单本学术专著、学术期刊**为主,少量高质量的专题论文集也可申报,高质量的学术丛书以单本著作形式逐一申报。申报成果的中文原则上应不少于 8 万字,一般不超过 20 万字,篇幅超过 30 万字的应进行**压缩和改写**。

(4)学术著作类外译项目**全部实行联合申报**,分为出版责任单位和项目主持人两个责任主体,共同承担项目实施责任。持有版权和负责出版事务的中方

---

① 全国哲学社会科学工作办公室.国家社会科学基金年度报告·2021[M].北京:学习出版社,2022.

出版社作为出版责任单位；项目申请人即项目主持人，主要面向高校和科研机构相关外语专业、翻译专业以及人文社会科学专业教师和科研人员。出版社之间也可联合作为出版责任单位，发挥各自优势，共同做好外译推广。

（5）中方出版责任单位职责主要是统筹和主导翻译、出版事务，包括联络中外学界推荐选题、协调版权、联系外方合作出版机构、遴选合作申请人、约定分工和出版合同、图书推广事务等基本责任，重点对翻译质量审核把关，统筹编辑审校事务并承担最终审校职责。项目主持人职责主要是在中方出版责任单位指导下承担著作主译或次译工作，并负责或参与联络中外学界组织围绕译著推介开展的研讨会、书评等工作。

2.项目类别与资助额度

学术著作类外译项目分**重点项目**和**一般项目**，重点项目主要资助国家级优秀出版成果和名家名社名品。申请人根据选题和组织方案切合实际地提出项目申请类别。<u>申请重点项目未达到立项要求、但达到一般项目标准的可立为一般项目</u>。

项目资助经费由联合申报主体根据实际需要提出申请，2024 年项目公告的资助标准为：

（1）学术著作类项目，一般项目为**1000～1200 元/千字**，重点项目为**1300～1500 元/千字**，单项成果资助额度一般**不超过 50 万元**。

（2）外文学术期刊项目，资助额度为**每年 40 万～60 万元**，每三年为一个资助周期。

3.申请要求

如下为 2024 年中华学术外译项目申报公告中的申请要求：

（1）具有国际合作出版经验的国内学术出版机构、具备对外学术交流经验的国内高校和科研机构人员均可联合申报。承担英文版翻译的申请人，原则上须具备**副高级以上专业技术职务或博士学位**；承担其他文版翻译的申请人，须具备**中级以上专业技术职务或博士学位**。在研的国家社科基金项目、国家自然科学基金项目及其他国家级科研项目的负责人不能申请。（结项证书标注日期在 2024 年 1 月 31 日之前的可以申请，<u>日期要结合每年申报公告所要求的截止日</u>）。

（2）学术著作类项目，须与国外权威出版机构签订出版合同，并约定明晰各项事务，包括版税、校对、发行和推广机制等。如因国外出版机构出版流程所限，在申报日期截止前未能提供正式出版合同的项目，须提交由国外出版机构负责人签字及机构公章的出版意向证明，并注明正式出版合同的签订安排，待合同签订后补交。出版责任单位和申请人须妥善处理好所翻译著作的版权相关事宜，附在申请材料中。申报成果同一语种的外译版权只能授权一次。国外出版机构应来自中华学术外译项目国外出版机构指导目录。未列入指导目录但确属权威出版机构的，须由申请人提供证明其学术出版资质的详细文件材料（含该机构的基本情况、已出版主要学术著作等）。

（3）学术著作类项目实施中外编、译、学协同合作的团队制，由联合申报主体共同商议组建课题组。项目申请人应承担主译或次译工作，具备一定以文版所在语种写作的能力或著作所涉学科的研究能力，具备一定与外方学界的联络能力。课题组须至少配备**一名外方合作译者/审校人员**，一名项目涉及学科的中外专家学者。合作译者/审校人员一般以文版所在语种为官方语言的国家的优秀母语专业人员为主。鼓励各学科专业学者担任项目申请人，鼓励海外汉学家、译著所涉领域优秀华人学者和外方其他学者以各种形式参与课题组。外方成员须认真负责、对华友好（应提前做好充足了解，确保对华友好）。最终出版成果须根据实际承担的工作按照国外出版机构要求进行署名。

（4）申请人所在单位应设有科研管理部门，在相关领域具有较雄厚的学术资源和研究实力，能够提供开展外译工作的必要条件并承诺信誉保证。

（5）申请期刊类学术外译项目的，外文学术期刊须有 CN 号或依托国家社科基金资助中文期刊创办的外文学术期刊，连续出版 3 期以上，其主办主管单位应为教育部、中国社科院所属单位或全国性专业学会；期刊应已进入国际知名检索系统，或在我国重点学科领域具有代表性，或有发展潜力、具有学科特色。

4. 申报程序

申请学术著作类项目，申请人应先与出版责任单位取得联系。出版责任单位按公告规定的要求，依据相关学术委员会或内部评审机制，公平、公正甄选联合申报的申请人，重点考察和评估申请人的资质和各项能力，择优联合申报。对于非主译的项目申请人，出版责任单位要重点考察其项目研究能力、中外学术交往和协调能力、项目组织能力等。确定申请人后，双方就外译事务的各项分工协商达成一致，并自行签订《中华学术外译项目分工合同》。

项目实行网络填报信息。2023年度的网络填报系统于2024年1月15日至1月25日开放，可见系统开放的周期相较其他项目更短。在此期间项目申报双方可登录国家社科基金科研创新服务管理平台（https://xm. npopss - cn. gov. cn），以实名信息提交注册申请，审核通过后按规定要求填写申报信息。逾期系统自动关闭，不再受理申报。

在系统内按照要求填报信息后，导出申请书，**一式6份（含1份原件）**，A4纸双面打印、左侧装订。其他申请材料包括：

（1）学术著作类成果，必须提供所翻译原著、翻译样章各**6份**（样章须包含目录及核心章节且以中文计不少于**1.5万字**），《中华学术外译项目分工合同》、与国外学术出版机构签订的出版合同或出版意向证明及中文翻译件、国外出版机构法律证明文件（非目录内出版机构须另附中文翻译件）、原著著作权人对该文版的授权证明以及其他证明材料复印件各1份。也可附上反映原著和申请人学术水平及其影响的相关材料。

（2）期刊类成果，应提供近一年内出版的样刊**一式6份**，期刊出版许可证副本复印件1份；反映本期刊学术水平及其社会影响的相关材料；编委会成员及工作单位（国际编委含国籍）名单。其中，证明学术水平和社会影响的材料，必须含期刊所在学科国家级学会的证明，以及相关权威学术期刊评价平台纳入证明或影响因子评估证明。

申报时需要使用到的附件一共有四个文件，即：附件1国家社科基金中华学术外译项目申请书；附件2国家社科基金项目申报代码表；附件3国家社科基金中华学术外译项目推荐选题目录；附件4国家社科基金中华学术外译项目国外出版机构指导目录。

5.联系国内出版社需要什么材料

（1）如果拟译书目在推荐选题目录（前两年或当年）内，需要准备以下资料联系出版社：

①学术简历；

②团队简要介绍，由于团队中对于国外专家的要求比较高，不能随便找，所以团队要提前组织完善；

③拟译图书书名。

（2）如果拟译书目不在推荐选题目录（前两年或当年）内，需要准备以下资料联系出版社：

①学术简历；

②团队简要介绍，由于团队中对于国外专家的要求比较高，不能随便找，所以团队要提前组织完善；

③拟译图书书名，由于不在推荐选题目录之内，所以需要撰写内容简介、作者简介；

④证明其学术价值、社会影响和对外译介价值的详细材料，可以暂不包括两位正高级同行专家签名的推荐意见，也可以暂不包括证明材料，但需要如实描述。

以上资料发出后，经过一系列沟通，如对方同意联合申报，一种可能是国内出版社联系国外出版社（推荐做法）；另一种可能是申请人自行联系国外出版社。如需自行联络国外出版社，则可参考申报公告附件"国家社科基金中华学术外译项目国外出版机构指导目录"，国家每年都会随申报公告发布当年版本的目录。

二、立项分析

本书对 2016—2023 年国家社科基金中华学术外译项目做出相关立项数据分析，可由图 12-1 看出各年份的具体立项数。2019 年有过一次较为明显的立项数下降，其他年份都呈现整体增多的趋势。2021 年度外译项目共申报

1184 项，比 2020 年增加 396 项，申报数量较 2019 年度增加了近 1 倍。① 据此推算该项目 2021 年的平均立项率为 20.01%，该数据可作为近年来申请该项目的参考依据。

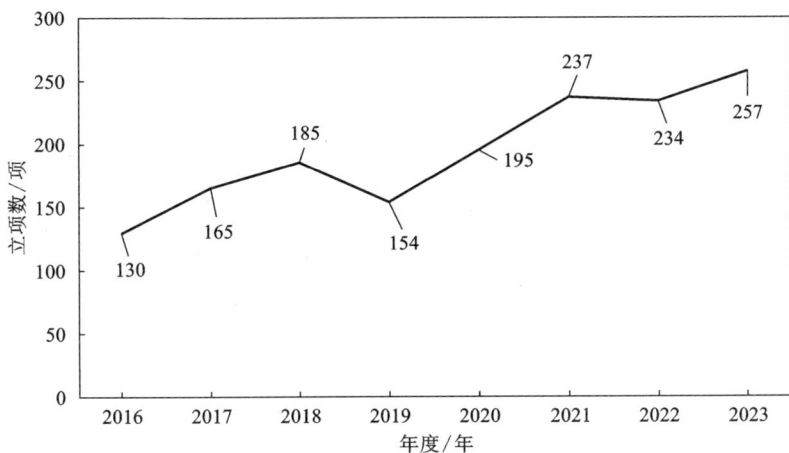

图 12-1　2016—2023 年度国家社科基金中华学术外译项目立项数趋势

2020 年起立项名单不再公布所属学科，从 2016—2019 年的立项数据来看，获得外译项目立项最多的学科前 5 名分别是：哲学（83 项）、中国历史（71 项）、中国文学（54 项）、社会学（50 项）、法学和理论经济（各 49 项）。

2016—2023 年，获得立项资助最多的文版前 9 名分别是：英文（891 项）、俄文（148 项）、韩文（129 项）、日文（118 项）、法文（64 项）、德文（64 项）、西班牙文（33 项）、阿拉伯文（27 项）、意大利文（14 项），其余文版立项都是个位数。

2016—2023 年，获得立项资助的期刊类项目 20 项，2016 年 3 项，2017 年和 2018 年各 1 项，2019 年 3 项，2020 年 4 项，2021 年和 2022 年各 2 项，2023 年 4 项。自 2019 年开始分设一般项目和重点项目，截至目前，获得立项资助的一般项目为 991 项，重点项目为 71 项。

2019 年之前，外译项目可由国内出版机构、科研机构独立申请，2019 年至今则是出版责任主体和项目主持人联合申报。因此，2016—2018 年，部分项目

---

① 全国哲学社会科学工作办公室.国家社会科学基金年度报告·2021[M].北京：学习出版社，2022.

的申请人为责任出版单位。据此统计2016—2023年立项名单中,排名前10家的国内出版机构包括:社会科学文献出版社(164项)、商务印书馆(148项)、中国社会科学出版社(118项)、北京大学出版社(115项)、中华书局(90项)、中国人民大学出版社(77项)、上海交通大学出版社(50项)、华东师范大学出版社(46项)、读书·生活·新知三联书店(44项)、人民出版社(40项)。

而立项较多的单位(学校)排名前10的是以下12所(表12-1):

表12-1　国家社科基金中华学术外译项目立项最多单位排名(2016—2023)

排名	立项单位	立项总数/项
1	上海外国语大学	55
2	北京外国语大学	47
3	北京大学	34
4	广东外语外贸大学	31
5	同济大学	27
6	中国政法大学	26
7	南京大学	24
8	武汉大学	22
8	中山大学	22
9	华东师范大学	21
9	山东大学	21
10	对外经济贸易大学	20

通过图12-2所示立项高频词云图可以看出,中华学术外译项目还是多立项在中国文化、一带一路、汉语、敦煌、丝绸之路等选题方向。

图 12-2　2016—2023 年度国家社科基金中华学术外译项目立项高频词

扫一扫

　　如果您对"中华学术外译项目"更多立项数据分析感兴趣，请扫描左边二维码，了解"选题宝"大数据提供的更多信息。

三、申请书提纲

　　申请书需要线下填好，再转线上填报，系统开放周期很短，一定提前准备。下文依序展示该项目申请书主要板块[基本信息表（表 12-2）、申报成果简介、团队和翻译/编辑组织方案（表 12-3）]需要填写的内容，有兴趣申报的读者可以提前依据申请书要求准备材料，有部分表格是需要出版社填写的，申请人应提前发予出版社及时填写。

表 12-2 基本信息表

原著或刊物中文名						
原著或刊物译文名						
原著或刊物出版社			作者/主编			
国内标准书号/刊号			国际标准书号/刊号			
原著成果字数/千字			预计成果字数/千字			
原著来源类型	1	2023 年度推荐选题目录□				
	2	2021—2022 年度推荐选题目录和已立项著作未立项文版□		3	其他选题□	
其他文版已获外译项目立项数		（项）	申请文版本年度是否申请其他国家级项目			是□ 否□
其他国家级项目名称						
原著是否曾获得其他国家级对外推广项目		是□ 否□		数量/项		
学术著作类项目类别		重点□ 一般□	学术期刊出版周期		申请经费/万元	
国外出版机构名称		（中文）				
		（外文）				
机构网址						
是否列入本年度中华学术外译项目国外出版机构指导目录				是□ 否□		
是否需要向国外出版机构支付相关出版费		是□ 否□		金额/万元		
国外出版机构出版费用途						
是否保留在中国大陆境内出版和发行所授外文版的非专有权利				是□ 否□		
申请人姓名		性别	民族		政治面貌	
职务	职称		最后学历		最后学位	
所在一级学科			擅长外语			
研究领域						
最后毕业学校						
电子邮箱			手机号			
出版责任单位						
项目申报联系人			职务		电话	
项目申请人责任单位						
社科管理部门联系人			职务		电话	
所在省（自治区、直辖市）			所属系统			

申报成果简介

学术著作类成果，重点介绍所翻译原著的作者、主要内容、重要观点、学术价值、社会影响和对外译介意义，以及已获得国家级资助情况等。**原著来源类型为"1"和"2"的可简写，1000字以内；未列入的须详写，2000字以内。**

学术期刊，简要介绍申报期刊的创刊宗旨、创刊时间、刊期、所属学科、主管主办单位、主编副主编及编辑部人员构成、经费收支等情况；重点介绍申报期刊的办刊特色，学术论文质量及影响，编辑质量及规范化程度，年发行量及国际发行渠道情况，国际审稿专家数量和比例，编辑队伍的专兼职比例、国际化培训，国际编委比例及在办刊中的作用，国际知名检索系统收录情况。3000字以内。

表 12-3　团队和翻译/编辑组织方案

(一)项目分工

申请人在项目中是否承担主译工作 （学术著作类填写）	是□　　否□	
是否配备母语合作译者	是□　　否□	
是否配备母语审校人员	是□　　否□	
编委会核心成员数 （学术期刊类填写）	中国籍/人	外籍/人

(二)项目团队主要成员信息(外国人填写英文名，学术期刊填编委会核心成员)

	团队成员1	团队成员2	团队成员3	团队成员4	团队成员5
姓名					
分工					
电话					
成员	专业职称	学历学位	擅长语种	最后毕业学校	
1					
2					
3					
4					
5					

续表12-3

成员	工作单位	所在国家或地区
1		
2		
3		
4		
5		

起止日期	项目申请人主要国外经历	类型	所在国家或地区

(三)项目团队和翻译/编辑组织方案，简要介绍申请人(学术期刊负责人)的学术背景、外语水平、国外相关经历、与国外科研机构合作情况。**学术著作类重点介绍：**1.申请人与主要合作译者近5年的代表性外文著作、译作及论文，包括成果名称、出版机构或发表期刊、时间及作者排序等，出版单位填写近5年获得相关国家外译项目的情况；2.申请人对项目各环节的主要贡献；翻译和出版工作所涉及的改写、翻译、润色、编辑、审校工作的组织，改写部分需具体说明和论证；翻译所采取的技术路线、规范和标准，文稿体例安排等。**学术期刊类重点介绍：**资助周期内的选题规划、下一年度选题具体策划，选题对项目资助宗旨和要求、国内外主流学界共同关注的重大问题的落实方式；选题组稿方式的标准以及所采取的技术路线；原创文章和翻译文章的比例；和国际编委及国际编辑的协作方案等。2000字以内

另外，还有经费使用方案、国外出版组织方案、宣传推广组织方案等表格需要申请人与中方出版社协商后填写。

第十三章

国家社科基金高校思政课和冷门绝学研究专项

一、国家社科基金高校思政课研究专项简介

国家社科基金高校思政课研究专项全称是"国家社会科学基金高校思想政治理论课研究专项"。该项目以习近平新时代中国特色社会主义思想为指导，深入贯彻党的二十大和二十届二中、三中全会精神，贯彻落实习近平文化思想和习近平总书记关于学校思政课建设的重要指示以及新时代学校思政课建设推进会部署，认真落实《关于深化新时代学校思想政治理论课改革创新的若干意见》等文件要求，落实立德树人根本任务，围绕着力解决好培养什么人、怎样培养人、为谁培养人这个根本问题，深入研究思政课建设和教学基本规律、重大问题，守正创新推动思政课建设内涵式发展，不断提高思政课的针对性和吸引力，努力培养更多让党放心、爱国奉献、担当民族复兴重任的时代新人，确保党的事业和社会主义现代化强国建设后继有人。**一般项目每项资助20万元，重点项目每项资助35万元**。2024年申报公告明确说明：

重点项目应围绕党和国家工作大局，聚焦思政课建设发展的重大理论和实践问题、教学重点难点问题开展体系化学理化研究。

一般项目应立足于思政课教学实践，围绕对思政课教学创新具有理论支撑作用和实践指导作用的问题，开展具有学科视角的创新性研究。

可申报的研究类型包括：基础研究、应用研究、综合研究、其他研究。2024年申报公告发布时，重点项目设置课题指南，一般项目不再设置课题

指南。

该专项的申请书提纲和国家社科基金项目的提纲大体上一致，具体请见第一章"概述"。申请书与活页的撰写要求也与国家社科基金年度项目基本一致，写作要点和方法可参见前述第三至第八章。

2024 年度的申报是当年 9 月 6 日发布的申报公告，**网络申报**系统在 9 月 23 日至 10 月 9 日开放，申请人在线申报的同时**仍需提交纸质版申请书 1 份**，并确保线上线下申请书数据内容完全一致。活页不需提交纸质版。

课题申请人须具备的条件是(以 2024 年申报公告为例)：

(1)遵守《中华人民共和国宪法》和法律，遵守国家社会科学基金管理规定，具有独立开展研究和组织开展研究的能力，能够承担实质性研究工作，品行端正、学风优良。

(2)申请重点项目需具有**副高级以上**(含)专业技术职称；申请**一般项目需具有中级以上**(含)专业技术职称，或者具有**博士学位**。

(3)申请人可根据教学实践和研究实际自主确定课题组。课题组成员须征得本人同意并签字确认，否则视为违规申报。支持全国高校思想政治理论课教学展示活动特等奖获得者、国家级课程思政教学名师等优秀思政课教师担任负责人申报课题。鼓励中小学思政课教师作为课题组成员参与申报，在涉及大中小学思想政治教育一体化建设相关课题中，必须有高级职称的中小学思政课教师担任课题组成员。

(4)在研的国家社科基金项目、国家自然科学基金项目及其他国家级科研项目负责人**不得申请**研究专项，申报同年度国家级科研项目的负责人及其课题组成员**不得以相同或相近选题申请**研究专项。承担教育部人文社会科学项目的负责人**不得以相同或相近选题申请**研究专项。

(5)凡以博士学位论文或博士后出站报告为基础申报研究专项的，须在国家社科基金高校思想政治理论课研究专项申请书(以下简称申请书)中**注明所申请项目与学位论文(出站报告)的联系和区别**，申请鉴定结项时须提交学位论文(出站报告)原件。不得以已出版的内容基本相同的研究成果申请研究专项。

二、国家社科基金高校思政课研究专项立项分析

该项目自 2019 年开始设立，截至 2024 年，共立项 982 项。2019 年和 2020 年未划分重点项目和一般项目，2021 年开始分别以重点项目和一般项目予以资助，重点项目每项资助 35 万元，一般项目每项资助 20 万元。

该项目的申报门槛相对国家社科基金年度项目来说略低（指的是对申请人的职称学历要求），但其实竞争不小，且有越来越激烈的趋势。从已立项名单中看出：立项负责人中既有马克思主义学院的专职思政课教师、学校的团学干部，也有不少其他学院的专业课老师，比如教育学、新闻传播学、历史学、法学等。2019—2021 年，该项目申报不限项，仅 2021 年就收到全国 5000 多份项目申请书，当年平均立项率或低于 3%。2022 年起项目开始限额申报，限额指标另行下达。

项目最初设立的前 3 年每年立项 151 项，2022 年立项 172 项，2023 年 171 项，到 2024 年立项数达 186 项。

立项单位没有特别明显的独立集中情况，多个院校立项数相同，6 年来立项总数排名前 5 位的院校有：北京理工大学、北京化工大学、大连理工大学、东北师范大学、西安交通大学，这 5 所院校共立项 8 项。

获得重点项目最多的是清华大学（4 项），获得一般项目最多的是北京化工大学（6 项）。

连续 6 年每年均有立项的院校有：北京理工大学（8 项）、河南大学（7 项）、厦门大学（6 项）、山东大学（6 项）、新疆师范大学（6 项）。

高校思政课研究专项的立项高频词（图 13-1）具有鲜明的学科特色，立项题目基本上紧紧围绕着"新时代、高校思政课、大思政课"等主题展开。

图 13-1 2019—2024 年国家社科基金高校思政课研究专项立项高频词

扫一扫

追踪了解更多关于高校思政课研究专项的立项分析，请扫描左边二维码。

三、国家社科基金冷门绝学研究专项简介

国家社科基金冷门绝学研究专项首次设立于 2018 年，当时叫"冷门'绝学'和国别史等研究专项"。2020 年起，该项目创新组织管理方式，从资助单个学

者、单个项目逐步转向对学术团队、学科领域的长期资助，自此项目名称确定为"国家社科基金冷门绝学研究专项"。2024 年度申报公告发布时间是当年的7 月 8 日，申报系统开放时间是 9 月 1 日至 9 月 10 日。

2021 年，全国哲学社会科学工作领导小组共受理有效申报材料 540 份，其中学术团队项目 149 份、学者个人项目 391 份。[①] 从申报的情况看，在 540 位申请人中，年龄最大者 80 岁，最小者 32 岁；申报者职称普遍较高，其中正高职称 333 人，占比 61.7%；副高职称 205 人，占比 38.1%。[①]

根据专家综合评审结果，2021 年立项课题总数为 71 项，其中学术团队项目 23 项、学者个人项目 48 项。立项较多的学科领域有：古代史 13 项，民族学9 项，边疆边海防史 8 项，方言及民族语言 7 项，古文字学 6 项，世界历史5 项，藏学、敦煌学、传统医学各 4 项。[①]由此推算该项目 2021 年的平均立项率为 13.15%，该数据可作为近年来申请该项目的参考依据。

从立项的情况看，学术团队项目首席专家年龄最大者 78 岁，最小者 48 岁，平均年龄 61 岁；学者个人项目年龄最大者 71 岁，最小者 32 岁，平均年龄48 岁。中青年学者在立项课题中占比超过 50%，体现了冷门绝学研究领域的代有传承。[①]

该项目是限项申报的，根据 2024 年度申报公告规定，每个省级社科管理部门需择优上报不超过 5 个学术团队自拟综合性研究选题、10 个学者个人自拟专题性研究选题。

1. 对于"冷门绝学"的定位

（1）**聚焦国家需求**。坚持国家需要、国家站位、国家水准，主要资助对国家发展和文明传承具有**长期性**、**战略性**、**储备性**的冷门绝学研究。

（2）**加强学科建设**。着眼推动冷门绝学学科长远发展，每年遴选一批研究领域和方向予以重点支持，推动相关学科领域巩固学科发展基础、凝练学科发展方向、优化学科发展布局。

（3）**扶持学术团队**。立足于稳定冷门绝学研究队伍、加强中青年人才储备，强化学术团队导向，**重点支持依托人文学科研究基地开展长期合作研究的学术**

---

① 全国哲学社会科学工作办公室.国家社会科学基金年度报告·2021［M］.北京：学习出版社，2022.

团队，推动相关学科领域形成结构合理、代有传承的人才梯队。

（4）**择优滚动资助**。遵循冷门绝学的学科特点和研究规律，倡导"**甘坐冷板凳**""**十年磨一剑**"的治学精神，对获资助的项目建立定期检查评估和动态退出机制，对评估合格的择优予以滚动资助。

2. 资助领域

一般认为，冷门学科主要是指一些**学术关注度低、成果产出难、研究群体小**的传统人文学科领域和研究方向；绝学是冷门学科中文化价值独特、学术门槛很高、研究难度极大、研究群体很小甚至面临后继无人的**濒危学科**。

甲骨学、简牍学、敦煌学、古文字学、濒危语言（方言）研究、少数民族语言文字与历史研究（藏学、蒙古学、西夏学等）、特色地域文化研究、传统文献和出土文献整理与研究等，均属于冷门绝学的范围。

在此基础上，"冷门绝学"研究专项旨在重点支持对**国家发展、文明传承、文化安全**具有重要意义或填补空白价值，但目前投入不足、人才匮乏、研究断档、亟须抢救的冷门绝学，并对**边疆史、边海防史**等学科领域予以倾斜，鼓励运用新理论新方法进行跨学科跨领域研究。

3. 资助强度

2024 年度冷门绝学研究专项分为**学术团队项目和学者个人项目**两个类别，申请人可自行选择其一申报。

学术团队项目参照国家社科基金**重大**项目标准，一般每项资助 60 万～80 万元；

学者个人项目参照国家社科基金**重点**项目标准，一般每项资助 35 万元。

4. 申报条件

本书参照 2024 年度申报公告整理的申报条件如下：

（1）申请人须遵守《中华人民共和国宪法》和法律，坚持正确的政治方向、价值取向和研究导向，遵守国家社科基金有关管理规定；能够独立开展研究工作，具有**副高级（含）以上职称或具有博士学位**。

（2）申请学术团队项目应具备以下条件：①首席专家应当具有**正高级职称**、较高学术造诣和较大学术影响力；②具有在长期合作基础上形成的稳定研究队伍，包括**首席专家1人，研究骨干3~5人**；③团队成员应当具有**高级职称或博士学位**，具备承担冷门绝学课题或从事其他基础研究的学术水平和开展创新研究的能力，专业结构和年龄结构较为合理；④研究团队相对稳定，有足够的时间精力投入课题研究。

（3）申请人可结合自身科研优势，把握研究重点，**自拟选题**进行申报。申请人须为课题的实际负责人。

（4）申请人所在单位须设有科研管理部门，能够提供开展研究的必要条件并承诺信誉保证。以兼职人员身份从所兼职单位申报本研究专项的，兼职单位须审核兼职人员正式聘用关系的真实性，切实承担项目管理职责并承诺信誉保证。

（5）以博士学位论文或博士后出站报告为基础申报本研究专项的，须在申请书中注明所申请项目与学位论文或出站报告的**联系和区别**。不得以已出版的内容相同或相近的研究成果申请本研究专项。

（6）凡主持在研国家社科基金项目、马克思主义理论研究和建设工程重大项目、教育部哲学社会科学重大课题攻关项目和其他国家级重大科研项目的学者，**不能**作为课题负责人申请本研究专项中的学术团队项目；凡主持在研国家社科基金项目、国家自然科学基金项目及其他国家级科研项目的学者，**不能**作为课题负责人申请本研究专项中的学者个人项目。

四、国家社科基金冷门绝学研究专项立项分析

由于2018年、2019年该项目还有若干国别史研究，且自2020年起分设了学术团队项目和学者个人项目，因此本书仅对国家社科基金冷门绝学2020—2024年立项名单进行简要分析。

2020—2024年共立项406项，历年立项情况可从表13-1中看到。学术团队项目立项数一直不多，毕竟学术团队项目相当于国家社科基金重大项目了，少而精也是正常的。

表 13-1　国家社科基金冷门绝学研究项目历年立项数情况（2020—2024）

年份	总立项数/项	学者个人项目	学术团队项目
2020 年	66	46	20
2021 年	71	48	23
2022 年	75	63	12
2023 年	93	66	27
2024 年	101	77	24

2020—2024 年，获得该项目立项最多的单位是北京大学(13 项)，其中个人项目 9 项，团队项目 4 项。后续排名依次是：南开大学(10 项，个人项目 9 项，团队项目 1 项)和中央民族大学(10 项，个人项目 5 项，团队项目 5 项)，厦门大学(9 项，个人项目 5 项，团队项目 4 项)。

我们也通过高频词云图的形式来看一下冷门绝学研究专项的选题导向，"综合研究"和"资料整理"是较多的研究导向，从图中能很明显地看出这些选题方向具有一定的研究难度，学术门槛较高。

图 13-2　2020—2024 年国家社科基金冷门绝学研究专项立项高频词

扫一扫

追踪了解更多冷门绝学研究专项的立项分析，请扫描左边二维码。

五、国家社科基金冷门绝学研究专项申请书提纲

由于"冷门绝学"研究专项申请书的结构和我们常见的国家社科基金项目申请书风格有很大区别，此处展示学术团队项目和学者个人项目申请书的主干部分，以供相关老师提前了解和准备。

1. 学术团队项目

该项目申请书包括：基本信息、首席专家情况（还需要填写"近五年来作为第一负责人承担的各类项目情况""近五年来发表的与申请课题相关的代表性研究成果"，包含成果的社会评价）、学术团队情况、学术团队建设规划、课题设计论证（表 13-2）、研究经费（表 13-3）、单位承诺等，其中申请书需要有首席专家的签章。

其中，基本信息表格主要介绍首席专家、研究团队成员的基本情况，包括职称、学位、工作单位、主要研究领域和专长等，在此不加赘述。

首席专家情况

填写参考提示：

1. 本人学术简历、所获重要科研奖励或学术荣誉；

2. 主要研究领域和研究专长、与申请课题相关的代表性成果及基本观点、在相关研究领域的学术积累和学术贡献、同行评价和社会影响等具体情况；

3. 作为学术带头人组织相关研究领域的学术团队开展课题研究、推动学科建设和培养人才等方面的情况。

学术团队情况

填写参考提示：

1. 学术团队的重点研究领域和主要学术优势；

2. 核心团队成员的基本情况及主要代表性成果；

3. 学术团队成员的合作基础及长期研究方向。

学术团队建设规划

填写参考提示：

1. 资助期间对相关研究领域学科建设的基本设想和工作计划；

2. 对相关研究领域人才梯队建设特别是青年人才培养的工作计划；

3. 拟重点聚焦的研究领域和研究方向。

表 13-2　课题设计论证

课题名称				
主题词				
涉及学科				
预期成果		A. 专著　B. 论文集 C. 研究报告　D. 其他	最终成果字数 /千字	
申请经费/万元		计划完成时间		年　　月

基于学术团队建设规划，对拟开展重大课题研究的总体框架、预期目标和研究思路进行论证，包括：

1. 本课题研究的学术价值和研究现状；

2. 主要问题、研究对象和研究的主要内容；

3. 在学术创新、学科建设、文献整理、文化保护传承等方面的预期目标及预期成果；

4. 研究的整体思路、总体框架、研究方法及可行性；

5. 研究的总体进度安排和学术团队成员的具体任务分工

表 13-3　研究经费

类别	金额/万元	开支细目
直接经费 **业务费**(购置图书、收集资料、复印翻拍、检索文献、采集数据、翻译资料、印刷出版、会议/差旅/国际合作与交流等费用)		(说明每项内容及金额)
劳务费(支付给参与项目研究的研究生、博士后、访问学者和项目聘用的研究人员、科研辅助人员等的劳务性费用，以及支付给临时聘请的咨询专家的费用)		(说明每项内容及金额)
设备费(购置设备和设备耗材、升级维护现有设备以及租用外单位设备而发生的费用)		(说明每项内容及金额)
间接经费/万元		
合计/万元		

年度预算	20　年	20　年	20　年	20　年	20　年
金额/万元					

2.学者个人项目

学者个人项目的申请书包括：基本信息、课题负责人情况(**要求写"近五年来作为第一负责人承担的省部级以上项目情况""作为第一负责人发表/独著/主编的与申请课题相关的代表性研究成果"，包含成果的社会评价**)、课题设计论证、研究经费(表 13-4)、单位承诺等。其中，基本信息表格同我们常用的国家社科基金项目申请书表格比较接近，预期成果可选项是：<u>专著、论文集、研</u><u>究报告、其他</u>。要求写清最终成果的字数（千字），以及申请经费（万元）、计划完成时间等基本信息，在此不加赘述。

课题负责人情况

填写参考提示：

1. 本人学术学历、所获重要科研奖励或学术荣誉；

2. 主要研究领域、与申请课题相关的代表性成果及基本观点、在相关研究领域的学术积累和学术贡献、同行评价和社会影响等情况。

课题设计论证

填写参考提示：

1. 本课题研究的学术价值和研究现状；

2. 主要问题、研究对象和研究的主要内容；

3. 在学术创新、学科建设、文献整理、文化保护传承等方面的预期目标及预期成果；

4. 研究的整体思路、总体框架、研究方法及可行性；

5. 研究的总体进度安排和课题组成员的具体任务分工。

表 13-4 研究经费

类别		金额/万元	开支细目
直接经费	**业务费**(购置图书、收集资料、复印翻拍、检索文献、采集数据、翻译资料、印刷出版、会议/差旅/国际合作与交流等费用)		(说明每项内容及金额)
	劳务费(支付给参与项目研究的研究生、博士后、访问学者和项目聘用的研究人员、科研辅助人员等的劳务性费用,以及支付给临时聘请的咨询专家的费用)		(说明每项内容及金额)
	设备费(购置设备和设备耗材、升级维护现有设备以及租用外单位设备而发生的费用)		(说明每项内容及金额)
间接经费/万元			
合计/万元			
年度预算	20 年	20 年	20 年	20 年	20 年
金额/万元					